O Navio do Destino

Rosine De Dijn

O Navio do Destino

Tradução de
Kristina Michahelles e Marina Michahelles

EDITORA RECORD
RIO DE JANEIRO • SÃO PAULO
2011

CIP-BRASIL. CATALOGAÇÃO-NA-FONTE
SINDICATO NACIONAL DOS EDITORES DE LIVROS, RJ

D569n   Dijn, Rosine De, 1941-
          O navio do destino : Rio de Janeiro, Lisboa, Nova York, 1942 / Rosine De Dijn ; tradução Kristina Michahelles e Marina Michahelles. - Rio de Janeiro : Record, 2011.

          Tradução de: Das schicksalsschiff : Rio de Janeiro, Lissabon, New York 1942
          ISBN 978-85-01-09185-7

          1. Guerra Mundial, 1939-1945 - Refugiados. 2. Holocausto judeu (1939-1945). I. Título.

11-1231.   CDD: 640.53
                               CDU: 94(100)"1939/1945"

02.03.11   10.03.11   024921

Texto revisado segundo o novo Acordo Ortográfico da Língua Portuguesa.

Título original em alemão:
DAS SCHICKSALSSCHIFF. RIO DE JANEIRO - LISSABON - NEW YORK 1942

Copyright © 2009 by Deutsche Verlags-Anstalt,
uma divisão de Verlagsgruppe Random House GmbH, Munique, Alemanha.

Todos os direitos reservados. Proibida a reprodução, armazenamento ou transmissão de partes deste livro através de quaisquer meios, sem prévia autorização por escrito.
Proibida a venda desta edição em Portugal e resto da Europa.

Direitos exclusivos de publicação em língua portuguesa para o Brasil
adquiridos pela
EDITORA RECORD LTDA.
Rua Argentina 171 - 20921-380 Rio de Janeiro, RJ - Tel.: 2585-2000
que se reserva a propriedade literária desta tradução

Impresso no Brasil

ISBN 978-85-01-09185-7

Seja um leitor preferencial Record.
Cadastre-se e receba informações sobre nossos lançamentos e nossas promoções.

Atendimento e venda direta ao leitor:
mdireto@record.com.br ou (21) 2585-2002.

SUMÁRIO

	Prefácio	11
1	23 de maio de 1942	15
2	Uma longa história	23
3	Estação final Saudade	27
4	O fantasma da memória	35
5	A Alemanha e seu cordão umbilical: a geração de novos imigrantes e o partido nazista	45
6	Nem tudo que reluz é ouro	57
7	O êxodo e a guerra	69
8	Borgerhout: no olho do furacão	83
9	O pântano marrom	89
10	Crepúsculo	97
11	Bruxelas – mesmo padrão, mesma história	103
12	Fuga ou de volta para a toca do leão?	109
13	Chicanas	115
14	A segunda tentativa	129
15	França – a sala de espera	135
16	Marselha	145
17	Lisboa	157
18	O *Serpa Pinto* – "Mas nenhum navio realmente foi o último"	163
19	A última viagem	167
20	Liberdade	173
21	Depois de 1942	179
	Agradecimentos	207
	Fontes, arquivos e links	209
	Registro de imagens	213
	Notas	215

OS PROTAGONISTAS

AMÉRICO DOS SANTOS: entre 1940 e 1944, saindo do território neutro de Lisboa, o condecoradíssimo comandante da Companhia Colonial de Navegação conduziu o *Serpa Pinto* através de inseguras águas em guerra. Os portugueses batizaram a embarcação de "o navio herói". Para os americanos e inúmeros emigrantes, o *Serpa Pinto* passou a ser pura e simplesmente o "navio dos refugiados".

JOHANN ALBERT SPIEWECK: Spieweck emigrou para o Sul do Brasil em 1922, ainda adolescente, com seus pais e três irmãos. Formou-se professor, tornou-se líder local do partido nazista (NSDAP – partido nacional-socialista dos trabalhadores alemães) em Nova Berlim e, mais tarde, cônsul em Cruzeiro. Em 1942, o *Serpa Pinto* o levou com sua família para a Europa. Na Alemanha de Hitler, a guerra o aguarda. Em 2 de fevereiro de 1942, os Spieweck tornam a deixar a Alemanha e voltam para o Brasil.

HANS ADOLF SPIEWECK: segundo filho de Johann Albert Spieweck, nascido em 1932, no Sul do Brasil, viaja aos 10 anos para a Europa no *Serpa Pinto*, junto com seus irmãos. Em Stuttgart, frequenta a escola para alemães nascidos no exterior.

GUSTAV BUCHHOLTZ: como rapaz jovem, emigra de Kiel para o Sul do Brasil em 1927. O alemão do *Reich* se casa com Nuna Krüger, descendente de alemães. Simpatiza com o ascendente partido nazista e viaja com a família para a Europa em 1942. Serve no navio de transporte *Speer* e cai prisioneiro de guerra em Narvik, na Inglaterra. Sua família consegue retornar ao Brasil em 27 de dezembro de 1947 e ele próprio em 1948.

HANS HENNING VON COSSEL: Cossel é membro do partido nazista desde 1931, ano em que viaja a negócios para o Sul do Brasil com mulher e filhos. Funda um grupo local do NSDAP em São Paulo e chefia a maior agremiação da organização do partido no exterior. De volta à Alemanha, primeiramente trabalha na Marinha e, já no final da guerra, é feito prisioneiro de guerra na França, em Liebenau.

IRÈNE VAN LEEUWEN: A menina judia foge com os pais de sua cidade natal, Antuérpia, quando os alemães invadem a Bélgica. Em 1942, ela deixa Lisboa a bordo do *Serpa Pinto*. Em 1947, conhece Frank Levita em Nova York, um sobrevivente de Auschwitz, e se casa com ele.

JACQUES PADAWER: A família judia Padawer é proprietária da Firma *Au roi du Caoutchouc*, com lojas em toda a Bélgica. Em 1940, com a invasão dos alemães, a família foge para a França, mas retorna ao país em seguida. No início de 1941, os Padawer deixam Bruxelas definitivamente. Após um período de privações em Marselha, chegam a Lisboa neutra em 1942 e embarcam no *Serpa Pinto*. Jacques retorna à Europa no início de 1945 com a 97ª Divisão da Infantaria norte-americana. Depois de 1945, passa a estudar Biologia, fazendo uma impressionante carreira como cientista no Departamento de Anatomia do Albert Einstein College of Medicine.

"Carrego em mim muitas coisas.
O passado de vidas anteriores,
Regiões soterradas,
Com leves rastros de raios estelares.
Muitas vezes não me encontro na superfície,
Submergido nas regiões estranhas do eu,
Tenho saudades.
Ó restos, sobras! Ó remoto passado!"

Franz Werfel nasceu em 10/9/1890, em Praga, Império Austro-húngaro , e morreu em 26/8/1945 em Beverly Hills, EUA.
Franz Werfel, *Wo ist...* [Onde está...] (excerto),
in: Franz Werfel, *Das lyrische Werk,* org. Adolf Klarmann
© Fischer Verlage GmbH, Frankfurt, 1967.

PREFÁCIO
A desmitificação da tradição

O capitão do navio *Serpa Pinto*, Américo dos Santos, viu todos eles. Em 5 de maio de 1942, o comandante português recebeu os diplomatas alemães do *Reich** que, com suas mulheres e filhos e alguns protegidos do partido nazista escolhidos a dedo, subiram a bordo de seu navio no Rio de Janeiro para desembarcar em Lisboa quase três semanas depois, em 25 de maio. Da mesma forma, cumprimentou também os 677 judeus que, dez dias mais tarde, no dia 5 de junho de 1942, combalidos e sem posses, espremeram-se no navio e embarcaram de Lisboa rumo a Casablanca, seguindo para Nova York e alcançando a liberdade em 25 de junho de 1942. No último instante possível.

O capitão Américo dos Santos, testemunha ocular falecida há muito tempo, viu nos olhos de seus passageiros a febre contagiante da guerra. Conheceu o êxtase da vitória dos heróis e a miséria dos perseguidos.

Além do material de arquivo, cartas, diários e estudos científicos, hoje restam raríssimas testemunhas de época. Quase setenta anos depois dos acontecimentos, essas poucas pessoas interiorizaram sua trajetória, cada uma de seu jeito. Aos historiadores, resta fazer o diagnóstico cuidadoso e crítico dos diversos depoimentos. De lá para cá, já nasceram os filhos dos filhos, e é importante que, para eles, o Holocausto não se transforme em uma abstração. O autor israelense Davis Grossman ressalta que "sem

---

* A palavra *Reich* (literalmente "reino" em alemão) refere-se aqui ao terceiro *Reich* (1933-1945), período em que os nazistas estiveram no poder. O primeiro *Reich* teve sua existência na Idade Média. O segundo *Reich* consolidou-se em 1871 com a unificação da Alemanha sob a liderança de Otto von Bismarck e perdurou até 1918, com o fim da Primeira Guerra Mundial. O termo *Reichsdeutsche* (literalmente "alemães do *Reich*"), que ocorrerá muitas vezes ao longo deste livro, embora utilizado até o final do período nazista, refere-se aos alemães provenientes do território já consolidado do segundo *Reich*. (*N. da E.*)

investigar as trajetórias individuais a discussão histórica jamais poderá ser completa, impossibilitando estabelecer um vínculo emocional entre as gerações posteriores e os acontecimentos históricos". Grossman acha que penetrar nas sombras das vítimas e reconstruir seus mundos exige muita coragem. Seria muita presunção? Não, acredita o autor israelense, e considera imperioso identificar-se com as vítimas para, ao mesmo tempo, nunca deixar de repetir a pergunta: "O que eu preciso matar dentro de mim para ser capaz de matar outras pessoas ou tolerar o morticínio silenciosamente?"[1]

As pesquisas para este livro, o envolvimento com as testemunhas da época, o contato com as situações políticas mais diversas, bem como o material de arquivo impiedosamente revelador, lançaram-me numa alternância brusca de emoções. O fatídico enredamento do meu próprio país com o pensamento fascista despertou em mim profunda tristeza, além de raiva pelo longo silêncio e pela omissão. Ler preto no branco que o racismo também contaminou de forma tão massiva a Antuérpia, minha cidade natal, deixou-me estupefata e sem palavras. Nos arquivos, nas fontes iconográficas e nos novos estudos científicos, tropecei em nomes que faziam parte do meu próprio entorno. Isso me atingiu em cheio. Poderiam os meus pais, seus amigos e conhecidos, todos do meio católico flamengo, reabilitar-se junto a nós, seus filhos, com a justificativa de que foram apenas idealistas deslumbrados enganados por outrem? Eles reduziram sua cegueira a nostalgia e folclore, uma inofensiva *Weltschmerz*, a dor do mundo tipicamente flamenga, nada além disso. Uma fraude. A maioria já se foi há muito tempo – *silenciosamente*.

A desconstrução desse mito influenciou igualmente o meu confronto com a história dos teuto-brasileiros e seu envolvimento com o nazismo, e serviu como alerta. A evolução da nossa própria subjetividade se distingue de outras trajetórias de vida, e nunca conseguimos nos libertar da biografia da própria família, mesmo quando não queremos nos dar conta disso. Mas a pesquisa desmancha imagens estáticas, congeladas e orientações políticas cristalizadas, e apenas dá frutos quando nos dispomos a ampliar os estreitos limites do próprio horizonte.

PREFÁCIO

Foi com respeito e gratidão que recebi os diários, documentos, fotos e memórias das testemunhas teuto-brasileiras da época. "Vejo o problema do recalque. Será difícil encontrar alguém que se pronuncie abertamente sobre o assunto. Na comunidade teuto-brasileira de São Paulo, a análise do nazismo no Brasil não desperta muito interesse", escreveu-me uma arquivista de São Paulo. Mas tive sorte. Pelo visto, aqui também surge uma nova geração. Seria um desejo de acabar com o último tabu?

As anotações pessoais e narrativas das agora já muito idosas vítimas judias foram preciosas. Já no ocaso da vida, pessoas profundamente traumatizadas se confrontaram com a história e o pesado legado de sua odisseia.

Elas não querem que seus filhos permaneçam no desconhecimento. Mesmo assim, uma protagonista judia expressou sua dúvida: "A decisão é difícil: manter fechada a caixa de Pandora ou abri-la?"

As emoções e recordações das últimas testemunhas da época aquém e além do limite de sua dor muito particular complementam a linguagem árida dos arquivos, das letras esmaecidas em documentos amarelados, das atas e dos livros recheados de evidências e das fundamentadas teses científicas de renomados historiadores.

Em breve essas testemunhas terão emudecido. Antes de cair nesse vácuo, deveríamos ser gratos por cada pessoa que poderemos ainda entrevistar.

Essas pessoas, lúcidas ou não, equivocadas ou sábias, amarguradas ou apaziguadas, destruídas ou resignadas, permitiram que eu olhasse para dentro de suas almas e me abriram uma janela para uma época difícil.

Apesar de tudo, jamais compreenderemos Auschwitz. Jamais.

Como era mesmo aquela história dos sábios chassídicos?

"Era uma vez um homem torturado por uma pergunta.
Cem anos mais tarde, havia outro homem
torturado pela mesma pergunta.
Nem um nem outro sabia a resposta."

Rosine De Dijn
2009

CAPÍTULO I
23 de maio de 1942

O capitão Américo dos Santos respirou aliviado. Serenamente, assistia da ponte de comando o *Serpa Pinto* deixar o mar aberto para adentrar a larga foz do Tejo em sua cidade natal, Lisboa, o chamado "porto de abrigo" – refúgio e pátria. A viagem da América do Sul partindo do Rio de Janeiro, passando por Santos, cruzando o traiçoeiro oceano Atlântico até a Europa, transcorrera conforme planejado. Ele não apenas escapara das tormentas de um oceano instável com ventos tempestuosos (com intensidade entre 9 e 11 pontos) e ondas poderosas de 10 a 12 metros que poderiam ter fustigado seu navio. Também a guerra imprevisível poupara os passageiros e a tripulação naquela viagem de três semanas através de águas inseguras.

Gaivotas grasnavam e circundavam no ar o "navio da saudade", a legendária embarcação portuguesa, enquanto a luz incomparavelmente bela espalhava uma estranha melancolia na larga baía do rio. Ainda faltava uma hora para atracar. A sólida Torre de Belém surgiu sobre as rochas da desembocadura do rio. Desde tempos imemoriais, ela sempre foi um primeiro contato visual com o porto seguro de Lisboa para descobridores e navios mercantes recém-chegados. Ao avistar a silhueta do magnífico Mosteiro dos Jerônimos, o capitão e sua tripulação portuguesa sabiam que a viagem chegara ao fim. Era ali que os heroicos capitães portugueses costumavam rogar por ajuda e agradecer a Deus ao regressar de suas viagens.

O termômetro marcava menos de 19 graus. Uma suave primavera pairava sobre Lisboa, capital e cidade portuária portuguesa no extremo sudoeste da Europa, portão para o mundo. Mas também ali, na porção mais ocidental do Velho Continente, o mundo estava tumultuado, as águas estavam mais traiçoeiras e as roucas vozes da saudade, mais tristes do que nunca.

O capitão Américo dos Santos, orgulhoso detentor de muitas condecorações, da Comenda Portuguesa da Ordem de Cristo e da Comenda Brasileira do Cruzeiro do Sul, figura legendária cujas histórias mais emocionantes até hoje são contadas nas noites nostálgicas no Clube dos Oficiais da Marinha Mercante, estava inquieto.

Desde a viagem inaugural, no início de 1940 – estava presente a madrinha da embarcação, dona Carlota Serpa Pinto, filha do famoso explorador da África Alexandro Alberto de Serpa Pinto, que emprestou o nome ao navio – ele ocupava a ponte de comando e pilotava o navio-modelo da Companhia Colonial de Navegação pelos mares do mundo. Se mesmo em épocas de paz nem sempre se tratava de um empreendimento simples, agora que a guerra espreitava por toda parte a situação se complicara. Uma grande parcela das frotas mercantes inglesa, francesa e alemã já estava com suas atividades suspensas havia muito tempo, e o neutro Portugal, com seu porto marítimo natural de Lisboa, tornara-se do dia para a noite o ponto de convergência mais importante de navios estrangeiros. As companhias de navegação portuguesas estavam operando em sua capacidade máxima e seus navios levavam as novas cargas por alto-mar para o mundo afora.

No dia 24 de maio de 1942, o correspondente do *Palestine Post* telegrafou para sua terra natal: "Repatriação: o navio português *Serpa Pinto* chegou ontem de manhã a Lisboa, proveniente do Brasil, com 81 diplomatas alemães, 74 diplomatas italianos e seis diplomatas romenos a bordo."[2]

O capitão estava informado sobre isso. A rigor, o curto informe do diário judeu fundado pelo jornalista americano Gershon Agron em 1º de dezembro de 1932 na Palestina, hoje conhecido como *The Jerusalem Post*, não continha nenhuma novidade. Há muito tempo sabia-se que, entre armazéns e cargueiros, entre mastros e o ruído dos guindastes e entre o incessante movimento de carga e descarga, também havia diplomatas e prisioneiros de guerra que desembarcavam ou subiam a bordo dos mais diversos paquetes às margens do Tejo. O neutro Portugal tornara-se um local de transbordo para todos os países atingidos pela guerra.

Assim, também os 81 diplomatas alemães que regressavam à pátria (*Austausch-Heimkehrer*) e, no dia 5 de maio de 1942, haviam subido a bordo do *Serpa Pinto* no Rio de Janeiro, estavam pisando solo europeu depois de 18 dias de sol e mar. Os alemães do *Reich* e os teuto-brasileiros com suas famílias estavam voltando para a Alemanha em plena Segunda Guerra Mundial. Havia diplomatas de carreira do regime de Hitler, como o conde Adelmann, adido no Rio de Janeiro, com sua jovem esposa; o dr. Martin Schlimpert, assessor da legação de primeira classe, com seu filho; Hermann Bohny, tenente-capitão e adido militar da embaixada alemã no Rio, igualmente com mulher e filhos. Mas havia também gente que não era de carreira, como Johann Spieweck, líder nazista local de Nova Berlim (hoje Ibirama, Santa Catarina) e mais tarde cônsul de Cruzeiro (SC), com sua esposa em estágio avançado de gravidez e cinco filhos; dr. Hans Wasmuth, diretor do curso de línguas da Sociedade Hans Staden em São Paulo, com mulher e filha; Gustav Buchholtz, ativo membro do partido nazista em Paranaguá e homem de confiança no consulado alemão em Curitiba, com mulher e filhos. E, finalmente, Hans Henning von Cossel, líder do partido no Brasil, com a mulher e duas filhas.[3]

"Dias e dias se passaram. Só se viam o céu e o mar. Netuno, o deus do mar, surgiu das ondas e subiu ao navio. Foi tudo muito divertido." Memórias de infância de um menino teuto-brasileiro de 10 anos de idade chamado Hans Adolf Spieweck. Quem poderia levar a mal a sua euforia? Para os viajantes vindos do calor do Brasil, Lisboa, com seu clima subtropical úmido, era um primeiro contato morno e agradável com a ansiada Europa. Curiosos e esperançosos, seus olhos percebiam a luz clara e impiedosa que tremulava sobre a infinita superfície de água refletida na foz do Tejo. Uma réstia de neblina pairava entre as velas sinuosas das barcaças carregadas que atravessavam o largo rio de um lado para o outro, em grande atividade.

Mas a cidade na foz avassaladora do Tejo havia muito perdera sua inocência. E a Europa, seu equilíbrio. Os viajantes que seguiam o chamado do "salvador" Hitler não se deixavam levar totalmente pelo verão português que se iniciava, apesar do Ribatejo, da planície do Tejo, do jardim de Lisboa e da foz do rio, que revelavam sua face mais bela. Aos poucos, os portugueses devotos se preparavam para os desfiles anuais de rua e as danças para comemorar as festas dos Santos Populares. Logo a guitarra portuguesa iria acompanhar as vozes apaixonadas dos cantores noite adentro, que como sempre cantavam a transitoriedade, a insignificância da vida e o grande vazio no coração. E a saudade, um sentimento intenso, mais impetuoso que o amor.

Os recém-chegados da América do Sul, porém, queriam seguir e se empenhavam em enviar telegramas para seus parentes na Alemanha, com os quais provavelmente não tinham contato havia meses. No dia 30 de maio, após oito dias de visitações à cidade e das primeiras tentativas dos pequenos e despreocupados hóspedes de andar de patins – "até já estávamos conseguindo andar de costas de patins" –, táxis chegavam apressadamente para buscar os alemães que voltavam para casa na ensolarada hospedagem em Sintra e levá-los para a estação ferroviária de Lisboa. De lá, retornavam à pátria nos *wagon-lits* de um trem especial da Mitropa, ocupado por uma tripulação de confiança. O secretário-geral do Ministério dos Transportes do *Reich*, engenheiro dr. Albert Ganzenmüller, que participara da tentativa de *putsch* de Hitler de Munique em 1923, tendo sido condecorado por este feito com a "ordem de sangue" do NSDAP (partido nacional-socialista dos trabalhadores alemães, o partido político oficial da Alemanha nazista), emitira uma instrução dando conta de que, por motivos de defesa, seria imprescindível empregar apenas bons tripulantes nesse tipo de viagem, ou seja, "alemães do *Reich*". Além disso, havia uma guarda especial "composta por um chefe e quatro homens que deveriam acompanhar o trem até o seu destino ou até a fronteira do *Reich*".[4] Naturalmente, a rota da viagem e o destino final foram mantidos em sigilo. A "delegação", munida de um passaporte coletivo requerido em Berlim e aprovado pelas autoridades lisboetas, subiu o Tejo e fez uma breve parada em Madri. Da janela da cabine via-se a Europa castigada, em plena guerra. Durante 36 horas, o trem atravessou Portugal, a Espanha e a França ocupada. O pequeno grupo de privilegiados regressava, desse modo, sob o ranger monótono do vagão, passando por San Sebastian e

Biarritz, até finalmente "voltar ao lar". Nada lhes faltava. "Chegamos hoje à Alemanha. Após uma fabulosa recepção na estação central com direito a comitiva de honra do NSDAP e do BDM (Bund Deutscher Mädel), a famosa Liga Hitlerista das Moças Alemãs, estamos hospedados no Hotel Carlton", anotou Irmgard Buchholtz, eufórica, em seu diário. A saudação na prefeitura de Frankfurt foi "muito festiva e eu ainda estou atordoada com todas as impressões. Deus até agora nos protegeu misericordiosamente e irá nos proteger também no futuro de ataques aéreos e outras barbaridades". A anotação data de 2 de junho de 1942. A Alemanha os tinha de volta.

Capitão Américo dos Santos, o esbelto e forte quarentão, subiu esperançoso as escadas íngremes e estreitas vias de sua cidade natal. Durante a subida, caminhando por becos repletos de esquinas, sentiu o odor apetitoso de sardinhas fritas, misturado à estonteante doçura das buganvílias que se espalhavam exuberantes ao longo das velhas muralhas. Em casa, na avenida António Augusto de Aguiar, aguardava-o sua mulher Celeste.

Ele estivera fora de casa desde o dia 31 de março de 1942, quase dois meses. Uma longa viagem o levara para a Argentina e o Brasil, passando pela Ilhas da Madeira e Cabo Verde, e de volta. Para o experiente marinheiro, a volta ao lar significava poder descansar da grande liberdade sob o amplo horizonte, significava uma temporada sem mar, o qual jamais o deixaria assim tão facilmente. Mas ele não podia desfrutar desse tão merecido momento de repouso entre tantos portos diferentes e marujos experientes e ranzinzas, desse passo para longe da ponte de comando, dos mastros, guindastes e das cordas, do eterno movimento de carga e descarga, dos preparativos para a viagem, das idas e vindas no cais. Os tempos o colocavam à prova. Nada era como antes. As sombras da guerra o haviam alcançado.

No outono de 1940, apenas cinco semanas após sua primeira viagem com o recém-reformado *Serpa Pinto*, o capitão encontrara náufragos do vapor grego *Antonio Chandris* em águas solitárias na altura de Cabo Verde. "Em Lisboa, cerca de oitocentos passageiros de

42 nacionalidades haviam subido a bordo, entre fugitivos de guerra, homens, mulheres e crianças que procuravam o exílio brasileiro para fugir dos horrores da guerra", relataria mais tarde. "Depois de uma escala em São Vicente do Cabo para abastecer, seguimos viagem. Um oficial de plantão me chamou logo depois para a ponte de comando. A estibordo, via-se algo estranho no horizonte. Logo em seguida, percebemos o sinal de fumaça." Não havia dúvida: um submarino alemão atingira em cheio o cargueiro grego carregado de carvão. A tripulação, que já resistia havia 28 dias em botes salva-vidas em mar aberto, foi recolhida ao *Serpa Pinto* com esforço extremo. Lá, todos foram atendidos e medicados antes de serem levados a salvo para o porto de Lisboa. Para todos os marinheiros, salvadores e socorridos, foi uma experiência marcante.[5]

O capitão e sua tripulação não tiveram paz. Os experientes marinheiros logo depois foram confrontados com a face cínica da guerra. Em sua quarta viagem, o *Serpa Pinto* recolheu 523 passageiros de um navio encalhado no porto marítimo de Freetown, capital de Serra Leoa. Os passageiros, em sua maioria fugitivos judeus e franceses, haviam partido de Casablanca rumo a Martinica no *Cuba*, um navio de passageiros da francesa Compagnie Générale Transatlantique. No percurso, foram interceptados e detidos em alto-mar pela Royal Navy britânica, pois os franceses e o governo de Vichy eram mais do que suspeitos aos olhos dos ingleses.

Pessoas vagando a esmo.

Também navios alemães havia muito tempo já estavam realizando viagens de captura. O mais bem-sucedido cruzador da marinha alemã, o *Atlantis*, inicialmente camuflado como navio mercante russo, afundou em 17 de abril de 1941 o paquete egípcio *Zam-Zam*, no Atlântico Sul, meses antes da entrada dos EUA na guerra. A bordo, 385 passageiros, dos quais 142 eram missionários americanos.[6] O inexplicável ataque alemão virou manchete nos jornais. No fim, 27 passageiros conseguiram chegar a Nova York após um longo périplo a bordo do *Serpa Pinto*.

Américo dos Santos vinha de uma família de marinheiros que por gerações se orientavam pelas estrelas e, destemidos, aventuravam-se por longas distâncias mar afora. Ele conhecia a sabedoria dos marinheiros transmitida de pai para filhos, conhecia o bom senso, sabia que o sol se levanta no leste e se põe no oeste e que certas estrelas fazem o mesmo à noite. Conhecia os ventos, as correntezas e as profundidades do mar, bem como as rotas migratórias das aves. E jamais largava a bússola, a permanente companheira do navegador. E que rumo indicava a bússola do seu coração nesses tempos sombrios, nos quais ele via sucumbir a paz? O que se passava na cabeça do capitão no caminho para a avenida António Augusto de Aguiar, onde Celeste o esperava? De que tormentas iria lhe falar?

Restavam-lhe dez dias para o *Serpa Pinto* levantar âncora novamente. Entrementes, no cais, novos passageiros já ansiavam fervorosamente pela partida do legendário navio. O capitão sabia muito bem disso, pois quando acompanhou os diplomatas nazistas vindos do Brasil e firmemente dispostos a lançar-se na guerra sangrenta com Hitler do seu querido navio até o cais, deparou-se com a desesperança que reinava em sua cidade natal. Nas tabernas do porto e nas ruelas estreitas da cidade mediterrânea, pessoas desenraizadas, acossadas e perseguidas – vítimas do racismo de um ditador sedento de conquistas – esperavam por uma última chance de escapar desse demônio e de seus cúmplices. Sonhavam com a terra prometida, em algum lugar do outro lado do oceano. Todas as suas esperanças estavam depositadas no *Serpa Pinto*, e seu capitão sabia que era responsável pelos impacientes passageiros que aguardavam no cais pela viagem libertadora.

Uma derradeira chance para Martin, Sophie e Irène van Leeuwen.
Para Maurice, Thérèse, Mireille, Lucien e Jacques Padawer.
Para Marcel Duchamp e Simone Weil.
Para Pierre Dreyfus e sua família.
Para cinquenta crianças pequenas.
Para muitos e muitos fugitivos judeus da Europa sacudida pela guerra.

Essas responsabilidades lançaram o experiente navegador em uma alternância brusca de sentimentos contraditórios. Pouco tempo atrás, por três semanas, estivera imerso em uma algaravia de palavras e frases alemãs, italianas e romenas. A língua de pessoas alegres, inúmeras crianças traquinas, meninas de tranças loiras e meninos agitados que se lançavam em muitas aventuras a bordo. Transportara-os em nome da Companhia Colonial de Navegação do Brasil tropical e colorido para a Europa destruída pela guerra, atravessando o Atlântico. Eles vinham do país outrora descoberto pelos navegadores portugueses Pedro Álvares Cabral e Bartolomeu Dias. De um país cuja língua ele falava. Um país que lhe era familiar. Mas as crianças a bordo do *Serpa Pinto* naquele maio de 1942 cantavam em uma língua que nada tinha a ver com a branda melodia do português, e em nada lhe era familiar. Essa língua contava histórias sobre uma outra pátria, uma pátria idealizada. Assim como seus pais, essas crianças olhavam esperançosas para um futuro romantizado. Seu herói era Adolf Hitler.

Américo dos Santos era obrigado a reconhecer que o ódio racial e a loucura da guerra haviam se alastrado irremediavelmente para os oceanos. Restava-lhe apenas a pergunta: por quê?

CAPÍTULO 2
Uma longa história

Eles se chamavam Hilde, Horst, Ruth, Lieschen, Hans, Lothar, Helmut e Uwe. Seus sobrenomes eram Amsick, Meyer, Breuer, Lehmann ou Schulze. Suas vilas e cidades à margem do rio do Testo e do Itajaí-Açu ou no extremo sul do Brasil chamavam-se Neu-Berlin, Neu-Pfalz, Neu-Breslau, Neu-Bremen, Reich Badenfurt, Hansa Humboldt, Pomerode ou Blumenau. Ao todo, viriam a ser 595 colônias alemãs no Brasil.

Construíam casas em estilo enxaimel e suas salas recendiam a pão de mel, cuca alemã e carne assada. Seus clubes tinham nomes como Germania, Turnerbund, Bismarckrunde, Wartburgjugend, Hindenburg e muitos simpatizavam com o NSDAP e até mesmo se tornaram seus membros. Liam o *Urwaldsbote*, o *Blumenauer Zeitung*, o *Neue Deutsche Zeitung*, o *Deutsche Volksblatt*, o *Deutscher Morgen* com o suplemento *Die Deutsche Frau* (A mulher alemã). Pois: "o alemão que vive além das fronteiras do *Reich* cria a sua própria Alemanha da alma, do espírito. Sua fortaleza é sua casa, a família [...]. Essa Alemanha surge apenas onde é sustentada pelo coração da mulher maternal. As mulheres são o coração de um povo. [...] Onde as mulheres cultivam incansavelmente o germanismo, este não fenecerá. Elas o implantam no coração dos jovens, para que se mantenha vivo através das gerações."[7]

Não, eles não foram para o Rio de Janeiro do samba, a cidade colorida e transbordando alegria de viver, nem para a exótica Salvador da Bahia, onde os descendentes dos antigos escravos desde sempre praticavam seus rituais trazidos da África em cerimônias de candomblé e adoravam os antigos deuses de sua pátria. Também não foram para a abafada e quente Manaus, com seu excêntrico Teatro Amazonas, ou para Parati, a cidadezinha colonial do século XVII, nem mesmo para o principal centro econômico, financeiro e cultural da América Latina, a megalópole São Paulo. Seu destino era o Sul do Brasil.

Soa quase como uma confissão envergonhada. Até hoje, mesmo os guias de viagem especializados não dedicam a essa região mais do que algumas páginas. Talvez porque as fronteiras entre os territórios coloniais português e espanhol por muito tempo tenham suscitado controvérsias? Por não estarem em conformidade com o Tratado de Tordesilhas, assinado no ano de 1494 pelas potências marítimas da época, Portugal e Espanha, por iniciativa do papa Alexandre VI, que dividiu o mundo em uma metade portuguesa e uma espanhola?

Américo dos Santos, o experiente capitão do *Serpa Pinto*, também não deve ter ouvido falar muito sobre esses recantos do mundo nos bancos escolares. Na escola de navegação, no máximo aprendeu onde ficava Santos, o tradicional porto mais importante do Brasil, localizado a 70 quilômetros de distância do centro urbano de São Paulo.

Quem de fato conhece esse Brasil? E quem se interessa em ir da Europa para o coração da região colonizada pelos imigrantes, para o estado de Santa Catarina? Ou para o Paraná? Lugares para os quais os colonos, partindo do porto fluvial de Porto Alegre, viajavam por dias a fio, a cavalo ou em carro de boi. Até hoje, a viagem de ônibus dura de 12 a 16 horas. O Sul do Brasil, na fronteira com Uruguai e Argentina, o grande desconhecido? Quem quereria viajar logo para esse recanto perdido do país ensolarado? Para conhecer a região onde o trabalho e a eficiência alemãs são as qualidades dominantes, onde as pessoas se encontram nas Oktoberfest e nas festas de boliche, com bockwurst e eisbein no cardápio – ao lado da feijoada, o prato nacional, uma herança da época da escravidão. Lá, onde o chope alemão e a prática do *schunkeln* (comemorar embebedando-se) não são estrangeirismos, onde há a maior concentração de casas em estilo enxaimel fora da Alemanha, e onde o vestido estilo *Dirndl* e a calça de couro com suspensórios são oferecidos como suvenires. O turista comum não conhece a Serra Geral, e a imagem do aconchego alemão sob palmeiras tropicais não é exatamente algo que o atraia, bem ao contrário, chega a ser um contrassenso.

Mas, de qualquer modo, o viajante moderno poderá se surpreender. Quem quiser evitar a longa viagem de ônibus, partindo de avião para Florianópolis – onde, no século XVIII, imigrantes portugueses dos Açores e da Madeira se estabeleceram ao longo da encantadora costa atlântica e conquistaram a Ilha de Santa Catarina, uma ilha situada em frente à cidade com quilômetros de praias intocadas, baías escondidas e rebentações selvagens –, sabe hoje por que o turismo de massa não para de crescer. O panorama das maravilhosas paisagens do interior do estado é de tirar o fôlego. Para quem vai em direção ao rio Itajaí-Açu, descortina-se, em toda a sua beleza e pureza, uma natureza exótica. A Serra Geral, uma cadeia montanhosa muito peculiar, sobressai no horizonte às vezes de forma bruta, outras vezes se esvai no infinito. A neblina sobe por entre os cânions, e no alto das montanhas desenham-se as silhuetas das araucárias. Devem ser muito velhas essas árvores que esticam seus braços em direção ao céu, símbolos da paisagem subtropical, pois muitas sustentam estoicamente suas taças, sobre os altos e pelados troncos, por mais de cem anos, desafiando todos os ventos. Entre elas, as palmeiras. Sempre as palmeiras. E o ipê amarelo, densamente florido, com o emblemático amarelo brasileiro, a primeira cor alegre que surge por entre o cansado verde após a despedida do inverno. Aqui vivem o lobo-guará, maior lobo selvagem da América do Sul, e o macaco bugio. Completamente escondidas na solidão das paisagens montanhosas, diz-se ainda haver jaguatiricas. E ainda, embrenhadas na densa mata, espreguiçam-se nas várzeas dos rios os maiores roedores do planeta, as capivaras, esses pacíficos porcos fluviais de coloração marrom-escura. No caminho, na beira da estrada, encontra-se uma venda asseada. Para os colonos, a venda era ao mesmo tempo botequim e mercado de mercadorias variadas, essenciais para o dia a dia. Hoje, continua a fornecer pão e biscoitos feitos em casa, salame, geleia, queijo, cebola e alho, mas também cachaça e caldo de cana moído na hora.

Os guias turísticos batizaram essa região do Itajaí de "vale europeu". Mas isso não procede. Pode até ser que o estilo arquitetônico e os costumes façam lembrar o Velho Mundo, assim como os nomes e os anúncios na beira da estrada como *Loeffelscheidt*, *Krause* ou *Lewandowski*, *Hotel Himmelblau* ou *Heideröslein* ainda preservam a cultura e a língua alemãs, mas a natureza não se deixa enganar. No Sul do Brasil, no vale do Itajaí, onde confluem o Itajaí do Norte e o Itajaí-Açu, desde tempos imemoriais foi sempre a mata que ditou suas regras rígidas, ostentando toda a sua magnificência e subjugando o homem à sua própria vontade.

Bem longe da Europa. Para os imigrantes, uma dura lição.

CAPÍTULO 3
Estação final Saudade

"Os tempos não permitiam longos sofrimentos. Agia-se rápido. Anna, com sua filha recém-nascida, também batizada com o nome de Anna, juntou-se à sua família e emigrou em meados do século XIX. Para o Brasil", escreveu Nuna Krüger, em suas memórias. "Anna Mäder era uma moça corajosa e animada, filha de camponeses da região fronteiriça entre a Alemanha e a Suíça. Ficou grávida do jovem barão de Schaffhausen, mas foi por ele abandonada devido à pressão e à arrogância da mãe dele. Depois, quando ele se arrependeu, ela desprezou seu arrependimento e partiu." Estava predestinada a ser a bisavó de orgulhosos teuto-brasileiros, pois sua Anna, filha ilegítima de mãe solteira, casou-se na nova pátria com o imigrante Hermann Krüger, que tinha uma forja de ferraduras e foices e vinha da longínqua Pomerânia. Não era um zé-ninguém, estava farto do feudalismo em sua terra natal, almejava por um pedaço de terra para cultivar e trazia para sua nova existência do outro lado do mundo todo o dinheiro economizado, 400 táleres de ouro, para construir uma empresa exemplar e concretizar seus sonhos no país dos coqueiros.

Os novos imigrantes vinham de Oldenburg e da região do Reno. Da Prússia, de Schleswig-Holstein ou Hanôver, de Baden, Braunschweig ou da Saxônia. Ou da região de Württemberg.

Assim, também Richard Marmein, juntamente com seu irmão, o poeta nacionalista Carl Laemmle, deixou sua cidade natal de Stuttgart no ano de 1902. Ele seguiu para o porto brasileiro de São Francisco do Sul, onde terminou a viagem por mar, em seguida passou por Joinville,

Pomerode, Timbó, Indaial e Subida, para depois rumar a pé até a colônia hanseática de Hammonia, onde pretendia trabalhar na construção de estradas. Alemão de nascimento, ingressou através do casamento em uma família de imigrantes. Sua noiva, Amalie Kleine, uma jovem de Rio Morto, perto de Indaial, era neta de Theodor Kleine e de sua mulher Marie. Em meados do século XIX, Kleine fora o braço direito do farmacêutico dr. Hermann Blumenau, natural de Hasselfelde, na região do Harz. Este fundara a colônia de Blumenau na região hidrográfica do Itajaí-Açu, uma região de floresta de 220 quilômetros quadrados, em 2 de setembro de 1850, com um total de 17 colonos alemães.

"Minha tataravó Marie Kleine teve 12 filhos, 54 netos, 96 bisnetos e 6 tataranetos. Isso não era nada incomum naquela época", conta hoje Günter Spieweck, que guarda todos os documentos da família cuidadosamente em sua casa em Porto Alegre. O avô de Günter Spieweck, Richard Marmein, levou sua jovem esposa, a linda neta de Theodor e Marie Kleine, para a floresta, onde inicialmente fundou uma cervejaria em Aquidabã, no Paraná. O negócio não ia muito bem, a vida era dura. Mas, assim como todos os outros, ele e sua esposa Amalie, que conhecia e vivia exemplarmente conforme os ditames da cultura colonial, seguiram vivendo com os filhos, netos e bisnetos, de acordo com a tradição alemã. A despeito de tudo, eram xingados de *teutos*.

Mas a palavra de ordem não era livrar-se da penúria na terra natal? Abandonar a Europa sacudida pelas guerras e pelas crises, com suas rígidas regras e barreiras corporativas? Depois das guerras de libertação, a Europa estava em ruínas, regiões inteiras estavam devastadas, famílias dilaceradas. Os reacionários senhores feudais eram os mandatários. O desespero invadia os lares miseráveis da gente humilde. A emigração era então a palavra mágica.

Brasil, o país da fartura? Um paraíso? Não, a terra à beira do Itajaí decididamente não era um paraíso. Apesar de sua vasta extensão, das riquezas do solo, de sua fauna e flora e de seus extraordinários contrastes. Para os primeiros europeus aventureiros, a descoberta e a conquista foram uma decepção. No "país dos papagaios" quase não havia ouro, não havia metais preciosos, nem tampouco especiarias. Apenas quando toda a Europa suplicou por açúcar, a metrópole portuguesa se interessou em investir, e no século XVIII, a descoberta de algumas minas de ouro gerou euforia e enriquecimento rápido. A própria população brasileira, entretanto, quase não usufruiu desses tesouros, que eram imediatamente embarcados para a Europa. Na colônia, a exploração era moeda corrente. Depois veio Napoleão. Ele ocupou Portugal com suas tropas, e, em 1808, o príncipe regente português e toda a sua corte fugiram para o Brasil, terra considerada tão atrasada. Não obstante funcionários públicos e criados, professores, artistas, músicos e arquitetos tivessem acompanhado fielmente o seu rei D. João VI, construindo palácios e fundando academias, apenas a faixa litorânea do país foi povoada. No sul do vasto império, as fronteiras ainda não estavam asseguradas, os portos continuavam fechados aos navios estrangeiros e o comércio internacional era subdesenvolvido. Era preciso mais gente para administrar o país.

O Sul do Brasil, um "espaço sem povo"? Não exatamente. Mas os novos monarcas seguiam as tendências europeias. Preferiam os imigrantes europeus; a população indígena deveria ser expulsa para as áreas menos férteis ou totalmente aniquilada. Colonos europeus, e não os mal-afamados canibais guaranis, deveriam cortar a mata. Assim, saiu-se em busca de "homens". Em fins de agosto de 1922, José Bonifácio de Andrada e Silva, o então ministro do Interior, elegeu o major Anton von Schaeffer como encarregado de confiança e o enviou em missão secreta para a Europa. Ele queria emigrantes de boa índole; trabalhadores que, em caso de necessidade, pudessem também servir para defender o país. Foi uma tarefa fácil para os ajudantes de Schaeffer. Agentes inescrupulosos partiam munidos até de realejo, cantando canções arrebatadoras e declamando poesias pelas terras alemãs, passando pelos bairros miseráveis do proletariado urbano. Afixavam seus coloridos cartazes, distribuíam panfletos e, sem quaisquer escrúpulos, pintavam com cores reluzentes, aos pobres miseráveis, uma falsa imagem de um futuro promissor em um paraíso tropical. "Nada como sair da miséria" era seu lema. O sucesso era certo.

"A realidade se revelou já durante a travessia. Dependendo da meteorologia, calculava-se, na época, entre 90 e 120 dias para a travessia do Atlântico. Minha bisavó estava grávida no terceiro mês. A viagem de navio devia durar três meses. Mas o cargueiro velejou primeiro para a Austrália, para buscar mercadorias. Sim, deve ter sido assim", escreveu Nuna Krüger em suas memórias. "Bem, então, em vez de três meses, eles ficaram balançando no mar por sete meses ou mais, sem poder fazer nada. A criança veio ao mundo no navio. Essa criança foi a sua tia-avó Marie, que veio a morar numa casinha na atual avenida Manuel Ribas. Ela foi temporã, pois minha bisavó já tinha então 50 anos de idade."

Em navios como esse, o mastro podia quebrar com a força do vento e da chuva; o mau tempo gerava pânico. Muitos morreram em alto-mar, assolados por epidemias, outros chegavam ao Rio de Janeiro completamente exaustos e subnutridos. Febres e doenças tropicais também produziam estragos. Revoltas a bordo eram corriqueiras e, ao lado de doentes terminais, mulheres davam à luz em pleno alto-mar, como a bisavó de Nuna. Assim, até hoje, cada família de imigrantes tem sua própria história. Esses camponeses, curtidores, ferreiros, carpinteiros, comerciantes, alfaiates, médicos e professores de diversos estados alemães estavam à procura de uma vida melhor. E isso tinha o seu preço. Em sua miserável bagagem, levavam suas ferramentas, sua arte, suas tradições, o folclore e as roupas típicas, sua língua e os aromas da culinária natal. Os atuais folhetos em papel *couché* anunciam o paraíso de inúmeros quilômetros de litoral com praias maravilhosas, grandes e pequenas baías, regiões pantanosas e lagoas no Sul do país, e "um pedaço de Alemanha" implantado no Vale do Itajaí, "que revela a herança dos imigrantes alemães na arquitetura enxaimel, na culinária e nas festas tradicionais, nos jardins bem cuidados e na forte indústria têxtil". Mas, naquela época, as praias, montanhas, vales, rios, cachoeiras e florestas ainda não eram atrativos para o turismo. Aquela gente deixara para trás fome, desemprego e desesperança, mas, a despeito disso, o Brasil, com seus mais de 8 milhões de quilômetros quadrados, não foi um bom negócio no primeiro momento. Eles tinham sido ludibriados na Europa com falsas promessas; a realidade era bem diferente. A terra prometida ainda não havia sido mensurada. Problemas jurídicos eram iminentes. O sonho do pedaço de terra próprio era uma quimera. No interior da floresta animais selvagens e bravos índios guaranis espreitavam na intenção de proteger seu território da invasão dos estrangeiros brancos. Mais do que um desafio, a nova vida era um fardo que mal podia ser carregado em meio a uma natureza hostil e selvagem. Mas já não havia mais volta. Uma existência árdua nas florestas do Sul brasileiro aguardava os diaristas da região de Hunsrück, o filho do camponês da Floresta Negra, o trabalhador de Bremen, equipados com faca e foice do mato, isolados numa mata selvagem.

Mas eles acabaram se acostumando com a rouca gritaria dos macacos bugios, os mosquitos agressivos, a venenosíssima cobra urutu manchada de preto e amarelo, as menos venenosas jararacas, o andar furtivo da onça, um sem-número de roedores, os gambás, os porcos-espinhos e os velozes jacarés. Mas também com o colorido mundo das cores alegres das borboletas e dos falantes papagaios e beija-flores, zunindo nas imensas copas das árvores colossais ao longo dos riachos montanhosos à beira dos precipícios, nos bambuzais, nas palmeiras e entre variadas espécies de laranjas suculentas.

As famílias eram grandes e havia muitas bocas para alimentar. Onze a 15 filhos por família não era nenhuma raridade. Pai, mãe e toda a filharada saíam para a roça e plantavam arroz, tabaco, mandioca, cana, milho e feijão. "Não havia exceção para as meninas", lembra Nuna Krüger. "Todos tinham que pôr a mão na massa. Sem exceção."

Pouco a pouco, os imigrantes iam se acostumando ao minuano, o vento gelado que sopra no inverno e no começo da primavera, vindo das montanhas e descendo sobre as planícies do Rio Grande do Sul. A região era quente demais para se plantar as batatas alemãs. Mas havia as batatas-doces, pois batata era sinônimo de terra natal. Os Krüger, os Kleine e os Marmein aprenderam a conviver com as chuvas de verão, que transformavam a terra vermelha das picadas em escorregadias estradas de lama. E aprenderam a apreciar, cada vez mais, o chimarrão.

Mesmo assim, continuavam sendo alemães.

"A avó descia rígida do desconfortável carro coberto, uma carroça simples com teto primitivo. Ela ainda usava o traje típico de sua vila natal e as fitas de sua touca rendada balançavam na leve brisa de um dia de alto verão."[8] Traje típico da Floresta Negra ou traje tirolês sob as palmeiras? As dificuldades inesperadas, o exótico, tido como ameaçador, as saudades e a solidão à qual não estavam habituados fizeram com que os imigrantes se unissem e se apegassem às suas tradições. Tudo o que era estrangeiro era suspeito. Só o que importava era a sobrevivência. Dependiam uns dos outros. A nova terra era batizada de acordo com a pátria e recebia o prefixo "neu", que em alemão significa "novo": Neu-Württemberg, Neu-Berlin, Neu-Brandenburg. Preservava-se o que era familiar. Às margens do rio do Testo ou do rio Itajaí-Açu, no interior de Timbó ou à beira das muitas cachoeiras do Vale do Itajaí, em Santa Catarina, Paraná e Rio Grande do Sul, os imigrantes estavam à mercê da própria sorte. Seus sacerdotes e professores fundaram suas próprias comunidades e escolas. Os materiais e livros didáticos vinham da Alemanha. A Associação para o Germanismo no Exterior (Volksbund für das Deutschtum im Ausland) e o Instituto Alemão para o Exterior (Deutsches Auslandinstitut) cuidavam da formação da nova geração de professores. Quem era bom na escola podia prestar o *Abitur*, o exame que dá direito a estudar em uma universidade na Alemanha. Os comerciantes, industriais ou intelectuais descendentes de alemães que "se prezavam" eram sócios do clube Bismarckrunde desde a virada do século em Porto Alegre. E quem tinha boa condição financeira mandava seus filhos para estudar na Alemanha.

No final da década de 1930, 70% da população da cidade de Blumenau eram de origem alemã ou de alemães nativos. Estes últimos tinham emigrado para o Brasil depois da Primeira Guerra Mundial e foram recebidos com algum ceticismo. Apenas 10% da população de Blumenau falavam português, trinta por cento até entendiam português, mas não se sentiam brasileiros. Lia-se avidamente o popular *Kalender*, publicação em alemão que continha informações práticas e dicas. Assinava-se o *Neue Deutsche Zeitung*, o *Deutsches Volksblatt*, o *Urwaldsbote* (fundado em 1898), o *Blumenauer Zeitung* (fundado em 1881) ou o *Kolonie Zeitung*.

As comunidades evangélicas no Brasil sofreram décadas de discriminação; seus pastores, formados e orientados a partir da Alemanha, eram sistematicamente excluídos de órgãos públicos. As igrejas protestantes não podiam ter torres e os casamentos protestantes não eram reconhecidos legalmente. Mesmo assim, as igrejas protestantes ficaram sob a tutela do pastor responsável e das agências do germanismo.

"Para a Igreja Evangélica, considerada com razão um produto do casamento do evangelho com o espírito germânico, o cultivo da germanidade está no sangue", escreveu Wilhelm Rotermund, primeiro presidente e fundador do sínodo no Rio Grande do Sul.[9] Os cultos obviamente eram em língua alemã.

"E se mares nos separam da Alemanha tão distante,
Também aqui o núcleo vigoroso do germanismo há de lançar brotos.
Queremos dedicar espírito e braços à nova pátria
Mas nosso coração continuará a bater pela Alemanha."[10]

CAPÍTULO 4
O fantasma da memória

"Meu tataravô, Hermann Krüger, da Pomerânia, que, em meados do século XIX, inicialmente fixara residência em Joinville, conheceu a amarga desilusão da imigração", contará sua bisneta Nuna a seus filhos. "Seus táleres de ouro economizados com muito esforço se esvaíram rapidamente, pois as enchentes, a malária e as colheitas malsucedidas impuseram um brusco fim ao seu sonho de se tornar latifundiário. Mas minha corajosa bisavó, Anna Mader, da região de Baden, não se deixou abater. Para fazer frente à miséria e à falta de cuidados médicos, encomendou livros especializados em sua velha pátria e, autodidata, aprendeu o ofício de parteira, muito solicitado na mata."

E as coisas melhoraram. A pequena filha bastarda, motivo de desonra na família, também chamada Anna, casou-se com o filho do desafortunado, porém ambicioso, ferreiro de ferraduras e foices, o pomerânio Hermann Krüger Jr. da cidade de Florestal.

A forja prosperava. Era motivo de satisfação, e a família crescia. Anna e Hermann Krüger tiveram sete filhos e cinco filhas.

"Sábado era dia de faxina na casa e de cuidar do jardim com o ancinho. As crianças iam buscar areia na beira do rio e cobriam assim o caminho em frente à casa. Acabado este serviço, cuidavam do gado, pegavam as esteiras de palha e o avô cantava, enlevado, com seus filhos as canções de sua terra natal a três vozes. Naqueles momentos, talvez a grande saudade de sua pátria viesse à tona. [...] No Natal, fazia lindos animais e anjos com a

argila do rio para enfeitar os presépios natalinos", lembra-se Nuna a partir de relatos que ouvira. "Nos jardins floriam gerânios, fúcsias, prímulas e, principalmente, a popular rosa de cor rosa-claro – conhecida como *Sachsengruss*, cumprimento saxão."
Nem as flores se misturavam.

Mas nas férteis beiras de rio do Sul do Brasil, onde os imigrantes alemães haviam lançado a pedra inaugural de sua prosperidade, a jovem geração do final do século XIX ansiava por deixar as colônias e partir para as cidades. Para Blumenau, Porto Alegre, Curitiba ou São Paulo. Na metrópole São Paulo, a 800 metros acima do nível do mar, produzia-se com afinco, negociava-se, exportava-se e importava-se. A mercearia Casa Alemã, da família Heydenreich, fez sucesso internacional; a Farmácia Ao Veado d'Ouro era frequentada por todos; a cobiçada cerveja alemã, feita de arroz e milho por Louis Bücher e ainda hoje conhecida como *chope*, transformou-se no produto de maior sucesso dos imigrantes alemães. Nesse meio-tempo, o Brasil já havia se tornado o maior produtor de café do mundo e os preciosos grãos promoveram vários descendentes alemães a ricos barões do café. Também o filho mais velho de Hermann Krüger II, Ewald Krüger, nascido a 28 de setembro de 1869 em Morretes, perto de Curitiba, há muito tentara a sorte, abandonando a casa paterna e a ferraria do pai. Ele se associou à Sociedade por Ações da Estrada de Ferro de Santa Catarina e colaborou na construção do novo trecho de Blumenau até Hammonia. Casara-se, em 1890, com Christina Hassmann, a filha de colonos de Brusque, e, com muita dedicação e coragem, lançara a base para o reconhecimento e a ascensão da família Krüger. Nasceram sete filhos: Elisa, Hermann III, Paul, Hilda, Lothar, Regina e, finalmente, Irmgard, carinhosamente apelidada de Nuna. A filha temporã, nascida a 22 de abril de 1910, em Ponta Grossa, filha do engenheiro de estradas de ferro e de sua esposa Christina, que ele conhecera na associação de dança alemã, estava predestinada, assim como seus irmãos, a ter uma vida muito melhor que a das primeiras gerações de imigrantes. Irmgard falava alemão, frequentava a escola alemã, tinha aulas de tênis, era sócia do Clube Germania, tinha aulas particulares de literatura alemã, estudava piano aplicadamente, foi iniciada nos segredos da culinária alemã, aprendendo a fazer torta Floresta Negra para a reunião de amigas da mãe e fez um curso de costura como parte da preparação para o casamento. "Ela sabia que um homem completo, desde que as condições permitissem, tinha que zelar pela esposa." "Em casa, tínhamos de falar alemão, apesar de papai nunca nem ter ido à Alemanha", relatou Nuna mais tarde. Aos 15 anos, a moça foi ao seu primeiro baile em um vestido de crepe da China cor-de-rosa. Uma mocinha alemã no Brasil.

No Rio Grande do Sul, Santa Catarina e Paraná tudo prosperava. As caixas registradoras não paravam de tilintar. O novo estilo de vida refletia essa bonança. Assistia-se às peças de teatro alemãs, ouviam-se operetas e óperas e, finalmente, casava-se conforme a classe social, buscando os descendentes das bem-sucedidas casas comerciais. "Lisa já tinha havia muito uma empregada para os serviços domésticos. Charlotte tocava piano, estudava seis horas por dia. Para as meninas da cidade, nada era demasiadamente caro. Elas eram chiques. O que não é de se admirar, pois não faziam absolutamente nada!", escrevia, euforicamente, a colona-mãe exultante.[11]

Meninas alemãs, filhas alemãs de classe alta, não se misturavam.

Ao lado de perspicazes comerciantes, artesãos e farmacêuticos, surgiam também intelectuais e artistas. Abria-se uma porta para um novo mundo.

Esses colonos construíam seus próprios hospitais, asilos e cemitérios, faziam compras na confeitaria alemã e passavam o tempo livre nas próprias associações esportivas e clubes de jovens. À noite, frequentavam a taberna alemã.

A imagem que os colonos tinham da Alemanha construída pelos bisavôs, avós e pais, no entanto, permanecia completamente transfigurada. Era uma caricatura. Não tinha verdadeiramente nenhuma correspondência com a realidade da antiga pátria. Preservavam-se as tradições transmitidas por gerações nas associações patrióticas – um substituto para os laços perdidos –, e cultivava-se o ideário nacionalista alemão. Associações de tiro e de bocha até hoje cultivam as festas nacionais do bolão, com comida típica, principalmente o *kassler*, muito popular. Também as associações de canto, tal como antigamente, continuam ensaiando seu repertório tradicional de canções da terra natal, elogiam a cultura das ligas patrióticas dos estudantes alemães e cantarolam, para todos que queiram ouvir, um lânguido *Heideröslein*. As marchas, porém, não são mais tocadas com o mesmo entusiasmo, e a Super Banda Chopão, de Blumenau, trajada de calças curtas de couro e chapéu de feltro com o típico adorno de pelo de bode, hoje em dia canta mais em português do que em alemão. Tudo isso se diluiu num folclore inofensivo.

"Além da horta de leguminosas, havia um pomar que ostentava toda espécie de frutas europeias, e realmente todos moram à sombra de seu vinhedo e de sua figueira [...]. A natureza pródiga de minha terra natal presenteia o colono com duas a três colheitas de batatas por ano e, em janeiro, a colheita de feijão preto [...]. Por entre o verde dos pés de laranja e dos pessegueiros despontam os telhados de telha vermelha de imponentes casas de colonos [...]. Nessas colônias, a vida social naturalmente florescia nos moldes da velha pátria de nossos pais."[12]

Depois da Primeira Guerra Mundial, vieram os *Neudeutsche*, os "novos alemães". A 24 de agosto de 1922, em uma semana de estadia ultramarina, de visita a Hamburgo, o coronel Gaelzer-Netto, representante brasileiro para o comércio na Alemanha, fez intensa propaganda do Brasil. Em discurso inflamado, elogiou a perseverança dos colonos alemães e exaltou sua tenacidade. Um chamariz altamente tentador. Em 1918, a Europa jazia em escombros. A Alemanha ficou sobrecarregada com o fardo da guerra perdida. O Tratado de Versalhes foi considerado uma humilhação profunda, a descrença com a República de Weimar era grande. Muitos procuravam desesperadamente uma alternativa à crise econômica, à pobreza e ao desemprego. A miséria econômica impelia a uma decisão. A ideia da emigração voltava a ganhar força. Não apenas o coronel Gaelzer-Netto sabia disso. Com palestras inflamadas, seduziam-se candidatos à emigração, homens jovens e pais de família que não viam mais futuro para si e para seus filhos em sua terra natal. Uma quantidade enorme de *Reichsdeutsche* (alemães nativos) foi atraída para além-mar, para a região dos antigos imigrantes havia muito assentados nos vales do Sul do Brasil. Foram pejorativamente apelidados de *Neudeutsche*, "novos alemães".

Johann Albert Spieweck, nascido em 18 de dezembro de 1905, em Hermsdorf, perto da capital do *Reich*, relata em suas memórias, que "1919 e 1920 foram piores que os últimos anos de guerra", e prossegue:

"[...] e o bloqueio contra o nosso país continuou, o povo ainda passava fome, a isso se somava a insegurança em todos os setores. A guerra civil lançou suas sombras também sobre Hermsdorf. A insegurança durante a noite nas ruas era cada vez maior e, durante algumas noites, os inquilinos do edifício Schlosseck, liderados por meu pai, se revezavam montando guarda no corredor escurecido para se precaver de repentinos ataques espartaquistas.* Em março de 1920, minha mãe, seus irmãos e pais foram a Flensburg para o plebiscito. Deviam ter retornado antes da minha confirmação. No mesmo período, ocorreu o *Kapp-Putsch* em Berlim, e os partidos de esquerda decretaram greve geral. Minha confirmação estava sendo comemorada à luz de velas pelos parentes até altas horas da noite, pois também a usina de gás estava em greve. Nossa festa foi interrompida à meia-noite pelo tiroteio nas proximidades, onde polícia e tropas militares evacuavam um arsenal comunista. Tive que enterrar meu sonho de me tornar oficial da Marinha como meu pai, pois com a queda do regime e a derrota na guerra a Alemanha não tinha mais Marinha, até os navios mercantes tiveram de ser entregues aos vencedores." Spieweck continuava seu relato: "Tendo em vista as condições cada vez mais difíceis em que se encontrava a Alemanha e para escapar do desemprego crescente e da escalada do terrorismo político, meu pai tomou a decisão de emigrar. Seu objetivo inicial era a África. Mas os ex-inimigos da recente guerra não permitiram a emigração para as ex-colônias alemãs na África; desse modo, nosso destino passou a ser o Brasil."

O representante comercial do Brasil na Alemanha, o coronel Gaelzer-Netto, não teria exagerado? Ele enaltecera "a aplicação, a honestidade, a economia, a perseverança, o respeito às autoridades e às leis e o amor à gleba, que deveriam substituir muito satisfatoriamente a pátria perdida.

---

* A Liga Spartakus era um grupo revolucionário de esquerda liderado por Rosa Luxemburgo e Karl Liebknecht, que em 1918 fundou o Partido Comunista Alemão no contexto da Revolução Alemã (1918-1923). (*N. das T.*)

[...] Para quem trouxer estas qualidades, as portas de minha pátria estarão abertas."[13] Eram promessas grandiloquentes. Porém, somente na terra prometida a realidade se revelaria de fato. Foi assim que a família Spieweck, flagelada pelas condições vigentes na Alemanha, arrumou as malas na distante Berlim. O casal se separou de seu mundo tão familiar e de seus parentes queridos e, em 24 de março de 1922, no porto de Bremen, subiu juntamente com seus quatro filhos – Johann, Margarete, Kurt e Otto – a bordo do *Köln*, um navio novo da companhia Norddeutsche Lloyd. O filho mais velho relata: "Foi especialmente difícil para mim me separar de meus livros, pude levar apenas dez exemplares. Mas coloquei na bagagem o violino e os instrumentos de desenho. Os demais passageiros eram quase exclusivamente emigrantes como nós, entre eles muitos mineiros da região do Ruhr, operários da Saxônia e camponeses expulsos das regiões do leste, que a Alemanha perdera."

Uma odisseia de desvalidos.

A história se repetia. Com a diferença de que a viagem dos novos imigrantes era mais curta e previsível. No dia 15 de abril de 1922, após uma travessia de três semanas, o navio que saíra do porto de Bremen passou pelo Pão de Açúcar e alcançou a Baía de Guanabara.

A família de seis pessoas de Hermsdorf, perto de Berlim, pisou em terra brasileira. Os imigrantes pobres ainda tiveram que aguardar na Ilha das Flores até que todas as formalidades estivessem resolvidas. Viajaram, então, até Florianópolis a bordo do navio *Sirius* do Lloyd Brasileiro, passando por Santos e Paranaguá. De lá navegaram, dois dias mais tarde, a bordo do *Ruy Barbosa* para Itajaí e prosseguiram no barco fluvial *Blumenau*, subindo o rio Itajaí até a cidade de Blumenau. Um último trem conduziu a família até a Estação Hansa. Finalmente, haviam chegado à região da Sociedade Colonizadora Hanseática. Fora um empreendimento exaustivo. Uma volta ao mundo. Mas ali, finalmente, as expectativas dos imigrantes iriam ser realizadas. "Meu pai tinha uma carta de recomendação de Hamburgo para o diretor da colônia, Deeke", escreveu em suas memórias Johann Albert Spieweck, na época com 16 anos de idade. "O sr. Deeke nos mostrou os mais recentes mapas de medição dos terrenos e recomendou para nossa instalação a colônia Dona Emma, no alto do rio Kraul. Essa porção de terra começara, havia pouco, a ser ocupada por imigrantes alemães. Primeiro, meu pai foi a cavalo para ver a região. No dia seguinte, cavalgou novamente até lá, escolheu um lote às margens do rio Helena e assinou o contrato de compra." A família agora tinha um novo objetivo, uma nova tarefa, um novo alojamento. E, uma última vez mais, enfrentaram o caminho até a nova gleba.

"Dessa vez fomos de carroça pela estrada de terra com toda a bagagem, passando por Neu-Stettin, por Neu-Bremen e pelo rio Urubu até Donna Emma. Chegamos lá tarde da noite. Inicialmente, nos acomodamos de modo campestre, praticamente no meio da floresta. Construímos leitos rústicos, um fogão de pedras e eu construí mesa e bancos com algumas barras e tábuas. Diariamente eu e meu pai caminhávamos até a nossa terra, onde, com machado, foice e facão, abrimos uma clareira para construir a casa."

Mas o destino não foi muito generoso com o "novo-alemão" de Hermsdorf. Pouco menos de oito semanas após Otto Alexander e Christine Spieweck terem embarcado em Berlim de trem com seus filhos Johann, Margarete, Kurt e Otto rumo ao porto de Bremen, com destino ao sedutor Sul do Brasil, e após despedirem-se definitivamente da familiar Europa, o pai e chefe da família foi inesperadamente acometido de um fulminante ataque cardíaco, na nova minúscula colônia alemã Dona Emma. A família estava diante do nada: "Com aquele golpe, todas as nossas esperanças se esvaíram. Minha mãe só pensava numa única coisa: voltar à Alemanha! Eu mesmo me opus à ideia. Não queria voltar a um mundo que havia deixado com tantas esperanças de um novo e promissor futuro. Não queria retornar como fracassado, não para ser recebido pelos parentes que haviam todos tentado nos demover de nossos planos", escreveu Johann Albert Spieweck. Da noite para o dia, o menino se deparou com tarefas completamente desconhecidas, com uma responsabilidade que o amedrontava profundamente.

Voltar ou não voltar? A dúvida da viúva desesperada, porém, desfez-se brutalmente. Depois das exéquias, o cônsul alemão em Blumenau comunicou-lhe que, da herança do marido, não lhe restara mais do que uma magra mesada. "Todo o nosso patrimônio em *Reichsmark* (moeda alemã), transferido em nome de meu pai para Blumenau, tinha se diluído na inflação galopante. Das centenas de mil *Reichsmark* restavam apenas 2 mil réis." Mamãe Spieweck não se deixou abater: comprou uma máquina de costura usada e abriu um ateliê de costura feminino. Seu filho primogênito, que acabara de completar 16 anos, encontrou um emprego numa pequena cervejaria da família de descendentes alemães Marmein, em Nova Berlim.

No dia 15 de junho de 1923, a primeira geração de emigrantes leu no jornal *Urwaldsbote* (O mensageiro da selva), de Blumenau: "Cada novo vapor que chega traz imigrantes alemães da Alemanha, provenientes sobretudo da região do Ruhr, onde as condições se tornam cada vez mais insuportáveis. As pessoas chegam com poucas posses, muitas vezes não têm nada e não é fácil para elas encontrar um abrigo." No ano de 1923, o fluxo da emigração alemã alcançou o auge absoluto. Ao todo, 115.431 alemães abandonaram a pátria para tentar a sorte em países distantes. Armadores alemães tornavam a travessia ultramarina possível. Era verdade que a Alemanha havia perdido toda a sua esquadra de navios, mas os armadores estavam investindo na reconstrução de seu patrimônio. Já em 1920, a renomada companhia Hamburg-Süd retomara seus serviços na América do Sul, utilizando navios alugados. E, dois anos mais tarde, navios de diversas companhias de navegação, novinhos em folha, estavam disponíveis para os emigrantes. Entre eles, também o *Köln*, capaz de abrigar trezentos passageiros na terceira classe e quinhentos no chamado convés de cabines.

O jovem Johann Albert Spieweck, de 16 anos, não podia suspeitar que apenas vinte anos mais tarde voltaria a cruzar o Atlântico em um *navio do destino*. Ele ainda acreditava piamente em um futuro no Brasil: "Diversas vezes meu pai havia conversado comigo sobre o futuro, como ele o imaginava, e me parecia um sinal do destino o fato de ter, antes de morrer, logrado nos levar a salvo da situação tão confusa na Alemanha para um novo mundo. Apesar dos meus 16 anos, eu me sentia suficientemente forte para trilhar o percurso iniciado pelo meu pai." Por indicação, o jovem inexperiente conseguiu inicialmente um emprego de vendedor e travou seu primeiro contato com tropeiros, os mercadores viajantes que transportavam suas mercadorias em lombo de burro e atravessavam os campos em caravanas. "Para aprimorar meus conhecimentos da língua local, após o término do trabalho eu me sentava, noite adentro, com os tropeiros no barracão aberto; aprendi a tomar chimarrão e a comer churrasco e admirava a perseverança e a paciência dos simples caboclos, descendentes de índios e brancos, para me ensinar o português e melhorar minha pronúncia."

CAPÍTULO 5
A Alemanha e seu cordão umbilical: a geração de novos imigrantes e o partido nazista

Não eram apenas as novas condições de vida que tornavam difícil a vida dos alemães do *Reich* no país tropical. Eles também tinham dificuldades de entender o estranho linguajar dos teuto-brasileiros e se sentiam excluídos. Era comum os recém-chegados serem recebidos com inveja e má vontade, já que muitos eram mais hábeis, mais bem formados, quase todos já tinham experiência profissional e sabiam manejar máquinas agrícolas. "Eu tentei usar minha experiência. Mas todas as minhas tentativas de trabalhar de modo mais racional e moderno fracassaram por causa da falta de compreensão do meu patrão, que preferia continuar improvisando do mesmo jeito de sempre", anotou o desesperado Johann Spieweck em suas memórias. "A única nova aquisição foi uma máquina de encher garrafas com gás carbônico. Ela foi instalada sem que se observassem as instruções de manuseio e, obviamente, na primeira tentativa de enchimento a primeira garrafa explodiu [...]. Também foram vãs as minhas tentativas de modificar o sistema de vendas e conferir-lhe uma base sólida. Os clientes desconheciam vendas mediante pagamento à vista, pagavam quando e como bem lhes convinha [...] uma contabilidade organizada não era a praxe [...]. A consequência inevitável era que os negócios pioravam, estávamos sempre à beira da bancarrota." O mundo arcaico daqueles que haviam desbravado a mata era estranho aos recém-chegados da Alemanha, dos quais muitos tinham a sensação de ter caído numa cilada e passavam a sonhar com a pátria perdida.

Em 1927, Gustav Buchholtz, então com 22 anos de idade, também viajara para o Brasil. Proveniente de Kiel, o alemão esguio não deixara nada para trás além de experiências e memórias amargas. Dois irmãos haviam morrido na primeira guerra na planície de Flandres, o pai morrera de gripe espanhola, e a mãe, de desgosto. Totalmente sem recursos, mas com o endereço de um tio desconhecido no bolso, Gustav Buchholtz conseguiu chegar ao Sul do Brasil, encontrando seu primeiro trabalho no moinho de cereais do tio em um assentamento fundado por colonos alemães. Ele também teve dificuldades em se adaptar à nova vida e em encontrar um caminho para se integrar aos alemães já estabelecidos. O caminho que encontrou foi o do amor. Apesar de os alemães do *Reich* terem dificuldades em se integrar e sofrerem de exclusão, os belos rapazes faziam sucesso entre as meninas teuto-brasileiras. Foi assim que Johann Spieweck se casou com Gustel Marmein, a filha do dono da cervejaria de Nova Berlim, e Gustav Buchholtz com Nuna, a temporã da família Krüger, de Curitiba. "Nós conhecemos boa parte de Santa Catarina e suas típicas colônias alemãs. Fomos recebidos por alguns dias em Brusque e Blumenau, cidades que nos impressionaram pela prosperidade de seus moradores e de sua produtividade. Em lugares onde, algumas gerações antes, havia mata densa e selvagem, a determinação e o trabalho árduo ergueram centros industriais que hoje são muito importantes para a vida econômica brasileira", relatou Gustav Buchholtz, eufórico, antes de sua festa de casamento. Novas perspectivas se avizinhavam.

E eles continuavam sendo chamados de Hilde, Horst, Hans, Otto, Ruth, Lieschen, Lothar, Helmut, Kurt e Uwe. Eram chamados pelos netos de *Opapa* e *Omama*. Entoavam canções alemãs. Os rapazes tornavam-se membros das associações de canto, encontravam-se para encenar peças de teatro, no tiro ao alvo, no jogo de bocha, na ginástica, na festa dos atiradores, na Oktoberfest e, finalmente, também nas reuniões do partido nazista. O entusiasmo com o despertar da nação alemã era grande, delirava-se com o nazismo e esperava-se algum dia poder retornar à pátria. As humilhações não tinham sido esquecidas, nem as feridas haviam cicatrizado. Os novos alemães estavam divididos. Tinham deixado a Alemanha, mas ainda não haviam criado raízes no Brasil. O partido nazista tornou-se então sua nova pátria. Mas como a filiação ao partido era permitida apenas aos alemães do *Reich*, eram eles que assumiam as posições de comando e se tornavam líderes. Na pátria adotiva, logo simpatizaram com os ideais questionáveis de Hitler.

Mas o Brasil também estava em transição, pois a Primeira Guerra Mundial também deixara marcas nesse país "15 vezes maior do que o território do antigo império alemão". Mais do que nunca, a economia brasileira dependia das flutuações do mercado internacional. A corrupção estava na ordem do dia e provocava insatisfação e tensões políticas internas.[14] Aumentava o clamor por um homem de pulso firme. Getúlio Vargas, "o miniditador de um império gigante",[15] que, devido à sua pequena estatura, frequentemente era comparado com Napoleão, chegou ao poder em 1930 com o apoio dos militares. Aliou-se à oligarquia agrária, planejou a concretização de reformas sociais como "pai dos pobres" e promoveu a centralização do poder através de uma política econômica intervencionista. Objetivava a autonomia da indústria nacional em relação ao exterior e a consolidação do português como língua nacional nas colônias de imigrantes. Esperava-se que essa nova doutrina acelerasse a assimilação, unificando o povo e fortalecendo o sentimento patriótico e a identidade brasileira. Metas ambiciosas e dogmáticas. Metas de um ditador com consequências de longo alcance.

De início, nos estados sulinos, essas questões não foram levadas muito a sério. Em 1º de julho de 1928, a agremiação local do partido nazista de Timbó, no estado de Santa Catarina, foi oficialmente reconhecida pela direção do partido em Munique como seu primeiro núcleo no exterior. Em 30 de novembro de 1928, o *Urwaldsbote* convocava em tom propagandístico: "Atenção, alemães do *Reich*, ex-combatentes, antissemitas [...], queiram enviar seus endereços." A agitação dos nazistas no Sul do Brasil encontrou solo fértil. Em 1931, o coordenador de organização do *Reich* Gregor Strasser fundou o Departamento do Exterior do NSDAP, precursora da Organização Nazista no Exterior (Auslandsorganisation ou AO), e, ainda no mesmo ano, a agremiação local nazista no Rio de Janeiro foi oficialmente reconhecida pela direção geral do NSDAP. O Departamento do Exterior era o cordão umbilical que unia os alemães do *Reich* no exterior ao partido na Alemanha. Ele orientava os alemães distantes da pátria e difundia a ideologia nazista. Seus membros eram orientados a respeitar as leis do respectivo país hospedeiro e a evitar qualquer intromissão em sua política interna, mas sua tarefa principal continuava sendo propagar a *Volksgemeinschaft*, a comunidade do povo. Entre os 83 grupos regionais nazistas existentes no exterior, o do Brasil era o precursor:[16] o partido tinha representações em 17 estados brasileiros. Só o grupo regional do Brasil se transformou em uma organização duradoura, sendo reconhecido pela central do partido nazista em Munique. "A suástica decorava o salão da sede e inscrições exortavam os presentes com palavras de ordem. Se de fato os esforços unidos de metade do mundo conseguiram levar a Alemanha ao chão depois de quatro anos de luta sangrenta, arrancando da dinastia dos Hohenzollern sua coroa, não foram capazes de acabar com a obra de Bismarck, a união da Alemanha", alardeava o jornal *Urwaldsbote* em 19 de janeiro de 1932, fomentando a disposição para a luta.

Getúlio Vargas, que começara sua carreira como deputado estadual, tornando-se depois governador do Rio Grande do Sul, estado que abrigava a maior parte dos colonos alemães, aliou-se à Alemanha nazista. Em suas cartas, o ambicioso jurista referia-se à "Sua Excelência Senhor Adolf Hitler" como "grande e bom amigo". O *Führer* alemão era cortejado; do outro lado do oceano Atlântico também reinava uma ditadura fascista de direita.

No início de 1934, uma delegação econômica alemã visitou o Brasil. Na ocasião, Getúlio Vargas fez doações generosas para a obra de caridade nazista Winterhilfswerk, mandou embarcar carregamentos de café para o *Reich* e enviou seu filho para estudar na Alemanha. Os negócios entre os dois países estavam azeitados, o governo brasileiro aprovou a ampliação da companhia aérea Condor, havia consenso sobre a deportação de pessoas indesejáveis, como, por exemplo, a judia Olga Benário, e parte da polícia brasileira recebia treinamento da Gestapo.

Não obstante, o governo brasileiro nutria uma secreta desconfiança em relação à população de origem alemã, sobretudo a população no Sul do Brasil. Talvez não sem razão. Desde sempre, os teuto-brasileiros e suas numerosas famílias haviam permanecido isolados em suas colônias. Sua língua e os costumes de sua pátria longínqua lhes eram sagrados. O cadinho brasileiro de povos e culturas permanecera estranho para eles, e não se podia falar em assimilação. Mas a situação passou a se agravar à medida que os nazistas começavam a se ufanar com especulações presunçosas.

"Quem sabe o que é deparar-se com uma cidade no meio da América do Sul, na qual é difícil ouvir apenas uma única palavra em português, onde todas as casas lembram uma cidade alemã de porte médio, onde todas as lojas e inscrições são alemãs? Veem-se palmeiras aqui e ali, mas elas parecem fora de lugar, até os poucos negros falam alemão e se sentem como bons alemães",[17] comentou Hans Henning von Cossel, líder do partido nazista no Brasil residente em São Paulo, ao visitar Blumenau, em 1935. O *Urwaldsbote* anunciava eufórico: "O sr. Von Cossel, chefe nacional do partido nazista no Brasil, convida a população de Blumenau para uma grande festa comemorativa na próxima quarta-feira, 30 de janeiro, na Associação de Tiro, para festejar dignamente a transformação iniciada há dois anos na Alemanha pelo *Führer* e chanceler do *Reich* Adolf Hitler."[18] Blumenau não era apenas símbolo da imigração alemã em Santa Catarina, era conhecida também na Alemanha como a cidade alemã na América do Sul por excelência. Para quase todos os naturais de Blumenau, a língua materna era o alemão. Na linda cidadezinha com suas belas casas em estilo enxaimel e as associações conscienciosas de suas tradições, o jornal *Urwaldsbote*, muito popular, assumiu o trabalho de informação e propaganda para o partido nazista, orientando-se totalmente pela ideologia nazista em suas tendências antidemocrática, antissemita e anticomunista. Palavras de ordem como a "grande Alemanha", a "infâmia de Versalhes" (uma referência às pesadas reparações impostas à Alemanha ao fim da Primeira Guerra) e "raça alemã" inflamavam os ânimos. O redator-chefe Arthur Koehler, cuja simpatia pela ascensão do nazismo era mais do que evidente, proclamava enfaticamente que o "marxismo e as agitações subversivas dos judeus deveriam ser severamente reprimidos". Naqueles tempos era muito frequente converter-se politicamente à antiga pátria. A partir de 1933, o Volksbund für das Deutschtum im Ausland (Associação para o Germanismo no Exterior) literalmente saturou as firmas e escolas alemãs com material de propaganda. Jornais e filmes da UFA (produtora oficial de filmes na Alemanha nazista) foram introduzidos. Escolas alemãs, associações de ginástica e de canto e clubes sociais içavam orgulhosamente suas bandeiras com a suástica e deixavam-nas tremular nas fachadas de seus prédios em todos os eventos sociais. Símbolos nazistas adornavam as sedes das agremiações alemãs.

Era impossível ignorar que grandes extensões do território do Sul do Brasil, quase toda marcadamente rural, encontravam-se inquestionavelmente em mãos alemãs. Os imigrantes alemães eram tidos como especialmente avessos à assimilação e cultivavam um sentimento de superioridade em relação à população nativa. Uma situação funesta. Não é de admirar que mais tarde a lenda da "nova Alemanha do Sul do Brasil" tenha se alastrado tão facilmente. O mais impressionante era o fato de se tratar, em sua maioria, de cidadãos brasileiros. Afinal, quase 90% dos descendentes de alemães que viviam nas colônias já tinham nascido no Brasil e, consequentemente, possuíam passaporte brasileiro.

No futuro, eles ainda haveriam de dar valor à sua nacionalidade brasileira.

O apego ferrenho dos colonos alemães às tradições e à língua da distante pátria, assim como o entusiasmo contagiante pelo nazismo, devia ser uma pedra no sapato do nacionalista Getúlio Vargas. O "pai dos pobres" brasileiro ficou desconfiado. No estado de Santa Catarina foram tomadas as primeiras medidas de nacionalização, tidas como chicanas pela população local de teuto-brasileiros. Os professores das escolas particulares alemãs eram forçados, sob o constrangimento de rigorosa inspeção estatal, a prestar uma prova em português num prazo de cinco semanas. Em caso de reprovação, teriam que abdicar imediatamente da profissão de professor. "Em outubro de 1932, por fim também consegui ser aprovado pela banca de examinadores no grupo escolar Luiz Delfino em Blumenau, junto com outros 14 professores particulares", confidenciou Johann Spieweck a seu diário. Alívio geral. Afinal, a sobrevivência da jovem família dependia de seu novo emprego na escola rural de Rio Krauel, próximo a Neu-Breslau, mesmo que o salário de professor não bastasse para viver e o engajado alemão ainda tivesse que trabalhar como empregado horista para os colonos.

Nos longínquos vilarejos no meio da mata, o pesado trabalho no roçado ainda era considerado mais importante do que todo o resto. Um professor era artigo de luxo. Geralmente quem transmitia o conhecimento básico para as crianças era um colono que, por razões de saúde ou pela idade avançada, não podia trabalhar no campo. Isso deveria bastar.

Os Spieweck tiveram três filhos. Em 1929, nasceu o pequeno Otto; em 1930, Christine; e, em 1932, o segundo menino, Hans. O atarefado professor sonhava então com uma nova escola para mais de oitenta crianças e jovens na próspera Nova Berlim. Após uma grande campanha de arrecadação de fundos entre os membros da comunidade, partiu-se para a ação. A primeira enxadada foi devidamente comemorada em 1933. Um telegrama da longínqua Holanda de "Sua Majestade o imperador e rei" de 29 de abril de 1933 endereçada ao sr. Hans (Johann) Spieweck, diretor da escola alemã de Nova Berlim em Santa Catarina, Brasil, provocou reações de orgulho e alegria. Na carta, o último imperador alemão, Guilherme II, que, depois da derrota na Primeira Guerra, vivia no exílio holandês na quinta Huis Doorn, informava:

"Sua Majestade o imperador e rei manda agradecer pelo livro comemorativo referente ao festejo do centenário da imigração alemã em Santa Catarina. Sua Majestade teve grande prazer em aceitar vossa encomenda do quadro destinado ao prédio escolar da comunidade alemã em Nova Berlim. Com os melhores votos para aqueles que lhe continuam leais no distante Brasil, Sua Majestade faz chegar-lhes o quadro com assinatura e dedicatória de próprio punho.

Em nome de Sua Majestade
Marechal da corte em serviço".*

Em 1934, a escola da comunidade de colonos de Nova Berlim enviou suas felicitações pelo 75º aniversário do último *Kaiser* alemão, o qual depositara no governo nazista a esperança do retorno da monarquia na Alemanha.

Ontem. Sempre ontem.

---

* Na Alemanha imperial, o "Hofmarschall" era o mais alto oficial administrativo, responsável por supervisionar todos os assuntos econômicos da corte. (*N. das T.*)

Johann Spieweck – o alemão do *Reich* nascido em Hermsdorf em 1905 e que emigrara com sua família para o Brasil em 1922, farto dos tristes anos do pós-guerra e cheio de esperanças – tornou-se líder local do partido nazista na brasileira Nova Berlim:

"Meu tempo estava completamente ocupado. [...] Mas meu ofício de professor não se resumia apenas às aulas na escola, todo o meu tempo livre restante era tomado pelas atividades voluntárias que eu elegera, de forma que, paralelamente, eu trabalhava como coordenador dos cursos preparatórios para os exames de professor, era regente do coro da igreja, do coro masculino e do coro misto, organizei uma biblioteca popular e uma escola de artesãos para aprendizes, e era diretor desportivo e ginasta da turma de jovens da associação de ginástica de Nova Berlim, além de secretário da liga de escolas Hansa, formada por 34 escolas particulares, e promotor de apresentações mensais de filmes de arte em Hammonia, Nova Berlim, Neu-Bremen e Neu-Breslau. Todas essas atividades eram realizadas sem qualquer remuneração e naquela época faziam parte das atribuições de um professor. As visitas à colônia Hammonia do cônsul alemão do Rio de Janeiro, da escritora alemã Maria Kahle e da delegação de marinheiros do cruzador *Karlsruhe*, em 1934, ensejaram festas com muita pompa, e eu sempre participei ativamente dos preparativos e da execução das programações."

Maria Kahle, a requisitada pangermanista que viajava frequentemente como missionária do germanismo pelas regiões tropicais, exaltou o entusiasmo dos descendentes de alemães em seu relato de viagem *Deutsche Heimat in Brasilien* (Pátria Alemã no Brasil):

"Parecia inacreditável: o rádio de ondas curtas penetrava nesse mundo inacessível da colônia! À noite, um grande grupo de alemães se reunia na sala para ouvir a voz que vinha da Alemanha [...]. Anunciava-se um discurso do dr. Goebbels. Um líder da nova Alemanha falaria daquela Berlim conhecida por muitos apenas de nome para um lugar distante, separado por imensas florestas e mares [...]. Mas quando a voz ecoou, um dos velhos colonos saltou para a frente do aparelho, como se quisesse enviar a resposta à Alemanha e gritou, gaguejando de emoção: "*Heil* Hitler! Salve o *Führer*! Salve a Alemanha!"[19]

Até no Brasil os nazistas promoviam seus desfiles militantes. Até no Brasil, os camisas-marrons nazistas agitavam suas bandeiras. Até no Brasil, canções nazistas enérgicas ecoavam pelas ruas. Bem no espírito da "nova Alemanha". Não havia dúvida: a elite econômica, intelectual e política dos descendentes dos alemães via tudo aquilo com grande simpatia. Lia-se o *Der Deutsche Morgen* ("O alvorecer alemão"), o órgão oficial do partido. Outro veículo muito popular era a revista oficial da *Auslandsorganisation* ("Organização do Partido Nacional-Socialista para o Exterior"), a *Deutsches Wollen* (literalmente, "O querer alemão").

Em 11 de maio de 1935, Arthur Koehler, do jornal *Urwaldsbote*, frisou em uma carta: "eu reconheço inteiramente o trabalho do *Führer*, os atuais líderes merecem toda a minha consideração, sei de tudo o que fizeram por nossa pátria e que devemos o renascer da Alemanha exclusivamente a eles."[20] Os colonos festejaram o aniversário de Hitler e entoaram a "Horst-Wessel-Lied", o hino extraoficial. Estavam em seu meio, faziam parte da "raça ariana". Sentiam-se o povo eleito, "uma manifestação baseada no sangue". Constituíam uma comunidade não apenas política, mas também ideológica, que se identificava irrestritamente com o *Führer*. A propaganda insuperável fazia a sua parte. Não se falava mais de cidadãos, e sim de camaradas. Celebravam o domingo comunitário em que se oferecia um cozido aos camaradas mais pobres, segundo a tradição na pátria natal. "Eles mesmos descascam as batatas e cortam a carne, preparam os legumes, fazem o fogo e mexem os caldeirões, não se importam de pagar cada prato de cozido", informava um membro do partido em 1938 diretamente de São Paulo para Berlim.[21]

Existem informações desencontradas sobre o número de membros do NSDAP no Brasil. Os arquivos confiscados pelos Aliados dão conta de 4.500, número que não expressa muita coisa, pois apenas alemães do *Reich* podiam se filiar. Mas a maioria dos imigrantes teuto-brasileiros tinha uma inclinação pela ideologia nazista. Os historiadores partem do princípio de que mais de 80% da população do Sul do Brasil simpatizavam com Hitler e com sua visão de mundo,[22] mesmo que nem sempre aprovassem o estilo e a conduta da cúpula do partido. Por outro lado, círculos de teuto-brasileiros bem estabelecidos torciam o nariz e demonstravam seu desprezo para com os grosseiros nazistas. Em parte, consideravam autoritário o modo pelo qual a organização do NSDAP no Brasil tentava impor sua marca na vida dos descendentes de alemães. Em 1931, em Porto Alegre, na época uma cidade com aproximadamente 30 mil descendentes de alemães, dos quais 3 mil eram alemães do *Reich*, os primeiros nazistas se comportavam de modo bastante agressivo. Ameaçavam pessoas cujas ideias não se alinhavam às suas – entre eles, livreiros cujos livros não agradavam aos nazistas, empregados de firmas com proprietários judeus ou empresas que faziam parcerias comerciais com judeus. Os fanáticos dos grupos locais os ameaçavam com boicote ou com a internação em campos de concentração. Para alguns cidadãos, essa situação era inaceitável. A população reagiu irritada, apesar de a colônia alemã da cidade, com pequenas exceções, apoiar o movimento hitlerista. Indignado, o prefeito de Porto Alegre, Alberto Bins, um ilustre descendente de alemães, declarou:

"Primeiramente tenho que frisar que, antes de mais nada, somos brasileiros. É verdade que desde o início não deixei de declarar minha simpatia pelo hitlerismo, devido a seus objetivos conhecidos. Não quero esconder isso de ninguém. [...] sempre considerei a propaganda hitlerista muito apropriada para a Alemanha, mas nunca para o Brasil. [...] Assim como outras pessoas, admiro o movimento que está em ascensão na Alemanha sob a direção do sr. Adolf Hitler, como também aprovamos o que o sr. Mussolini faz com seu fascismo na Itália."[23]

Um pronunciamento ambíguo? Não, ele correspondia à mentalidade então comum a muitos teuto-brasileiros. Estes, muitas vezes, embora partidários inflamados do nacional-socialismo, condenavam a provocação e a insensibilidade de integrantes da cúpula e de membros do partido. Simpatizavam com a ideologia, mas não se sentiam inferiorizados pelos alemães do *Reich*, muitas vezes impopulares, arrogantes e mal-afamados. Reclamavam uma maior maleabilidade. Um teuto-brasileiro que, apesar de ser um simpatizante declarado do "Terceiro *Reich*", queixou-se em carta a uma família amiga na Alemanha: "Eu transito muito em círculos sociais estritamente brasileiros, mas praticamente me isolei da pequena colônia alemã local por diversos motivos. O alemão chato das associações daqui, esse para mim não vale nada, por isso prefiro me manter longe dessa turba." O então cônsul alemão em Joinville, Otto Gerken, depreciava os "camaradas do partido": "tipógrafo em Blumenau, dono de restaurante de clube em Florianópolis, contador de uma carpintaria em Joinville, pequeno açougueiro em São Francisco, funcionário dos correios em Jaraguá do Sul, dono de birosca em Porto União (Santa Catarina)."[24]

Esses disciplinados "chatos de carteirinha das associações" quase não tinham influência social. Apenas em São Paulo Hans Henning von Cossel, o futuro líder do partido no Brasil, conseguiu conquistar simpatia. Ele também era alemão do *Reich*. Natural de Düsseldorf e filho de oficial prussiano, ex-soldado do *front* e ex-combatente dos *Freikorps** filiou-se ao partido já em 1º de maio de 1931, e, em junho do mesmo ano, emigrou com a mulher e a filha Gisela para o Brasil, onde começou a trabalhar como representante comercial de uma fábrica alemã de porcelana. No mesmo ano, fundou o grupo local nazista em São Paulo. Hábil e confiável, dirigiu o maior grupo nacional da AO (Organização Nazista no Exterior). Fizera uma formação especial em Munique, provavelmente com vistas a assumir sua nova função no partido. Inicialmente foi também redator do jornal *Deutscher Morgen*, órgão de imprensa oficial do NSDAP no Brasil. Já em 19 de outubro de 1933, ou seja, pouco após a nomeação de Hitler para chanceler do *Reich*, ele incitou todos os membros da Liga das Associações Alemãs de São Paulo a assinarem uma carta de saudação e solidariedade para o seu *Führer*.[25] A escritora Maria Kahle, viajando pelo Brasil por iniciativa da Liga Pangermânica, elogiou euforicamente o líder do grupo local do partido no país e escreveu: "Desde 1933, o partido conseguiu criar uma união inédita entre os alemães de São Paulo; ela tomou corpo na comemoração do 1º de maio, quando 25 mil camaradas se reuniram no grande e bonito campo esportivo do clube alemão Germania em torno das bandeiras da nova Alemanha."[26]

---

* *Freikorps*, em português "corpos francos", eram milícias de voluntários formadas por ex-combatentes para reprimir os ativistas da Revolução Alemã. (*N. das T.*)

Em 1936, o zepelim alemão *Hindenburg* veio ao Brasil. Os "camaradas alemães", além de inúmeros ministros brasileiros e integrantes do gabinete do ditador Getúlio Vargas, simpatizavam com os descendentes de alemães e tentaram tirar proveito político da situação. Com grande entusiasmo, as "colônias alemãs" de Santa Catarina prepararam uma recepção festiva para a importante delegação e içaram as bandeiras com as suásticas. Também no Rio de Janeiro, uma "multidão de milhares de pessoas" recebeu com júbilo "o exemplo visível do conhecimento técnico e da força de vontade alemães."[27] Em 20 de junho de 1938, Von Cossel foi condecorado pessoalmente pelo ministro do Exterior Von Ribbentrop pelo seu incansável empenho.

Até 1938, os teuto-brasileiros foram relativamente pouco molestados. O governo brasileiro demonstrara boa vontade. Os alemães, por sua vez, esforçavam-se em evitar tensões. No Rio de Janeiro, São Paulo e outras metrópoles, empresários, executivos e funcionários de firmas alemãs, em sua maioria alemães do *Reich*, cultivavam boas relações com o governo brasileiro. E Vargas não deixava de prestigiar os eventos mais importantes da colônia alemã do Rio de Janeiro. Assim, compareceu pessoalmente às festividades da "Federação 25 de Julho", em 25 de julho de 1935. O dia em que os primeiros imigrantes alemães chegaram ao Brasil foi comemorado com brilho e glória.

CAPÍTULO 6
Nem tudo que reluz é ouro

Não foi apenas o NSDAP que registrou grande interesse no início da década de 1930 pelas colônias alemãs. A Ação Integralista Brasileira, movimento brasileiro de extrema-direita, também encontrou muitos seguidores entre os descendentes de alemães do Sul do Brasil. Esse partido político fascista, comandado por Plínio Salgado, foi inspirado fortemente no NSDAP alemão e no fascismo italiano, tendo como símbolo a letra grega "Σ" (sigma) em sua bandeira. "Nas sedes do partido há sempre, ao lado da fotografia de Salgado, uma de Hitler à direita e uma de Mussolini à esquerda", noticiava eufórico o *Völkischer Beobachter*, em 9 de setembro de 1935. Havia uma identificação mútua entre os partidários nazistas e integralistas. Maria Kahle, a líder fascista procedente da Alemanha, achava que isso tinha uma razão psicológica, tendo em vista que muitos teuto-brasileiros eram fascinados pelo nazismo, sendo, porém, impedidos de ingressar no NSDAP devido à sua nacionalidade brasileira. Os jovens ainda não teriam capacidade de discernir claramente entre as ideologias, deixando-se seduzir pela fachada do integralismo: uniforme, saudação, desfiles, cantos. Além disso, Kahle entendia que o programa integralista em muitos pontos vinha ao encontro do espírito ordeiro da população de descendentes alemães que vinham demonstrando grande apego e lealdade à pátria e ao Estado brasileiros.[28]

Mas a Auslandsorganisation (Organização do Partido Nacional-Socialista para o Exterior) estava cética. Em 30 de agosto de 1935, publicou um artigo na revista *Deutsches Wollen*, intitulado "O perigo do integralismo" e que alertava: "Uma imitação do nazismo ameaça o germanismo no Brasil."

Os integralistas exigiam o português como primeira língua em todas as escolas; o movimento pregava uma mistura geral de todas as etnias que conviviam no Brasil e o idioma alemão podia ser tolerado no máximo como língua estrangeira. Mas nas "colônias alemãs" não havia disposição para a assimilação. Maria Kahle indignou-se com a quantidade de seguidores de Salgado e, preocupada, escreveu que o movimento "tolera até mesmo a militância de judeus e negros". A Organização Nazista no Exterior acabou finalmente condenando categoricamente a insistência do integralismo na mescla de todas as "raças". Para Vargas, o movimento integralista também era uma pedra no sapato, ainda que por outras razões. Mas não havia, em nível nacional, nenhuma medida contra descendentes de alemães ou contra as atividades dos grupos nazistas no Brasil. Eles ainda eram tolerados, pelo menos superficialmente.

O discurso se tornava cada vez mais antissemita. Em maio de 1933, o periódico *Der Nationalsozialist* já espalhava frases de ordem:

"Não há dúvida de que a questão dos judeus é muito mais difícil do que a questão dos negros e da mistura com o sangue amarelo. Trata-se, certamente, em primeira instância, de evitar uma mistura de raças, mas a dificuldade reside no fato de a mistura já ter sido iniciada. Assim como o chinês e o negro são totalmente diferentes de nós tanto por fora quanto por dentro, o judeu também o é. [...] Nós não queremos um homem comum, e sim o homem alemão. E este será piorado em sua essência através da mistura com o judeu. Por isso, aqui também deve vigorar a separação das raças."[29]

Bem mais tarde, no ano de 1938, um certo dr. Ulrich Kuhlmann exaltou-se no consulado alemão de Porto Alegre e escreveu ao Ministério das Relações Exteriores em Berlim:

"Realmente não seria difícil redigir um relato fidedigno sobre o judaísmo e sua crescente influência aqui no Brasil. Cada paquete traz novas levas de emigrantes judeus; as metrópoles judaízam-se a cada ano que passa, e também nas pequenas cidades o judeu se alastra de forma repugnante. Cada vez mais se vê a imprensa em mãos judias, e a judaização da comunidade médica é lenta e certa, principalmente desde a onda antissemita crescente dos últimos anos na Europa; o comércio nas grandes cidades vai se tornando, ano a ano, cada vez mais monopólio judeu (em Passo Fundo quase não há mais uma só loja de expressão que não seja judia); a nova geração de judeus que frequenta os ginásios escolares já começa a conquistar os cursos superiores; até mesmo um candidato à Presidência da República de um ano atrás (Armando Salles de Oliveira, na verdade, Armando Feldman Moritzsohn) era de origem judaica e casado com uma judia, filha de um rabino. Se continuar assim, teremos uma situação parecida com a de Nova York. Pensar no futuro aqui causa mal-estar."[30]

"Novas levas de emigrantes judeus" em cada paquete – isso também não era do agrado do governo Vargas. Existia uma reação clara contra supostos judeus de esquerda havia muito tempo, e a partir da metade da década de 1930 as leis de imigração se tornaram mais rigorosas. A partir de 1934, um sistema de cotas passou a regulamentar a imigração. Esse sistema se baseava na nacionalidade. E como Ulrich Kuhlmann formulara de modo tão irônico em seu relato para Berlim, era verdade que cada vez mais judeus alemães emigravam e que, desse modo, as cotas para alemães do *Reich* ficavam limitadas. A partir de junho de 1937, o governo brasileiro orientou seus diplomatas em diversas cartas secretas a negar o visto a imigrantes judeus. Dos 3 mil vistos para os chamados "católicos não-arianos" que o papa Pio XII solicitara ao Brasil católico em 1939, apenas 803 foram deferidos. Ou seja, menos de um terço.[31]

A partir de maio de 1938, a legislação que restringia a imigração foi reforçada, os "ingressos" para o Brasil tornaram-se quase impagáveis e os cobiçadíssimos vistos passaram a ser concedidos apenas a agricultores e trabalhadores do campo. Pedidos de visto de parentes de judeus brasileiros, as "cartas de chamada", não eram mais autorizados. "É sabido que quem fazia esse tipo de solicitação acabava na cadeia na Alemanha, nos campos de concentração", diz a historiadora brasileira Maria Luiza Tucci Carneiro, de São Paulo. "Vargas mantinha relações estreitíssimas com a Alemanha nazista, cooperou com a Gestapo, que formava sua polícia política, treinando-a. Apenas para a Alemanha eu documentei mais de 5 mil pedidos de visto indeferidos – mas, na verdade, são muito mais. Há cartas anônimas de brasileiros não-descendentes de alemães que denunciavam judeus refugiados para o Brasil. Durante toda a Segunda Guerra Mundial a aversão contra judeus era muito grande no Brasil."[32]

As memórias de Mathilde Maier, que deixou a Alemanha junto com seu marido, o conceituado advogado Max Hermann Maier, de Frankfurt, em 10 de novembro de 1938, imediatamente após a Noite dos Cristais, confirmam essa situação. Quando os dois chegaram ao Brasil, na colônia de Rolândia, no início de 1939, suspiraram aliviados. Somente mais tarde Mathilde soube do destino dos estagiários que iriam morar na sua casa no Brasil:

"Nossas caixas de mudança felizmente já haviam chegado bem antes de nós e estavam depositadas na ampla varanda da 'Elevenhaus', que por um ano seria nossa casa. Ela não havia sido construída para nós, mas para um grupo de jovens, que haviam ganho uma bolsa de estudos na fazenda-escola judaica Großbreesen, na Silésia, antes de emigrarem como agricultores para o Brasil. Mas o governo fascista de Getúlio Vargas, que estava sob influência de gente de inclinação nazista, negou o visto de entrada para esses jovens e quase todos acabaram morrendo em campos de concentração alemães. Desse modo, uma sombra negra sempre pairou sobre o nosso recomeço, a qual nunca pudemos nem quisemos esquecer."[33]

Mas apesar da atmosfera antissemita, inúmeros emigrantes e fugitivos judeus conseguiram entrar no país até 1942. E foram sobretudo oportunidades de obtenção de vistos de turista ou temporário que salvaram milhares de vidas. Entre 1933 e 1941, emigraram para o Brasil entre 16 mil e 19 mil fugitivos falantes da língua alemã, dos quais 80% a 90% eram judeus.

Gustav Buchholtz, o alemão do *Reich*, trabalhava então em Paranaguá para a companhia marítima Hamburg Süd. O partido o parabenizara calorosamente por seu casamento com Irmgard Nuna Krüger e ele passara a se engajar ainda mais na militância partidária. "A Alemanha está vencendo em todas as frentes", escrevia sua jovem esposa teuto-brasileira. E ele próprio acrescentou as seguintes palavras exortadoras dirigidas a seu primeiro filho: "Você é uma criança alemã e deve ser educado nesse espírito." Para a família Buchholtz, o mundo parecia estar em ordem. Mas o castelo de cartas, cujo equilíbrio era mantido com dificuldade, logo haveria de desabar. Em 10 de novembro de 1937, Getúlio Vargas proclamara o Estado Novo, um estado centralizado, autoritário, de traços indubitavelmente fascistas. A mescla cultural, o *melting pot*, unido ao orgulho nacional brasileiro, era e permaneceu o credo dos donos do poder. Tudo o que diferia da ideia do *melting pot*, que se opunha à assimilação e se baseava em autonomia e singularidade, era execrado e passou a ser reprimido.

O ensino em língua estrangeira para crianças menores de 12 anos já havia sido proibido em 10 de novembro de 1937, e uma lei de 4 de maio de 1938 riscou todas as línguas estrangeiras dos currículos. Apenas brasileiros "naturais" podiam lecionar. Mesmo as escolas das comunidades de imigrantes foram forçadas a adotar um currículo brasileiro obrigatório, associações foram nacionalizadas e passou-se a permitir exclusivamente a língua portuguesa. Isso gerou a destruição do sistema de escolas particulares alemãs, amplamente difundido e renomado. Gustav Buchholtz ficou fora de si: "tivemos que fechar nossas escolas. Escolas que funcionaram de forma exemplar no país inteiro e eram reconhecidas muito além das fronteiras nacionais. [...] Também fomos proibidos de dar nomes alemães aos nossos filhos. [...] Sim, meu filho, esses são motivos que irão acelerar nosso retorno à Alemanha."

Já havia muito tempo que Vargas estava especialmente atento tanto às "colônias alemãs" quanto aos descendentes de alemães. Um golpe fracassado dos integralistas piorou a situação. Suspeitava-se de uma cumplicidade alemã. Jornais brasileiros afirmavam que a Alemanha teria apoiado o golpe financeiramente. Em maio de 1938, o líder nacional do NSDAP, Hans Henning von Cossel, fora chamado à Alemanha pelo chefe da Auslandsorganisation do NSDAP (Organização do Partido Nacional-Socialista para o Exterior), Ernst Wilhelm Bohle, a fim de explicar a situação. O então embaixador protestou e chamou a situação de ofensa ao *Führer* e ao governo alemão. Apesar de os japoneses sofrerem mais os efeitos das medidas nacionalizadoras por serem considerados "não brancos" e, consequentemente, um grupo étnico mais difícil de integrar, eles se comportavam de maneira bastante contida ao sofrerem ataques racistas. "Diferentemente dos alemães, o governo japonês raramente criticava Vargas por sua postura xenófoba. Por outro lado, os imigrantes japoneses e seus descendentes eram vistos como o grupo menos assimilado e que menos se deixava assimilar."[34]

Após a fracassada tentativa de golpe dos integralistas, o regime de Vargas proibiu quaisquer atividades políticas que partissem de estrangeiros. As medidas nacionalizadoras voltavam-se também agora, e pela primeira vez, maciçamente contra a ação política do NSDAP. O partido nazista protegia a identidade cultural da população teuto-brasileira, o que ia de encontro à ideia do *melting pot* e não se coadunava com a proposta do *Führer* brasileiro, Vargas. Também a simpatia dos descendentes alemães pelo integralismo – esse partido fascista tão sedento de poder – desagradava ao presidente. As tensões cresciam. Mas o governo brasileiro ainda se continha. Ainda prevalecia a "boa vontade do governo brasileiro", uma benevolência silenciosa.[35]

Porém, pouco depois a oposição desconfiou de uma operação ilegal da Gestapo no Brasil. Teria o Terceiro *Reich* interesses imperialistas no Brasil? Seria possível que os três estados mais prósperos do Sul do Brasil aspirassem à independência? Falava-se em "perigo alemão". O medo de "quintas colunas" propagava-se, corriam boatos sobre ambições políticas e militares na América Latina.[36] Acuada, a embaixada alemã partiu para a ofensiva e começou a acusar grupos judaicos, comunistas e certos grupos católicos de perseguição aos alemães. E, para piorar, os líderes do partido nazista no Brasil e o Ministério das Relações Exteriores começaram a se repreender mutuamente em tom agressivo. O nervosismo provocou sérias tensões diplomáticas.

Ao mesmo tempo, Hans Henning von Cossel agarrava-se persistentemente à sua missão. O partido nazista já tinha sido proibido em todo o território nacional e passara para a ilegalidade, mas o barão da Silésia continuava a insistir em "liderança, orientação e acompanhamento dos alemães do *Reich* em suas regiões", reclamando assim a pretensa liderança dos alemães do *Reich* no Brasil. Ele continuava a escrever incansavelmente: "a nova Alemanha criou o conceito de *Volksgemeinschaft* (comunidade dos povos). Ela despertou essa voz em cada alemão. Mas agora esta comunidade de pensamento também deve despertar aqui, deste lado do mundo [...]. Pois cada um de nós é apenas um membro na grande cadeia de sangue alemão."[37] Enquanto isso, o Ministério das Relações Exteriores em Berlim observava a ação de Von Cossel com crescente incômodo. Oficialmente, o líder do grupo local do NSDAP era então adido cultural da embaixada no Rio e gozava de *status* diplomático."Meu pai sentia-se um pouco como um amigo paternal dele e, seja lá o que o tenha motivado para tal, limpou-lhe a ficha, fazendo com que passasse para a categoria de diplomata", escreveu mais tarde Olaf Prüfer, filho do então embaixador alemão no Rio de Janeiro, Curt Prüfer. "Com absoluta certeza eu sei que meu pai protegia Von Cossel. Os dois permaneceram amigos até a morte de meu pai, em 1959. Após a guerra, o líder nacional do grupo nazista voltou a ser um pacato homem de negócios em Frankfurt."

A "Nova Alemanha" desmanchou como uma bolha. A campanha de nacionalização atingiu em cheio os alemães residentes no Brasil. Não obstante outras chicanas, os alemães do *Reich* podiam até continuar cultivando suas redes, mas qualquer apoio financeiro do exterior era proibido. A todo aquele que nascia no país foi interditada a participação em quaisquer associações, sociedades ou partidos.

Entrementes, os Spieweck já moravam em Hammonia. Depois de uma longa carreira de professor, o pai Johann atuava então como homem de negócios. A família havia crescido para seis pessoas. "Em 1938, as escolas alemãs foram fechadas e todas as associações e organizações proibidas. A nacionalização entrou em vigor, e sofria fiscalização dos militares transferidos para Hammonia", escreve o pai Spieweck a seus parentes na Alemanha.

"O destacamento transformou a escola alemã em Hammonia em caserna, houve detenções arbitrárias, tornou-se comum alemães denunciarem alemães, havia um clima de agitação e de insegurança na colônia. O dr. Kröner e seu grupo aproveitaram a oportunidade para me denunciar ao comandante capitão Emanuel de Morais como ex-líder local do NSDAP. Uma bela manhã, fui chamado em meu escritório para um interrogatório com o capitão, enquanto minha casa era revistada em busca de material impresso proibido. Também vovô Marmein foi detido e preso. Após quase duas horas de conversa, consegui convencer o capitão de que eu era uma vítima de pessoas com sede de vingança, e provei que todas as acusações contra mim eram insustentáveis. E a revista em minha casa transcorrera sem resultados comprometedores."

Também entre os alemães do *Reich* e descendentes de alemães valia a lei do mais forte.

Após esse desastroso começo do ano de 1939, Johann Spieweck assumiu o consulado alemão em Cruzeiro (no município catarinense de Joaçaba) a pedido do cônsul dr. Steimer. O líder local do NSDAP de Florianópolis tornava-se então, do dia para a noite, um diplomata "nomeado". Com isso, a família mudou-se para Cruzeiro. Tudo saiu dos eixos. Em fins de maio, os avós Richard e Amelie Marmein viajaram pela primeira vez para visitar a Alemanha. Em 16 de julho de 1938, Kurt Spieweck casou com uma teuto-brasileira e foi com ela e seu irmão Otto Spieweck para a Alemanha. A irmã Grete viajou de férias para a Alemanha no final de 1938 e resolveu ficar por lá.

Muitos alemães do *Reich*, acompanhados de mulheres e filhos, que em sua maioria tinham nacionalidade brasileira, planejaram a viagem de "volta ao lar". Eles se sentiam ludibriados em relação ao seu futuro. A propaganda da Organização Nazista no Exterior contribuiu. Em 28 de agosto de 1938, seu líder, Ernst Wilhelm Bohle já anunciara alto e bom som que "a nova Alemanha não tem necessidade de manter no exterior força de trabalho valorosa, cujas realizações, além de não serem reconhecidas, ainda se veem expostas a constantes ofensas". Albrecht Andriessen, membro do partido, emitiu a seguinte opinião: "A floresta é o que há de mais pernicioso que os seres humanos podem imaginar, ela mata o corpo e a alma de nossos alemães, ela os estraga, porque eles não pertencem a ela, mas ao clima de sua própria raça, porque eles são forçados a conviver com a pior escória, com a mistura de todas as raças[38]".

Também Maria Kahle jogou lenha na fogueira com seu romance *Umweg über Brasilien* (De passagem pelo Brasil). Seu estilo adocicado conseguia ilustrar bem a atmosfera nas colônias distantes e na conspiratória sociedade das comunidades de colonos do Sul do Brasil. Ela escrevia com verve: "Inicialmente todos descuidavam do trabalho; toda noite, às sete horas, quando as notícias chegavam em transmissão de ondas curtas. [...] Não havia mais distância, a pátria parecia tão próxima como o quarto ao lado. [...] E então aconteceu o que parecia inconcebível: eles podiam escutar quando o *Führer* falava e entender suas mensagens. Ouviam sua voz grave, até mesmo sua respiração, todos incorporados, através de sua escuta atenta, à comunidade de 100 milhões de pessoas para os quais ele falava mundo afora!"³⁹

A imagem que os colonos tinham da Alemanha tornava-se cada vez mais distorcida. Para os colonos da floresta, as histórias romanceadas de Maria Kahle publicadas no começo de 1940 não pareciam distantes da realidade. Essas histórias tocavam as pessoas muito distantes da Alemanha nazista:

"Frequentemente os homens (alemães do *Reich* e teuto-brasileiros) cogitavam a possibilidade de algum dia poder voltar para casa. Sabiam que o número de desempregados diminuíra; em breve não haveria mais desemprego. Ah! Quem dera recuperássemos nossas colônias [na África]! Era para lá que eu gostaria de ir! [...] É disso que muitos dos colonos gostariam aqui neste país. Estamos habituados ao clima, também não é tão apertado quanto na Alemanha e dá para se espalhar."⁴⁰

Então o *Führer* não acalentara a ideia de um futuro governador alemão em uma fictícia Alemanha no leste da África? As tropas de Mussolini não se encontravam então em Mogadíscio e em Adis Abeba? E por onde andava Rommel,* a "raposa do deserto"? Maria Kahle, a escritora do Münsterland, comemorava: "Posso até imaginar o retorno (dos colonos) num navio alemão. [...] Seria uma volta ao lar diferente daquela de 1918. Quantos mil alemães há aqui, que fariam suas malas imediatamente, se em casa houvesse espaço para eles? [...] Mil? Mais de 10 mil! Todos aqueles que vieram após a guerra! Nem haveria navios suficientes!" Ilusões muito floreadas e desejos

---

* Erwin Johannes Eugen Rommel (1891-1944), marechal de campo do exército alemão que interveio na batalha da África do Norte para auxiliar o exército italiano contra o britânico. (N. da E.)

de um romance? Hitler, o suposto salvador, alimentava essas esperanças, apesar de inicialmente voltar seu olhar para o leste. Os "candidatos", no entanto, não precisavam se preocupar. "Escolas de colonos" nazistas prepariam a população para as novas colônias. Já se pressupunha, porém, uma "higiene racial", a separação rigorosa entre "arianos" e negros. Os nativos teriam que ser aprisionados como mão de obra escrava, em reservas. O Deutsches Auslandsinstitut (Instituto Alemão para o Exterior) estaria desenvolvendo uma pesquisa para uma colônia dos alemães ultramarinos após o final da guerra. Havia a convicção da existência de uma grande onda de retorno de ex-emigrantes. Cada qual não pretendia desenvolver livremente a singularidade popular e participar da ascensão do povo alemão? Ao encontro da gloriosa vitória final? Para a construção do "reino milenar", contava-se com os *Volksdeutsche* (pessoas de origem étnica alemã), que não se estabeleceriam nos territórios do *Reich*, mas nas futuras colônias africanas.[41]

"Vemos naqueles que atravessam o grande mar um sentido, e, em certa medida, regozijamo-nos porque sabemos que, nesses tempos atuais tão difíceis, a Alemanha necessita de homens que acumularam experiências úteis para a pátria em suas estadas no exterior", escrevia o jornal *Deutscher Morgen*, em 9 de junho de 1939. Palavras elogiosas de despedida para Adolf Fobbe, um homem de negócios têxteis, de São Paulo. Também ele viajava justamente naquele mês de volta para casa, ao *Reich*.

Como tantos, tantos mais.

Johann Spieweck, o diplomata nomeado, estava a postos com sua família no Brasil. Ainda era possível corresponder-se regularmente com os familiares na Alemanha através da companhia aérea Lati, a Linea Aérea Transatlântica Italiana.

Também Gustav Buchholtz, de Paranaguá, abriu-se com seu diário, nervoso:

"Setembro de 1939 – anteontem a Inglaterra declarou guerra à nossa pátria, após incitar a Polônia a provocar a Alemanha. [...] Nosso *Führer* foi pessoalmente ao *front* para lutar. Deus o proteja! Nós estamos no Brasil, longe do campo de batalha. A tendência da gente daqui é se colocar contra nós, eu sinto isso. Eles não gostam de nós, têm medo de nós. Seria terrível se a Alemanha perdesse a guerra! Com a ajuda de Deus a Alemanha será vitoriosa [...]. Avante, "nosso" Adolf Hitler!!! Milhares de alemães esperam ansiosamente que a guerra termine para que os navios possam trafegar novamente e finalmente retornar à terra natal, à grande Alemanha [...]. Aqui fora, nada podemos fazer além de nos orgulhar da Alemanha e simplesmente ser alemães. Mas não podemos expressar nossa alegria em voz alta, pois o Brasil é neutro!! Os jornais da imprensa marrom podem publicar artigos difamatórios e caluniar o *Führer* e nossos homens abertamente, e nós não podemos nem expressar abertamente nossa alegria pelas façanhas únicas na história mundial de nossas jovens forças armadas. O mundo devia agradecer de joelhos ao *Führer* e a seus homens por eles terem reconhecido a tempo esse perigo mundial e o terem sufocado! – Mas o que faz um Roosevelt, o presidente dos EUA? Ele se alia a esses "sem-Deus"! – um judeu, que não tem como renegar sua origem!"

Apesar de toda a euforia que reinava entre os teuto-brasileiros nos primeiros meses de guerra, também era possível sentir as crescentes tensões a que eles estavam expostos no Brasil. A comunidade alemã não sabia o que fazer, pois dependia das doações da Alemanha. A Organização Nazista no Exterior, com seus emblemas e máquinas de propaganda, foi definitivamente proibida. O grupo jovem (*Jugendring*) teuto-brasileiro, a *Hitlerjugend* (juventude hitlerista) e a *BDM* (Liga das Moças Alemãs) tiveram que se dissolver ou se associar aos escoteiros brasileiros. Firmas estrangeiras foram desapropriadas. Brasileiros ocuparam todos os cargos de chefia. O idioma alemão não podia mais ser falado publicamente. "Ao fazermos compras, Jakob Reiter, o gerente, nos fazia um sinal caso houvesse algum espião presente, então anotávamos ou indicávamos a ele o que necessitávamos. Muitos falavam um dialeto carregado e diziam: 'É que nós falamos inglês'", relata Maria Moser.[42] Cultos religiosos tinham que ser ministrados em língua portuguesa. As medidas nacionalizadoras geraram excrescências. Em Santa Catarina, inscrições em lápides feitas em língua estrangeira foram removidas dos cemitérios públicos. A população reagia estupefata. Crescia o número de detenções. Pessoas que ocupavam postos de liderança nas colônias começaram a temer por seu patrimônio e seu bem-estar, e até mesmo por sua própria vida.⁴³ Funcionários do partido eram interrogados e revistas de casas estavam na ordem do dia. O então crescente ódio racial dirigido contra os alemães assim como as chicanas alimentavam as saudades da terra natal.

Em 1939, a companhia marítima Hamburg Süd – que a mando de Hitler assumira os itinerários da Hapag e da Norddeutsche Lloyd na rota sul-americana – realizou, devido às crescentes dificuldades com divisas, sua última viagem cortando a linha do Equador, com passageiros tratados com todos os mimos a bordo de seu cruzeiro de luxo. Todos os navios que então se localizavam fora de suas próprias águas territoriais tentavam chegar a tempo em seus portos de origem.

Em Lisboa, a Companhia Colonial de Navegação reformou o *Princesa Olga*, que pertencera à companhia de navegação estatal iugoslava. O navio fora construído em Belfast, Irlanda, para a Pacific Steam Navigation & Co. e batizado com o nome de *Ebro* até finalmente começar a navegar para a Iugoslávia, nos anos 1930. Em clima festivo, os altos funcionários da Companhia Colonial de Navegação lisboeta foram buscar o paquete em Split, atual Croácia, batizando-o com o nome do desbravador e explorador da África Alexandro Alberto de Serpa Pinto. O orgulhoso paquete passara a realizar rotas para o neutro Portugal, atravessando os oceanos. Em agosto de 1940, o *Serpa Pinto* adentrou o porto de Santos, esplendidamente reformado, depois de ter passado por Madeira, São Vicente e Rio de Janeiro. A bordo, vinho português de primeira, frutas e cereais, assim como cidadãos portugueses ilustres, jornalistas, diplomatas, escritores e intelectuais. Uma viagem inaugural brilhante. Na ponte de comando, o capitão Américo dos Santos.

Uma história emocionante aguardava o *Serpa Pinto*.

CAPÍTULO 7
O êxodo e a guerra

Em 21 de junho de 1940 o embaixador alemão Curt Prüfer telegrafou em tom otimista para Berlim, comunicando que, em conversa particular e na ausência de seu ministro do Exterior, Oswaldo Aranha, Vargas teria reforçado sua amizade em relação à Alemanha. De acordo com o diplomata alemão no Rio de Janeiro, Vargas expressara o desejo de consolidar as relações econômicas, declarara-se simpático aos Estados totalitários, rejeitando, por sua vez, a Inglaterra, assim como o sistema democrático. Prometera abrir mão de novas imposições à população de origem alemã no Sul do Brasil e expressara a opinião de que a história da "quinta coluna" era um boato nascido da propaganda de judeus emigrados, que ele não iria mais tolerar.[44] Fantasias? Provavelmente. A verdade era que, nesse ínterim, a Segunda Guerra Mundial fazia-se sentir mesmo em lugares longínquos. Os americanos não arredavam pé, procuravam bases estratégicas para seus aviões militares e estavam pressionando o governo brasileiro. Vargas finalmente colocou um ponto final em seu flerte com a Alemanha nazista e as potências do Eixo, passando para o lado dos EUA. Os americanos, em contrapartida, prometeram generosas facilidades econômicas aos brasileiros.

Em 1942, Vargas rompeu definitivamente com a Alemanha nazista. Desse modo, o ditador tentava tomar uma atitude preventiva, pois não queria ficar do lado dos perdedores, preferindo ceder à pressão dos EUA. Em 22 de agosto de 1942, o Brasil declarou guerra à Alemanha. A situação dos teuto-brasileiros se agravou. Houve inúmeros confrontos, saques e incêndios. A vida pública dos alemães estava aniquilada, aparelhos de rádios tinham que ser entregues à delegacia de polícia local e o noticiário de jornal só podia ser lido em português. Simpatizantes do NSDAP eram chamados pela polícia e interrogados. Abusos de autoridade e policiais auxiliares com formação insuficiente causavam prejuízos. Novas prisões foram feitas. Os estados do Sul — Santa Catarina, Paraná e Rio Grande do Sul –, onde viviam muitos descendentes alemães, foram os mais atingidos, mas outras regiões tampouco foram poupadas dos confrontos. Caxias, o maior campo de internação do Sul do Brasil, abrigou até 3 mil prisioneiros internos durante a guerra. Apenas quem pudesse provar a nacionalidade até a terceira geração era poupado. Famílias eram separadas sem piedade. Não importava mais ser a favor de Hitler ou não. A polícia federal agia arbitrariamente. Pessoas inocentes eram escolhidas a esmo e presas. Judeus alemães expatriados e, portanto, sem nacionalidade, eram igualmente declarados "cidadãos inimigos". Assim, por exemplo, Wolfgang Klaus Sopher, 27 anos, tachado pelos nazistas de "meio-judeu", recém-chegado ao Brasil com seu visto de turista no passaporte alemão, foi preso sem rodeios e enviado juntamente com espiões alemães para a longínqua Ilha Grande, a ilha dos piratas, escravos e detentos, a 125 quilômetros do Rio de Janeiro, onde passou dois anos terríveis. Calcula-se que cerca de 15 mil pessoas tenham ficado presas durante a Segunda Guerra Mundial.

Também a família Spieweck passou a enfrentar grandes dificuldades. Já em 1939, os avós Marmein haviam retornado à Alemanha, para a cidade de Reutlingen, perto de Stuttgart. Como membro do *Reich*, "que com sua esposa tem a intenção de retornar permanentemente para a pátria", Richard Marmein, nascido em 1880 na cidade Kochersteinfeld em Württemberg e emigrado para a colônia brasileira de Hammonia em 1902, recebera, em 6 de março de 1939, um documento do consulado alemão em Florianópolis e Hammonia, atestando "ter se destacado pelo comprometimento com os interesses do germanismo no município de Hammonia, portando-se sempre como um alemão correto". Nesse tempo, Grete Spieweck trabalhava como parteira na clínica universitária de Breslau e Kurt Spieweck também se mudara para lá com sua família. Ele fora convocado e já passara pelas campanhas militares da Polônia e da França. Encontrava-se então no *front* russo. Também seu irmão Otto fora convocado para o serviço militar pouco depois do "retorno ao lar", trabalhando como telegrafista na divisão de notícias 9 em Wetzlar.

Com os consulados alemães já fechados, os funcionários da representação diplomática alemã no Brasil deveriam ser trocados por funcionários brasileiros que estavam a serviço na Alemanha e manter-se de prontidão para o embarque, última oportunidade de deixar o país para simpatizantes nazistas, membros do NSDAP e diplomatas. Johann Spieweck escreveu em seu diário:

"Com isso tudo, chegava ao fim minha atividade em Cruzeiro. Desfiz negócios, queimei coisas inúteis, empacotei objetos pessoais em uma caixa lacrada e desmontamos nossa casa. Tudo estava pronto para a viagem, mas eu perdera o contato com os órgãos governamentais alemães. Assim, viajei em 14 de fevereiro para Blumenau, para de lá seguir viagem para Florianópolis e buscar instruções. Nesse meio-tempo, foi desencadeada uma onda de perseguição contra todos os alemães. Eu consegui chegar apenas até Blumenau, onde o delegado regional local, tenente Timoteus, me deteve e me pôs sob vigilância policial. Apesar disso, consegui, por meios tortuosos, enviar uma mensagem para a minha família em Cruzeiro. Ao consulado espanhol no Rio de Janeiro, enviei uma carta de protesto reclamando a detenção injustificada, o que teve como consequência a concentração de toda a delegação diplomática em Florianópolis. De lá, enviei um táxi para minha família em Cruzeiro. Ela chegou sã e salva em Florianópolis."

Estava começando a grande viagem de despedida. O filho do líder local do partido, Hans Adolf Spieweck, então com 10 anos de idade, não compreendeu na época o significado desse êxodo. Para ele e seus irmãos, aquela partida de sua terra natal, às pressas e sem planejamento prévio, não passava de uma grande aventura.

"Fizemos as malas às pressas. O táxi para Florianópolis deveria chegar em 48 horas e nos apanhar com toda a bagagem. Foi bom contarmos com tia Magda, pois só nos permitiram levar algumas malas. Ela assumiu a tarefa de desmontar a nossa casa. Despedimo-nos apenas dos vizinhos mais chegados e partimos na manhã seguinte bem cedo. Passamos por Campos Novos, Lages, Rancho Queimado, por estradas de cascalho pequenas e estreitas. Lembro-me apenas que já era tarde da noite quando, ao longe, avistamos as luzes de Florianópolis. Papai se alegrou ao reencontrar sua família sã e salva. Esperara ansiosamente por nós. Depois que todas as famílias de diplomatas estavam reunidas, partimos. Viajamos para Curitiba em dois ônibus da Auto Viação Catarinense, sob pesada escolta policial, com carros de patrulha na frente e atrás, até chegarmos ao Hotel Jonscher. Quando os diplomatas e famílias de lá se juntaram a nós, seguimos em comboio até São Paulo. Recordo apenas que viajamos pela antiga estrada que passava por Ribeira, Itapetininga e Sorocaba. Uma estrada cheia de curvas e muito empoeirada. Em São Paulo, esperamos 14 dias por novas ordens para seguir viagem. Finalmente partimos para o Rio de Janeiro, onde ficamos acomodados numa pequena pensão, chamada "Da Aída", na praia de Copacabana. Os mais importantes ficaram em outro hotel, mais sofisticado."

Durante seis semanas toda a delegação esperou impacientemente pelas passagens de navio, até que a partida, a tão ansiada viagem marítima, fosse autorizada por todos os países em guerra. "Então o paquete português *Serpa Pinto* atracou diante dos nossos olhos no porto do Rio de Janeiro. Havia chegado a hora!" Dona Diva Pereira, a dona da pequena pensão na praia de Copacabana, alertou uma última vez antes da partida. "A Alemanha está em guerra", disse. "Mas nós seguimos nossos pais e não ficamos nos questionando. Afinal, a Alemanha era vitoriosa e nós, meninos, queríamos ir para lá!"

Mas o que um pequeno descendente de alemães podia saber sobre a conjuntura internacional? Sobre as decisões apressadas dos pais, sobre a situação perigosa dos alemães do *Reich* do outro lado do Atlântico?

Irmgard Krüger, nascida no Brasil, então com 32 anos de idade, sabia mais. No dia 1º de maio de 1942, refletindo sobre a vida, sentada à escrivaninha da pensão na avenida Atlântica em Copacabana no Rio de Janeiro, escreveu no diário feito para sua filha Gisela:

"Deidali, Deidali, estamos partindo para a Alemanha. O que ocorreu entre o 3/12/1941 e hoje? Seu papai ficou três semanas na penitenciária com muitos outros alemães. Gustav G. continua lá com todos os outros, apenas aqueles que pertenciam ao serviço diplomático foram liberados para viajar para a terra natal. A bordo, irei registrar tudo detalhadamente. Aqui é necessário ter muita cautela, vou costurar essas folhas de papel em meu casacão, pois nossa bagagem será revistada minuciosamente. Já nos despedimos de meus queridos pais, irmãos, sobrinhas e sobrinhos. Como foi difícil para todos nós! Hoje recebemos a instrução de que partiremos no dia 5 de maio. Agora a coisa vai ficar séria. Deus nos guarde e proteja. Gisela, espero que possamos passar por essa guerra a salvo. Nosso destino está nas mãos de Deus. Hoje nós quatro, você, Uwe, mamãe e papai, vamos tirar uma fotografia para deixar uma lembrança para nossos queridos parentes aqui no Brasil. Meu coração está tão pesaroso. Quando você, Giselinha, ler essas linhas, não lembrará mais nada a respeito do imenso amor de seus avós, da tia Hilda, de Gustav [...] da tia Regina, Horst, Ruth, Markus, Freya, Dieter [...] tio Paulo, tia Trudi, tia Lieschen [...]. Estamos deixando todos eles para trás. Mas o pior mesmo foi a despedida de vovó e vovô. Estamos levando um pedaço do coração deles, pois você e Uwe foram tudo para eles nos últimos tempos. Mas temos que cerrar os dentes e ser fortes, olhar para a frente, não para trás."

Medos e dúvidas transparecem nessas linhas. O tom do marido de Nuna, Gustav Buchholtz, era bem diferente. Ele anunciou que estava voltando, "com muita saudade, para o grande *Reich* alemão".

O capitão Américo dos Santos ainda não sabia nada a respeito dos novos passageiros que logo levaria para a Europa. Tinha deixado Lisboa no dia 31 de março, após ter levado soldados e material de guerra aos Açores e à Ilha da Madeira a mando do governo português, e rumara primeiro para a Argentina, passando por Madeira e Cabo Verde. De lá a viagem seguiria para o Brasil. Américo dos Santos já completara dois anos no comando do *Serpa Pinto*. O experiente marinheiro carregava muita responsabilidade numa época em que não existiam satélites nem computadores para facilitar as viagens marítimas, em que os mapas de viagem e o cálculo dos tempos de atracagem eram inexatos, e em que não havia *joysticks* na ponte de comando.

Em Lisboa, o enorme crescimento do número de passageiros – entre eles, muitos emigrantes – já vinha preocupando o governo. Um decreto do chefe do gabinete do Ministério da Marinha pressionava por um aumento da presença de profissionais da área da saúde nos navios. Antes de serem contratados, enfermeiros e médicos tinham que ser atestados pela Marinha como aptos a trabalhar em um navio.[45] Aliviados, mas sob rigoroso controle militar, 81 diplomatas alemães, 71 italianos e seis romenos embarcaram na praça Mauá no Rio de Janeiro no vapor português. Américo dos Santos assistiu ao embarque intrigado, como se quisesse decifrar uma charada. Esses passageiros estavam abandonando a segurança de um continente pacífico para retornar à Europa, onde havia anos grassava uma guerra brutal. Entre os passageiros encontrava-se metade da delegação oficial da embaixada alemã do Rio de Janeiro, membros de alto calibre do partido nazista, diplomatas e uma grande quantidade de crianças. Johann Spieweck também estava a bordo. Com ele subiram a escada do navio sua esposa Gustel, grávida em estágio avançado, e os cinco filhos. Também Gustav Buchholtz, ardoroso nazista, conduziu Nuna, seu grande amor, "de volta ao *Reich*". Na verdade, um *Reich* desconhecido para a teuto-brasileira nascida em Ponta Grossa. Uma partida rumo a um futuro incerto e uma despedida da terra natal nos Trópicos. Eles levavam Gisela, a filha de 3 anos de idade, e o recém-nascido Uwe.

Da mesma forma, o vigoroso líder nazista Hans Henning von Cossel, acompanhado de sua esposa alemã Beatrice, nascida baronesa Von Bodisco, e as filhas adolescentes, Gisela e Jutta, iniciava a viagem para casa a bordo do *Serpa Pinto*.

"E assim partimos. Com grande estardalhaço de buzinas e gente acenando no cais deixamos a baía de Guanabara à noite", registrou Hans Spieweck depois em suas memórias. Mais uma vez passaram em frente ao Pão de Açúcar. Mais uma vez a grande estátua do Cristo Redentor, no alto do Corcovado, esticava seus braços solitariamente contra a luz do sol poente e o anoitecer na metrópole tropical. Mais uma vez avistaram ao longe a imponente Serra dos Órgãos, onde fica a cidade imperial Petrópolis, e o Dedo de Deus em riste. "O prático deixou o navio e, pouco a pouco, as últimas luzes no horizonte do Rio de Janeiro foram desaparecendo", continuou a narrar Hans Spieweck. Em Salvador da Bahia, a cidade "mais negra" do Brasil, o paquete fez mais uma parada e recebeu mais diplomatas a bordo. Após avistar a encantadora ilha de Fernando de Noronha, com o imponente Morro do Pico em meio à solidão do oceano, o privilegiado grupo despediu-se definitivamente da claridade do ar brasileiro, de um continente estrangeiro e de seus segredos, de um lar que nunca se tornara de fato pátria.

Por precaução, nas duas laterais externas do navio vinham afixadas duas placas grandes e nitidamente visíveis que indicavam o status de seus passageiros: DIPLOMATAS. Durante a noite o navio ficava bem iluminado, uma vez que, na travessia do Atlântico, temiam-se ataques de navios de guerra e de submarinos. Os 161 passageiros seletos tinham espaço de sobra a bordo do paquete português e os 15 dias em alto-mar transcorreram sem preocupações. Jogos e festas alegres serviam de passatempo para as crianças e animavam a viagem. Para comemorar a travessia da linha do Equador houve festa e um cardápio especial:

Sopa paysenne
Peixe à Maître d'Hôtel
Bife acebolado
e, finalmente,
queijo, frutas, chá ou café.

Nada faltava aos passageiros. "Todos os que atravessaram a linha do Equador pela primeira vez foram batizados. Netuno, o deus do mar, subiu a bordo, acompanhado de seus ajudantes e dirigiu a cerimônia. Após muitos discursos e falatórios, os candidatos ao batismo foram mergulhados na piscina", lembrou-se mais tarde Hans Adolf Spieweck, então com 10 anos de idade. "Eu recebi o nome 'Carpa' e uma certidão de batismo."

Também a pequena Gisela Buchholtz, então com 3 anos de idade, foi surpreendida por Netuno e batizada com o nome de "Ouriço do Mar". Em sua certidão de batismo estava escrito:

"Por ordem de sua majestade NETUNO, senhor de todos os mares e de tudo o que sobre eles e dentro deles rasteja, voa e nada, Gisela Buchholtz foi purificada das impurezas do Hemisfério Sul ao atravessar o Equador no navio *Serpa Pinto*, protegido por ele, recebendo o nome SEEIGEL (ouriço).

Oceano Atlântico, 14 de maio de 1942.
Sob a mais alta designação,
Assinado,
H. H. von Cossel, líder nacional do partido nazista no Brasil, e Hermann Bohny, capitão de corveta e adido da marinha da embaixada alemã no Rio."

Tudo parecia ser uma grande diversão. Alegremente, ultrapassaram as Ilhas de Cabo Verde até a baía de São Vicente, onde nativos vinham com suas pequenas embarcações até o imponente casco do navio para oferecer seus modestos suvenires e para mergulhar atrás das moedas que os diplomatas jogavam no mar. Mas aquele idílio era traiçoeiro. Acima e abaixo da água grassava uma guerra cruel. Submarinos alemães travavam sua luta marítima, os Aliados enviavam reforço militar para o norte da África, aviões de observação ingleses perseguiam, desconfiados, qualquer paquete, qualquer navio cargueiro, qualquer cruzador. Destroços de navios torpedeados boiavam por toda parte. O capitão Américo dos Santos não tinha outra escolha: estava levando os nazistas ávidos por vitória diretamente para o desastre da furiosa Segunda Guerra.

Finalmente, o medo também tomou conta dos que regressavam para o *Reich*, os *Heimkehrer*. Os homens revezavam-se dia e noite montando guarda no navio. Temiam ser surpreendidos pelo inimigo nas águas inseguras do Atlântico, retirados do navio e aprisionados. Os nervos estavam à flor da pele e a suposta imunidade dos diplomatas assegurada pela Convenção de Genebra não os tranquilizava. Só respiraram aliviados quando surgiu a silhueta da costa portuguesa. O *Serpa Pinto* cumprira sua tarefa. Os diplomatas e seus acompanhantes foram recebidos com entusiásticas felicitações de boas-vindas provenientes da pátria. Exaltava-se euforicamente "o êxito da viagem de retorno através do campo de batalha do oceano".

Já na Alemanha, uma recepção no Römer (antiga sede da prefeitura de Frankfurt) contou com inúmeros convidados de honra do partido e do Estado: representantes do Ministério do Exterior, da Auslandsorganisation (organização do partido nazista no exterior), das Forças Armadas, da chancelaria do *Führer*, além do príncipe Schaumburg-Lippe, representante do

Ministério do *Reich* para Propaganda. "Os senhores chegam a uma Alemanha idolatrada por seus amigos, temida por seus inimigos, uma Alemanha que recuperou sua honra, uma Alemanha que tem um *Führer* excepcional", explicou o subsecretário de Estado Ernst Woermann. Ele disse que todo o povo alemão nutria uma imensa gratidão pelos *Heimkehrer* por terem perseverado até o último momento em seus postos como pioneiros do germanismo no Brasil. "Nessa hora difícil de luta os senhores retornam à pátria, em que precisamos da colaboração de cada indivíduo." E o líder do grupo nacional do NSDAP, Hans Henning von Cossel, foi condecorado com a Cruz da Ordem do Mérito de 1ª classe.

"A estação central de Frankfurt estava festivamente decorada com bandeiras quando os dois trens de transporte chegaram, o primeiro às oito e o segundo às dez horas, ao som de canções nacionalistas", relatou a seção local do jornal *Stadt-Blatt* do *Frankfurter Zeitung* do dia 3 de junho de 1942.

"Os regressados foram recebidos com a mesma amabilidade dispensada até agora aos alemães que regressaram das Américas do Norte e do Sul."

Na mesma página, na seção internacional do *Frankfurter Zeitung* do dia 3 de junho de 1942, saiu a seguinte notícia: "Bruxelas: 2 de junho. Através de um decreto do comandante militar, a partir do dia 7 de junho, os judeus na Bélgica e no norte da França ficam obrigados a portar a estrela amarela como distintivo quando estiverem em público. Um outro decreto, a partir de 1º de junho, proíbe os judeus de praticar quaisquer atividades no âmbito da cura e do tratamento de saúde, seja como farmacêuticos, seja na produção ou no comércio de medicamentos. Exceções só serão toleradas no caso de necessidade de tratamento de saúde de judeus."

No porto de Lisboa, o capitão Américo dos Santos estava perplexo. Ele trouxera os diplomatas sãos e salvos para a Europa. E já havia novos passageiros esperando por ele: refugiados, gente que por pouco escapara da perseguição e da guerra. O capitão sabia dos riscos que uma tal travessia representava para os fugitivos. Apenas quatro meses haviam se passado desde que ele caíra com o seu navio nas turbulências da guerra em pleno oceano Atlântico. De acordo com o então correspondente do *Aufbau*, o jornal de emigrantes de Nova York, aquela fora a viagem mais dramática do

Serpa Pinto. Depois que o vapor deixara Lisboa cheio de fugitivos judeus em dezembro de 1941 para chegar a Nova York, passando por Casablanca, os Açores, as Bermudas, Santo Domingo e Havana, o rádio do navio anunciara em alto-mar, mas já no hemisfério leste, o ataque japonês a Pearl Harbor. No dia 8 de dezembro os EUA declararam guerra ao Japão. Três dias depois, a mesma voz no rádio anunciava que a Alemanha e a Itália haviam, por sua vez, declarado guerra aos EUA. Essa informação não pôde ser omitida aos passageiros. O pânico se alastrou. A maioria dos passageiros vinha fugindo havia vários anos e havia conseguido alcançar o navio salvador com suas últimas forças. Teria sido tudo em vão? Não havia apenas judeus a bordo, mas também combatentes espanhóis da resistência. Estavam exaustos. Duas pessoas já haviam morrido em alto-mar. Um passageiro gravemente enfermo teve que ser deixado em um hospital nas Bermudas. Temia-se que a companhia de navegação exigisse o retorno do navio e que os passageiros tivessem que ser desembarcados em algum lugar e até mesmo levados a algum campo de prisioneiros. Nem mesmo o capitão encontrou palavras confortantes. Mas, finalmente, após quase seis semanas de viagem marítima, o *Serpa Pinto* logrou alcançar seu destino final: Nova York.

    A capital de Portugal havia muito se tornara o principal ponto de encontro para fugitivos de guerra na Europa. Portugal, com seu porto, Lisboa, porta da esperança para a liberdade, era o destino de muitos caçados e perseguidos. O presidente António de Oliveira Salazar praticava uma política de neutralidade altamente habilidosa, fazendo concessões para ambos os lados, mas evitando decisões. Apoiava os nacionalistas na Espanha, mas nunca se declarou abertamente a favor dos nazistas. Seja como for, possibilitou a fuga de mais de 100 mil pessoas das garras do "Terceiro *Reich*". Desse modo, a neutra Lisboa tornara-se uma cidade dos encalhados, dos desesperados, mas também daqueles que não haviam perdido as esperanças. Uma cidade cheia de contradições, em meio à guerra. Uma cidade da espera. Erich Maria Remarque escreveu em seu romance *Uma Noite em Lisboa*:

    "Cada navio que partiu de Lisboa naqueles meses do ano de 1942 era uma arca. O monte Ararat era a América e a maré subia a cada dia. A enchente há muito já encobrira a Alemanha e a Áustria e penetrara fundo em toda a Polônia e em Praga; Amsterdã, Bruxelas, Copenhague, Oslo e Paris já tinham sido engolidas por ela; as cidades italianas exalavam seu fedor e nem a Espanha era segura. A costa de Portugal tornara-se o último abrigo para os refugiados, para os quais justiça, liberdade e tolerância valiam mais do que pátria e sobrevivência. Quem não lograva alcançar a terra prometida da América estava perdido. Teria que sangrar na selva dos vistos de entrada e saída negados, das autorizações de trabalho e permanência indeferidas, dos campos de prisioneiros, da burocracia, da solidão, da vida no estrangeiro, da desesperadora indiferença geral com o destino do indivíduo, que sempre é consequência da guerra, do medo e da miséria. O ser humano não era mais nada naqueles dias; um passaporte válido era tudo."[46]

Hannah Arendt, que também tentou escapar via Lisboa, escreveu: "Do antissemitismo só se está a salvo na Lua." Enquanto aguardava com o marido e a mãe pela longamente ansiada travessia de navio para os EUA, a judia relatou a seu amigo Salomon Adler-Rudel, que se encontrava em Londres, sobre esse período tenebroso, constituído "de fugas, esperas, de uma luta diária pela sobrevivência e de aflição, perseguição, internação e deportação", e escreveu: "Toda essa emigração me lembra o jogo de tabuleiro em que você lança o dado, e de acordo com o resultado, pode inesperadamente avançar muitas casas, ser obrigado a retroceder ou até mesmo a recomeçar do zero."[47]

No dia 5 de junho de 1942, apenas dez dias após os nazistas do Brasil terem abandonado o convés, o salão de jantar e as cabines do *Serpa Pinto* e pisado em terra firme no porto da capital portuguesa, o versátil vapor lançou-se ao mar novamente, sempre dirigido pelo capitão Américo dos Santos e sua tripulação.[48] Embarcaram Martin e Sophie van Leeuwen, um casal judeu de Antuérpia, com sua filha Irene, de 15 anos, o judeu Jacques Padawer, 17 anos, de Bruxelas, assim como seus pais, sua irmãzinha Mireille e o irmão Lucien. Também estavam a bordo Charles Antoine Dreyfus com suas irmãs Françoise, Nicole e Aline, sob a guarda de seus pais, Pierre e Marie Appollonie Dreyfus, filhos e netos do legendário Alfred Dreyfus, assim como os irmãos Oppenheimer de Frankfurt, sem os pais, e Marcel Duchamp, o rebelde dadaísta de Paris. Ao todo eram 667 pessoas desesperadas, completamente desvalidas, exaustas, entretanto otimistas, tentando, naquele 5 de junho de 1942, com suas últimas posses, escapar dos tiranos alemães.

Na mesma época, um documento singular chegava ao governo polonês no exílio em Londres.

A Federação dos Trabalhadores Judaicos de Varsóvia informava sobre massacres cruéis. Pela primeira vez o Ocidente atentava, horrorizado. O documento reportava-se aos inúmeros massacres genocidas. Relatava acerca de 30 mil judeus que foram mortos em Lviv, 15 mil em Stanislavov, 5 mil em Tarnopol, 2 mil em Zloczov e 4 mil em Brzezany. Mencionavam-se massacres em Zborow, Kolomyia, Stryj, Sambor, Drohobycz, Zbaraz, Przemslany, Kuty, Sniatyn, Zaleszczyki, Brody, Przemysl, Rava Ruska e outras cidades da Galícia e dos Bálcãs.[49]

Desesperado, o capitão Américo dos Santos olhou para os retratos de seus heróis portugueses que o acompanhavam em todas as viagens. Para a imagem de Dom Henrique, o Navegador, o grande marinheiro e fundador de um observatório astronômico e da Escola de Sagres; para o retrato de Pedro Álvares Cabral, o qual, no início de 1500, fez-se ao mar em Lisboa e, em 22 de abril do mesmo ano, em nome da Coroa Portuguesa, tomou posse de parte de terras até então desconhecidas, o Brasil. Sua admiração voltava-se tanto para o descobridor Bartolomeu Dias como para Vasco da Gama, o destemido navegador e legendário capitão. Todos eram para ele exemplos e o encaravam então da parede da cabine. Ele conhecia seus grandes feitos. Conhecia suas aventuras e paixões, assim como a riqueza que haviam levado para a Europa. Pois, através das famosas rotas das especiarias de Vasco da Gama, chegaram até o Ocidente não apenas a pimenta e o açafrão, mas, além da seda, do azeite, das sementes, dos pigmentos e da mirra, o diamante – o mágico "rei das pedras preciosas" –, que enfeitiçou o Velho Mundo. Por muito tempo as atividades monetárias e o comércio de diamantes ficaram nas mãos dos judeus. No século XV, entretanto, os judeus de Portugal ficaram à mercê de perseguições cada vez mais violentas. Em 1496 eles foram expulsos do país. Só era poupado quem se convertera ao catolicismo. Nas décadas seguintes, muitas famílias judias que se haviam batizado devido à pressão da Inquisição também acabaram deixando o reino português. Alguns foram buscar um futuro melhor nas cidades comerciais dos Países Baixos, como, por exemplo, em Antuérpia. O capitão do *Serpa Pinto* também conhecia essa história. E, naquele momento, no dia 5 de junho de 1942, importava salvar a vida de famílias judias do Velho Mundo, levando-as para o Novo Mundo. Judeus da Antuérpia, de Bruxelas, de toda a Europa.

CAPÍTULO 8
Borgerhout: no olho do furacão

"Oh, não! Nós não esperamos até que as botas nazistas marchassem sobre os paralelepípedos das ruas de Antuérpia e os soldados entoassem as canções viris alemãs", relata Irène van Leeuwen, que hoje, aos 82 anos, vive perto de seu filho, em Oroville, nas proximidades de Sacramento, Califórnia. "Foi uma ação noturna rápida. Cinco dias depois de Hitler invadir a Bélgica, em meados de maio de 1940, papai nos conduziu às pressas para a estação de trem. Levamos apenas os pertences que podíamos carregar."

Para o judeu holandês Martin van Leeuwen, havia muito familiarizado com a Bélgica e Borgerhout, o distrito urbano cercado por muros, não era mais possível esperar. Formado em lapidação de diamantes, com 49 anos, deixou o entorno familiar e a amada cidade portuária Antuérpia, em 15 de maio de 1940, acompanhado de sua esposa, Sophie, nascida Okker, 48 anos, e sua filha Irène, de 13 anos. Ainda a tempo. "Ainda não havia nazistas na Antuérpia, não esperamos por eles, demos o fora imediatamente."

Nesse ponto, porém, Irène van Leeuwen, estava enganada.

De fato, ainda não havia alemães nazistas em Antuérpia. Mas em Borgerhout, bairro logo atrás da pomposa estação central de trens de Antuérpia, já naquela época um ponto de encontro das mais diversas nacionalidades devido à proximidade com o bairro dos diamantes e o popular bairro dos judeus devotos com seus inúmeros oratórios, sinagogas e lojas *kosher*, o antissemitismo e a xenofobia não eram tabu.

Logo ali, a apenas cinco ruas do apartamento da família van Leeuwen, nasceu o agitador René Lambrichts na virada do século. O talentoso e jovem advogado, filho de um renomado e rico médico, fundou a organização *Volksverwering* e, muito antes da invasão dos alemães, proclamava, sem nenhum pudor e alto e bom som: "Os judeus são o nosso infortúnio." Também a revista católica *Het Vlaamsch Heelal* chamava a atenção de seus leitores para o fato de as ruas de Borgerhout e de Antuérpia estarem cheias de judeus. Assim a família Van Leeuwen viveu durante anos em uma atmosfera de crescente hostilidade, cara a cara com agitadores e antissemitas.

Meyer van Leeuwen, chamado Martin, provinha de uma família sefaradita, e já em 1896, aos 5 anos de idade, viera com os pais de Amsterdã para a cidade portuária belga. O pai de Martin, Mozes van Leeuwen, nascido em 1861 em Amsterdã, perdera a esposa muito cedo, casara-se uma segunda vez e procurara fazer fortuna no comércio de diamantes de Antuérpia com sua nova família e os dois filhos do primeiro casamento – como, aliás, inúmeros outros judeus holandeses. Em 1880, tivera início na África do Sul a luta pelos campos de diamantes e, em 12 de março de 1888, foi fundada a De Beers Consolidated Mines Limited, o cartel de minas mais importante do mundo. Antuérpia rapidamente tornou-se o centro de negócios e principal mercado de diamantes brutos e lapidados. O velho Van Leeuwen sabia o que queria. Com seus conhecimentos de profissional de lapidação de diamantes encontrou emprego na cidade portuária belga. Mais de 4 mil pessoas trabalhavam como assalariados na indústria de diamantes na metrópole belga, entre elas cerca de 650 judeus. Viviam em Antuérpia protegidos e em plena liberdade, frequentavam a sinagoga holandesa construída em 1893 na Bouwmeesterstraat e ficaram orgulhosos com a inauguração da nova bolsa de diamantes em 1913.

Os Van Leeuwen moravam na Grote Beerstraat, onde muitos outros judeus também tinham se estabelecido entre a Pelikaanstraat, tradicionalmente habitada por judeus, e os bairros que prosperavam atrás dos trilhos. As coisas iam bem para a jovem família. Tiveram mais dois filhos, um menino e uma menina.

Borgerhout explodiu, cresceu até tornar-se uma comunidade urbana e quase se fundiu com o antigo coração de Antuérpia. Negociantes experientes e pequenos industriais estabeleceram-se ao longo da Turnhoutsebaan. Os negócios prosperavam. A população era atraída para as novas zonas residenciais. O então prefeito criou áreas verdes e, com o parque Te Boelaar, criou opções de lazer para as famílias que viviam em espaços exíguos. Inúmeras famílias carentes que viviam nas periferias dos centros industriais prósperos, muitas vezes em condições precárias e em casas malcuidadas, acreditavam em um futuro melhor na cidade.

Mas os tempos estavam mudando.

A Primeira Guerra trouxe miséria e pobreza. Imigrantes, judeus russos, austríacos e alemães, foram obrigados a sair da Bélgica. A família do lapidador de diamantes Mozes van Leeuwen também teve que retornar à Holanda e deixou seu lar belga no dia 17 de agosto de 1914. O jovem Martin, agora com 23 anos, tentou completar na Holanda a sua formação como lapidador de diamantes. Em 1919, casou-se com Sophie Okker em Zaandam, cidade no norte da Holanda. Entretanto, após a guerra, o jovem casal voltou para a cidade belga dos diamantes. Antuérpia tornou-se sua pátria.

Sob a pressão dos *pogroms* na Europa Oriental, milhares de judeus, muitos deles *chassidim*, ortodoxos devotos, puseram-se em marcha para, através do porto de Antuérpia, emigrar para a América do Norte ou do Sul. Alguns fracassaram nos trâmites burocráticos para a saída. Acabavam ficando e morando nas ruelas em torno da estação de trem, muitos em espaços apertados e em uma pobreza amarga. A comunidade judaica de Antuérpia cresceu rapidamente. Muitos judeus da Europa do Leste vieram para a cidade. Já se podiam antever os problemas.

O fantasma do desemprego rondava. A província de Antuérpia logo registrou o seu maior índice de desemprego. O setor de diamantes foi duramente atingido. Se em 1928 o setor econômico mais bem-sucedido controlava cerca de 28 mil empregos, alguns anos mais tarde eram apenas 4 mil vagas. "Meu pai revelou sua criatividade", lembrou Irène van Leeuwen. "Procurou sua sorte no setor de publicidade. No começo dos anos 1930, foi contratado como vendedor ambulante pela Publicité Nacional, uma firma de propaganda judaica, e tentou vender material de propaganda. As coisas não iam muito bem, até que ele começou a trabalhar como corretor de navios.

Os Van Leeuwen ainda acreditavam conseguir viver do dinheiro de que dispunham. Moravam modestamente com a pequena filha Irène no segundo andar de um bonito edifício, construído no estilo dos anos 1930, na esquina da Turnhoutsebaan e da Prins Leopoldstraat, em Borgerhout. Ali, não distante do bairro judeu, ao redor da estação central de Antuérpia e a um pulo da fervilhante vida urbana, a filha única recebeu uma educação repleta de mimos e proteção.

O bairro movimentado em torno da estação de trem e da praça Astrid Plein não era apenas ponto de encontro de pessoas finas e da classe média burguesa. Música ao vivo ressoava dos bares e espeluncas das ruas laterais; comia-se, bebia-se, dançava-se. Como em qualquer cidade portuária, inexistia uma lei do silêncio. Ali, os marinheiros solitários vinham para terra firme e todos se sentiam em casa. Mas apenas aparentemente. Abaixo da superfície, as coisas fermentavam. O bairro judeu, que também beirava a estação, era um espinho no pé para muitos cidadãos naturais de Antuérpia: os vendedores ambulantes e os judeus ortodoxos, os *chassidim*, os homens barbudos com suas túnicas, capas de pele e famílias grandes. Os insufladores antissemitas estavam nas ruas.

Irène, que não tinha nenhuma familiaridade com a cultura judaica ortodoxa, frequentava uma escola belga, inicialmente na Grote Hondstraat e mais tarde na Lamorinierestraat. Na verdade, desde o começo da década de 1920 também existiam em Antuérpia escolas judaicas, como a Jesode Hatorah e a Tachkemoni. Mas a pequena filha dos Van Leeuwen frequentava as escolas públicas locais. Como tantos outros filhos de pais judeus liberais, adeptos de um judaísmo secularizado, do ideário da assimilação e de tudo o que isso implicava.

"Não tínhamos aula nas quartas à tarde", lembra-se Irène van Leuween, "então eu ia com minha mãe para a cidade. Assim como tantas meninas-moças que saíam para fazer compras com suas mães, eu podia comprar algo para mim na elegante À l'Innovation." A loja de departamentos fundada em 1910 pelo judeu bruxelense Emile Bernheim ficava na avenida de compras e passeio mais elegante da cidade, a Meir, e atraía sobretudo a clientela abastada. "Para o chá da tarde muitas vezes pedíamos um *oeuf à la russe*, pois para mim *kosher* era um estrangeirismo. Ninguém na família era religioso praticante", ressalta ela. "Nós amávamos a culinária belga. Quem podia recusar aquela tentação?"

A loja de departamentos À l'Innovation ainda existe. Apenas o salão de chá com a pista de dança e a orquestra de cordas dançante já fazem parte do passado. "Eu ainda tenho uma lembrança vívida de Antuérpia. Nós comprávamos roupa íntima de seda na Lizzie, uma loja de lingèrie muito fina na Meir, em frente aos Boerentoren", devaneia a velha senhora. "O dono era judeu, um primo de meu pai, Jef Brandon. Emma e Jef Brandon também conseguiram fugir para os EUA, ainda no começo da guerra, junto com seu filho Raymond e ainda antes de nós. Eles iriam nos enviar ajuda de lá. Mas Jef morreu e assim nós tivemos que procurar novos avalistas."

Lembranças vívidas, imaculadas, porque é assim que se quer mantê-las. Antuérpia. A velha pátria. Eternamente.

A família holandesa Van Leuween, que se integrara tão bem na cidade à beira do rio Escalda, assim como tantos outros judeus belgas, não se encaixava em nenhum clichê, em nenhuma imagem de inimigo. Eram assimilados e consideravam-se invisíveis. E de fato ainda não chamavam atenção no colorido mundo de Antuérpia. Mas não por muito tempo, pois os migrantes nas portas das casas e nas ruas ao redor do bairro começaram a incomodar. O sonho da integração entre judeus e cristãos, de alemães e italianos, de holandeses, russos e galegos havia muito tinha acabado. A boa vontade apresentava rachaduras. A insatisfação dirigia-se, sobretudo, contra os judeus. Contra todos os judeus. Entretanto, a população judaica de Antuérpia era qualquer coisa menos um grupo homogêneo. Como em Paris, Budapeste ou Berlim, os judeus abastados e assimilados olhavam torto para os assim chamados judeus orientais. Eles se distanciavam de seus irmãos de fé da Rússia, da Polônia ou da Ucrânia, de seu modo de viver, de sua devoção religiosa, e também de seu aspecto exterior. Os judeus belgas há muito imigrados simplesmente desviavam o olhar. A miséria os constrangia. Não queriam ter nada a ver com os judeus de túnica.

A crise econômica mundial contribuiu para atiçar os ânimos. O setor de diamantes entrou em uma crise difícil. Muitos e também renomados mercadores de diamantes faliram. Milhares e milhares de pessoas estavam desempregadas. Os emigrantes do Leste Europeu, quase ou sem seguro social, procuraram socorro no comércio de rua, iam de casa em casa como vendedores ambulantes ou ofereciam serviços domésticos. Isso incitou a discórdia. Os nativos, também ameaçados pela crise financeira e pela inflação e preocupados com sua própria existência, começaram a acusar os judeus de concorrência desleal.

CAPÍTULO 9
O pântano marrom

A dez minutos a pé da casa de Martin, Sophie e Irène, na Moorkensplein 39, em Borgerhout, localizava-se o escritório de advocacia de René Lambrichts, onde se instalara a sede da NV, De Belgische Uitgaven. Sobre as prensas da editora rodavam panfletos de extrema direita e brochuras tendenciosas. Em 1933, o antissemita Lambrichts se tornara redator-chefe do jornal racista *De Stormloop* e não perdia uma oportunidade de difamar os judeus. Já em 1933, ele proclamava: "Vocês sabiam, camaradas, que no setor de diamantes haveria trabalho suficiente para 40 mil pessoas? Bastaria que os vermes estrangeiros, a maioria deles judeus, fossem enxotados."[50] Caricaturas de judeus, figuras encurvadas, com rostos extremamente preocupados e narizes aduncos, ilustravam as campanhas difamatórias. Muito mais tarde, aliás, a partir de 1938, o mesmo René Lambrichts teria recebido uma remessa de dinheiro como apoio financeiro dos nazistas alemães, transferida mensalmente para sua conta via consulado alemão.

O extremismo de direita se tornou tolerável nas rodas sociais. O antissemitismo centenário, atiçado pela Igreja Católica, fornecia munição suficiente para isso. Os padres se serviam de clichês antissemitas ao censurarem o comunismo ateu, mesmo condenando a perseguição dos judeus na Alemanha de Hitler.

Depois da nomeação de Hitler para chanceler do *Reich*, em janeiro de 1933, mais uma vez milhares de judeus fizeram suas malas para sair da Alemanha nazista, trocaram endereços de pessoas confiáveis e se esforçaram para conseguir guarida na casa de parentes, conhecidos ou amigos na Bélgica, inclusive em Antuérpia. Após o *pogrom* de novembro de 1938, a situação se acirrou. Cada vez mais judeus desesperados da Alemanha e da Áustria tentavam escapar através das últimas brechas existentes nas fronteiras da Europa. "O judeu indesejado – pois diariamente ele lê o termo *ongewenst* (= indesejado) no jornal, quando o assunto são seus semelhantes – é obrigado a procurar asilo seguro", escreveu o escritor judeu Jean Améry, que fugiu para a Bélgica em 1938.

"Munido de alguns francos e centavos que a comunidade judaica de Antuérpia incansavelmente solícita disponibiliza aos fugitivos, ele perambula para cima e para baixo na cidade, em sapatos cada vez mais gastos, à procura de um quarto para alugar a preços acessíveis. Ele tem alguns companheiros de infortúnio em Antuérpia que querem lhe dar conselhos. E todos sempre o orientam a ir para o bairro judeu, o *joodse wijk*. Mas é precisamente para lá que ele não quer ir. Ele já está inteirado sobre a situação em Antuérpia, e ouviu dizer que há comerciantes de diamantes muito ricos, que vivem em prédios novos e elegantes na beira da cidade; esses mesmos evadiram-se do *joodse wijk*, pois parece ter havido uma ascensão social que imprimira uma separação superficial de pessoas cujo destino comum, entretanto, fatalmente uniria. Mas o forasteiro não consegue chegar até esses senhores bem vestidos e às senhoras muitas vezes chiques e falando francês que conseguiram seu bilhete de entrada na alta sociedade não pelo batizado, e sim por intermédio do dinheiro dos diamantes de seus maridos. Esses senhores se responsabilizam pela sobrevivência dos judeus desvalidos devido a um compromisso firmado com o governo do reino. Mas, compreensivelmente, querem ouvir falar o mínimo possível dos pobres-diabos famintos que, embora de nacionalidades distintas, têm a mesma origem étnica e até a mesma fisionomia."[51]

O historiador Lieven Saerens chama a atenção para o fato de que o então ministro da Justiça belga, o liberal Paul-Emile Janson, elucidara em sessão plenária, em 15 de junho de 1939, que desde maio de 1938 22 mil judeus teriam entrado no país, entre eles 11 mil carentes. E o historiador Frank Caestecker escreve que 95% dos fugitivos que se registraram em 1939 junto às repartições de saúde de Antuérpia estavam desnutridos. Em 30 de abril de 1939, as fronteiras foram definitivamente fechadas. Aos fugitivos restava somente o caminho da clandestinidade.

Em 1939, viviam na cidade de Antuérpia bem mais de 41 mil estrangeiros, entre eles – também segundo Lieven Saerens – presumivelmente 35.500 judeus, dos quais aproximadamente 6.400 em Borgerhout. Tanto para a província quanto para a cidade de Antuérpia, este crescimento populacional trazia enormes desafios. No ano de 1939, a região tinha simplesmente a maior taxa de desemprego do país, 23,10%. Mas Antuérpia ainda não tinha perdido sua autoestima. Algumas pessoas íntegras ainda não tinham desistido. À frente de todos eles estava o então prefeito Camille Huysmans, no cargo desde 1933. O flamengo patriota e doutor em filosofia que, no começo do século XX, fora secretário da Segunda Internacional Socialista, era uma personalidade vibrante, correspondera-se com Lenin, discutira com Rosa Luxemburgo e Karl Liebknecht e mantinha contato ativo com pensadores socialistas de liderança. Mas a pressão para a direita dos nacionalistas flamengos no começo dos anos 1930 isolou o político engajado, mesmo que esse não se deixasse enganar e não parasse de alertar para a escalada do fascismo. Já em abril de 1933, ele entregou a Paul-Emile Janson uma queixa por escrito contra as determinações rígidas para estrangeiros. No início de março, as mais importantes organizações judaicas de Antuérpia fundaram o Komiteit tot Verdediging van de Rechten der Joden, o Comitê para a Defesa dos Direitos dos Judeus. Seus membros eram alguns rabinos, juristas reconhecidos, advogados, representantes de organizações sionistas e filantrópicas, empreendedores do setor de diamantes, socialistas e intelectuais. Tentavam atingir o público belga através de inúmeras publicações, conscientizando-o sobre os acontecimentos na Alemanha nazista para assim afastar a imagem negativa sobre a comunidade judaica junto à população. Também o Verbond voor Economisch Verweer Antwerpen (VEVA), a Liga Judaica para a Defesa Econômica de Antuérpia, encampara a luta contra o regime nazista.

Em maio de 1937, porém, o antissemita declarado René Lambrichts organizou uma manifestação com o lema: "O que vai acontecer com Antuérpia, se a população permanecer na ignorância sobre a questão dos judeus?", e, apenas alguns meses mais tarde, ele provocava: "Como estamos nos defendendo do judaísmo parasita?" Cada vez mais ações antissemitas eram realizadas. Em novembro de 1936, sessenta jovens de Antuérpia se imbuíram da tarefa de "fazer uma limpeza" no parque municipal: "Tudo o que era judeu ou cheirasse a isso foi escorraçado do parque [...] os cidadãos de Antuérpia presenciaram a segunda retirada de judeus do Egito. Infelizmente faltou o Mar Vermelho", escreveu o folhetim antuerpiano. Durante a "limpeza" do parque municipal, a polícia da cidade manteve-se fiel à sua fama. Ela interveio apenas eventualmente, e a corja pôde fazer o serviço completo.⁵²

Jean Améry escreveu em seus apontamentos biográficos sobre o mundo ao redor do *joodse wijk*:

"[...] com o instinto daquele que sabe exatamente que aquilo que não é habitual só se torna um escândalo quando se concentra, o forasteiro evita o velho *joodse wijk*, onde vivem os judeus pobres, lapidadores de diamantes, pequenos comerciantes, além de operários da indústria, ambulantes [...]. A taberna onde se hospeda nada tem de honrado. Os seus vizinhos de porta não parecem ter boa reputação. Um deles sai toda manhã de casa com uma pequena maleta com pentes, cosméticos baratos e todo tipo de futilidades para vender. Uma pessoa de camisola corre pelos corredores e aparentemente trabalha no ramo da prostituição. O (rapaz recém-chegado) indesejável, tão suspeito para as autoridades quanto a moça, logo travará conhecimento com a senhora dos peitos fartos, que se mostra muito afável e prestativa. Ela é de Liège — *Lüttich* em alemão e *Luik* em flamengo –, fala apenas francês e odeia os antuerpianos flamengos que, não obstante, são seus clientes. Não são belgas verdadeiros, diz. Eles já estão flertando com os alemães e vão nos trair. O recém-chegado não consegue acreditar naquilo. Não foi ontem que um operário antuerpiano lhe assegurou que Hitler era um *smeerlap*, um canalha? Ele se dá relativamente bem com os flamengos, depois de ter aprendido, sofrivelmente, a sua língua. Tampouco se incomoda que, num estado de ânimos mais exaltados, eles eventualmente cantem canções flamengas nacionalistas como *Vliegt de Blauwvoet*, que um poeta nazista alemão chamado Otto Brues elegeu como título de seu romance *Fliegt der Blaufu*? Ele acredita que aqui impere a democracia. Sabe que esta cidade é governada por um prefeito socialista, e que um dos políticos mais populares do país é também um socialista chamado Paul-Henri Spaak."[53]

Idealizações de um desesperado? A caçada há muito já tinha começado. Em muitos setores da vida diária judeus eram confrontados com humilhações e expostos a uma discriminação crescente. Não se estava a salvo nem mesmo no clima fresco do campo. "Tio Jef e tia Emma tinham um carro. Coisa rara na época. De vez em quando nós pegávamos carona", lembra-se Irène van Leuween, após mais de sessenta anos. "Aquilo era incrível. Nós viajávamos para o ar puro de Kalmhout, uma vila no campo, a leste de Antuérpia. Pernoitei lá várias vezes." O campo de Kalmthoutse Heide era e ainda é um refúgio raro, um ninho adormecido em meio a uma reserva natural, um abrigo para habitantes cansados da cidade. Não é de admirar que esse lugarejo isolado, a apenas 15 quilômetros do centro urbano de Antuérpia, entre bétulas e giestas em flor, fosse um local muito apreciado não apenas pela burguesia de Antuérpia, mas também pelos abastados comerciantes de diamantes judeus. Os moradores da vila conheciam seus "judeus holandeses" e simpatizavam com eles, pois eles animavam o comércio. Mozes Tolkowsky, um rico *diamentair*, comprou o palacete *Het Keienhof*, hoje em dia um famoso restaurante na Putse Steenweg, e, ao longo da bucólica Nieuwstraat, cinco comerciantes de diamantes de Amsterdã alugaram bonitas mansões no meio do campo em busca de algumas horas de sossego. Não foi à toa que a Leopoldstraat foi chamada de "rua dos judeus". Ali, não só o comerciante de diamantes Jozef Schreiber havia mandado construir para suas duas filhas, Felice Helena e Flora Roza, uma magnífica casa de dois andares, hoje em dia tombada pelo patrimônio histórico; também fora construída uma sinagoga em 1927 (inaugurada em 1929), por iniciativa do comerciante de diamantes Mendel Kornreich. Também a *Jeschiwa** local logo passou a ser muito frequentada.

Os judeus sentiam-se integrados, embora ambos os lados cultivassem uma distância cordial: exercitavam mutuamente a tolerância. Mas não apenas judeus abastados e ajustados ao estilo de vida belga iam desfrutar do ar puro do campo em Heide-Kalmthout. De trem parador da estação

---

* Escola para estudo da Torá e do Talmude. (*N. das T.*)

central de Antuérpia até o lugarejo bucólico era apenas um pulo. Tornou-se comum viajar para a "pequena Suíça", como se costumava dizer, e logo também judeus ortodoxos impregnaram o cenário das ruas da vila. Levavam suas comidas *kosher* e, a princípio, mantiveram-se isolados.

No final dos anos 1930, porém, a situação se transformou substancialmente. Fugitivos judeus da Alemanha, e também muitos judeus do Leste Europeu, acreditavam poder encontrar refúgio ali, afastados da cidade agressiva, no recato do vilarejo. Acreditavam estar a salvo no idílico campo. Os hóspedes da pensão Hof van Heide na esquina de Heibloemlaan e Niewstraat eram agora quase exclusivamente judeus, e a pensão se tornou mal-afamada como "hotel judeu". Bernard Bolle e Paul Lewedow comandavam o negócio. O Hotel Meyer, o padeiro judeu Stern de Antuérpia e o Hotel Brunner de Menachim Brunner respeitavam a tradição culinária judaica, e na Heidestatiestraat, assim como na Thillostraat, vendiam-se alimentos *kosher*.

A população nativa começou a dar mostras de contrariedade. O padre católico expressava desconfiança em seu sermão, o prefeito polarizava, os pequenos empreendedores, o padeiro, o açougueiro e o quitandeiro protestavam. Pouco antes da guerra, havia na comunidade inúmeros cidadãos judeus. Entretanto, além dos cidadãos judeus locais, lá viviam muito mais judeus que se mantinham escondidos, incógnitos, submergidos na ilegalidade, nas pequenas e grandes moradias, em pensões e hotéis, em casas de família e em casas de aluguel. Já não se podia mais ignorar os bordões nazistas que ecoavam nas hospedarias da vila, junto à taberna da esquina e nas mercearias. Não tardou que os *Volksverwering* do fanático René Lambrichts de Borgerhout viessem desfilar também ali. Em 1937, membros do Anti-Joodsche Blok, uma associação antissemita, deram início a uma campanha de intimidação macabra. Numa manobra feita na calada na noite, foram jogadas nas caixas de correio dos moradores judeus bilhetes de passagens nos quais se lia: "Válido para a Palestina – sem passagem de volta"; vidraças foram quebradas e a população nativa coagida a não alugar imóveis para judeus. A VEVA deu o troco. Imediatamente apareceram nas caixas de correio dos antissemitas bilhetes de passagens que estampavam "Berlim – 4ª classe – vagão de gado", endereçados "aos que abominam judeus e servos de Hitler". Os insufladores do Anti-Joodsche Blok suspenderam suas investidas e desapareceram de Kalmthout.[54]

Mas a atmosfera no pequeno paraíso campestre estava contaminada. A comunidade judaica sentia-se ameaçada.

O fato é que não restava muito mais tempo. Também em Heide-Kalmthout a guerra e o ódio racial precipitaram-se sobre os judeus. Alguns ainda conseguiram fugir a tempo, mas a maioria foi presa em buscas e deportada. Apenas um dos cidadãos judeus oficialmente registrados em Heide-Kalmthout teria retornado à vila, após 1945. Somente no ano 2006, a Dorpssjoel judaica, a pequena sinagoga abandonada na Leopoldstraat, foi tombada e virou patrimônio histórico. Símbolo e memória à vida judaica nessa pequena comunidade campestre.

CAPÍTULO 10
Crepúsculo

Em Antuérpia, as inimizades recrudesciam. Os extremistas de direita tornaram-se cada vez mais ousados. A corja antissemita pichava seus bordões nos prédios do bairro judeu, em templos e em lojas de proprietários judeus. O restaurante Peter Benoit na praça Moorkensplein, em Borgerhout, há muito já era o ponto de encontro dos "marrons". Em 11 de abril de 1938, o rexista[55] Frans Mattheessens, filho de um contador também de Borgerhout, bradou de cima do palco do *Sportpalast* antuerpiano: "Primeiro, o pão para nós, depois para os outros!"[56]

A despeito disso, Antuérpia mantinha uma "política de portas abertas", encabeçada pelo prefeito socialista Camille Huysmans. No início do desafortunado ano de 1938, ainda se defendia o direito de permanência para 17 mil pessoas. Em 10 de novembro de 1938, no dia seguinte à Noite dos Cristais, René Lambrichts voltou a exortar seus discípulos à ação. Durante um evento na praça Sint Jansplein, exigiu publicamente, alto e bom som, a renúncia do "prefeito judeu", o socialista Camille Huysmans. Em 6 de dezembro de 1938, o orador das massas de Borgerhout fez um novo pronunciamento, e, exortando Huysmans a devolver aos antuerpianos a Antuérpia habitada pelos judeus, vociferou: "120 mil judeus e 120 mil desempregados!" Mas Camille Huysmans não se deixou abater. Reagiu energicamente: "Nunca iremos tolerar que o câncer do ódio racial se espalhe entre os cidadãos de nossa cidade e que estes se sintam no direito de humilhar, enxotar ou mesmo provocar pessoas com diferenças de credo."[57] Mas o fogo já se espalhara. O Vlaams Nationaal Verbond (VNV), a Liga Nacionalista Flamenga, repositório de simpatizantes da "nova ordem", também ganhou tons antissemitas. Assim como Lambrichts faria mais tarde, o VNV passou a receber, a partir de 1937, uma taxa mensal de 800 *Reichsmark* do Ministério da Propaganda alemão. No começo de 1939, esse montante aumentaria para 4 mil *Reichsmark*.[58] Isso, porém, era mantido em sigilo pelos funcionários da "nova ordem", que proclamaram hipocritamente durante um evento eleitoral: "Nós, flamengos, vamos lutar para nos tornar independentes da Alemanha."

Os católicos, jovens intelectuais e acadêmicos ambiciosos declararam os comunistas como sendo seu inimigo número um. Em segundo lugar, entretanto, logo após os comunistas, estavam os judeus. Camille Huysmans temia o pior. Em 1938, o aguerrido prefeito explicava publicamente que sua preocupação não se dirigia tanto aos estrangeiros em geral, mas em particular aos judeus. Escreveu mais uma vez ao então ministro da Justiça Paul-Emile Janson: "Gostaria de alertá-lo veementemente para a campanha antissemita em Antuérpia." Foi uma espécie de grito de socorro, comentou o historiador Lieven Saerens. O prefeito supunha, não sem motivos, que as campanhas coordenadas e financiadas pela Alemanha nazista vinham sendo implementadas e conduzidas pelos nacionalistas flamengos. Afinal, as eleições se aproximavam.

Huysmans alertou o ministro. Enfatizou ser compreensível que a classe média baixa atribuísse aos judeus uma concorrência incômoda, mas que ela não estava considerando as consequências das agitações antissemitas. Pois a mesma classe média baixa ignorava o fato de que os judeus instalados na cidade portuária movimentavam a economia, já que eram também consumidores. O alerta de Huysmans fracassou. Torturavam-no ainda outras questões. Ele temia que o crescente extremismo de direita e o movimento antissemita ameaçassem a indústria de diamantes antuerpiana. A transferência desse ramo da indústria para a África do Sul significaria uma enorme sangria econômica — para a cidade, para o porto e para a arrecadação do estado. A fonte ainda borbulhante de riqueza estaria, assim, definitivamente seca.[59]

Huysmans mandou retirar cartazes luminosos provocadores. A todo momento, o prefeito manifestava publicamente sua indignação contra o crescente antissemitismo e medidas xenófobas retrógradas, e anunciou na presença do então primeiro-ministro Paul-Henri Spaak: "Se Cristo vivesse nos dias atuais e quisesse fugir da Alemanha, teria que voltar da fronteira alemã com a Bélgica!"[60] Tudo em vão. Os radicais de extrema direita estavam em situação favorável: os flamengos do VNV atingiram 8,3% dos votos nas eleições parlamentares no começo de 1939 e eram representados por 17 deputados no parlamento. A situação era irreversível, a influência da Alemanha nazista já era então imensa. A partir de 26 de maio de 1939, advogados judeus não eram mais aceitos no Tribunal antuerpiano. Três semanas mais tarde, em 17 de junho de 1939, o *SS. St. Louis*, um navio de uma companhia alemã, atracou no cais do porto de Antuérpia. A bordo, mais de 950 fugitivos, em sua maioria judeus abastados que tentavam fugir do terror nazista a partir de Hamburgo. Tanto os EUA quanto Cuba e Canadá lhes haviam negado a entrada, e o navio teve que retornar à Europa com os fugitivos a bordo. A imprensa local não foi nada receptiva. Apenas o jornal socialista *Volksgazet* publicou: "Esperamos ardentemente que as 1.000 vítimas de um regime desumano possam finalmente encontrar um pouco de paz." Os outros jornais, porém, advertiam que a recepção de uma nova leva de fugitivos não seria viável e que ações de ajuda deveriam constituir uma exceção.

Em 4 de julho de 1939, René Lambrichts proclamou: "Basta de apoiar os judeus. Em primeiro lugar, empregos para o nosso povo!" Todas as suas manifestações tinham o mesmo tema: "O flagelo dos judeus no mundo dos diamantes" e "a classe média frente ao perigo judeu".[61] Mas o prefeito Camille Huysmans não havia desistido e proibiu as manifestações em massa contra "a invasão judaica". O consulado alemão triunfava e informou Berlim, no começo de julho de 1939: "Em meio à população local ouvem-se cada vez mais vozes contrárias à estrangeirização judaica de Antuérpia."[62]

Os radicais de direita colhiam os frutos de suas campanhas. O problema dos fugitivos tornava-se cada vez mais agudo. Após a conferência de Évian, no ano de 1938, o jornal *Der Völkische Beobachter* publicava a seguinte manchete triunfal: "Ninguém os quer!" No final de agosto de 1939, arruaceiros ocupavam as ruas perto da estação central. "Acabem com os judeus! Fora com os judeus!", ouvia-se pelas ruas. Janelas eram estilhaçadas e pessoas presas. Em 6 de maio de 1940, pouco antes da invasão dos alemães na Bélgica, a organização Volksverwering e seu zeloso líder René Lambrichts continuavam bradando contra "a atividade belicosa do judaísmo e de seus vassalos França, Inglaterra e Estados Unidos". As lideranças da nova ordem, os representantes do VNV, afirmavam reiteradamente: "Se Hitler tiver a ideia de pôr aqui apenas um pé que seja, nós nos postaremos na primeira fila para nos defender de corpo e alma contra um possível ataque."[63]

Palavras vazias. Pois ainda durante a invasão de Hitler o VNV ordenou que nenhum soldado flamengo apontasse sua arma contra os alemães. Lambrichts estava pronto para a ação. Não hesitou sequer um momento em oferecer ajuda aos donos do poder na caçada: "Até que o último judeu tenha desaparecido daqui!"

Em maio de 1940, tropas alemãs invadiram os neutros Países Baixos, Luxemburgo e a Bélgica. No dia 28, Bruxelas capitulou. O rei Leopoldo III e sua família foram postos em prisão domiciliar no palácio Laeken, próximo a Bruxelas. Camille Huysmans fugiu para o exílio na Inglaterra, assim como o governo belga.

A situação para os Van Leeuwen e tantas outras famílias judias na Bélgica tornou-se cada vez mais ameaçadora. Os alemães já estavam avançando sobre Antuérpia. Só se pensava em fugir o mais rápido possível. Para o oeste, para o sul. O medo e o caos se espalharam. Perplexas, as pessoas agarravam às pressas o que podiam, deixando tudo para trás. Martin, Sophie e Irène van Leeuwen também embarcaram, em 15 de maio de 1940, na estação de Antuérpia, em um dos últimos trens.

"Essa fuga súbita põe tudo que tem rodas nas estradas em direção ao sul", escrevem os historiadores Jean-Pierre Azéma e Michel Winock.[64] "Carros particulares, ônibus, carrinhos de mão, carros de lixo municipais, tudo coberto de roupa de cama vermelha, cobertores amarelos luminosos e colchões amarrados de qualquer maneira, enchendo os acostamentos das ruas com mulheres e crianças exaustas. [...] Mas o quadro pitoresco logo se transforma em cena aterrorizadora: velhos morrendo, crianças perdidas que iriam ser procuradas por anúncios um mês mais tarde, o fogo das metralhadoras da Luftwaffe alemã sobre as hordas de fugitivos, trens de fugitivos despedaçados por bombas, mulheres que se vendiam na beira da estrada por um litro de gasolina. Cidades e vilas de repente incham em proporções inesperadas. Toda a França, de Paris até o centro, tornou-se um grande acampamento de nômades errantes."

Em 16 de maio, as forças armadas belgas desistiram da defesa de Antuérpia e abandonaram a cidade.

Escolas foram fechadas, a população que ficou para trás estocava, em pânico, bens de primeira necessidade e se abrigava nos porões. O aeroporto de Deurne e uma parte do porto foram destruídos por bombas alemãs. Em 18 de maio, o exército alemão marchou sobre o bairro oriental Merksem, no coração da cidade. Na praça histórica Grote Markt, os nazistas içaram a bandeira com a suástica. Oficiais alemães se dirigiram ao suntuoso prédio da prefeitura. Mais de cem soldados alemães galgaram os degraus marcados de história exibindo demonstrações de poder sobre a orgulhosa cidade, centro dos reis do comércio e príncipes do dinheiro, outrora morada do humanismo, onde os *geuzen* – soldados da resistência belga na Revolta Holandesa, entre 1568 e 1648 – haviam resistido aos espanhóis e cidadãos independentes lutaram por liberdade religiosa e por dignidade. Onde Orlando di Lasso compôs e Albrecht Dürer, Peter Paul Rubens, Anthonis van Dyck e muitos outros pintaram seus mais belos quadros. Daquele momento em diante, os soldados de Hitler marchariam no seu pomposo salão. Bem no alto da imponente catedral, cujos sinos ressoavam sobre os telhados até muito longe no campo sobre o largo rio Escalda, tremulou então a bandeira do inimigo. A sede provisória do comando de frente da administração militar situava-se no coração do bairro dos diamantes na Pelikaanstraat 86 em meio ao bairro judeu. A partir de então, soldados alemães e colaboradores, com ou sem uniforme, faziam parte do cotidiano da cidade.

Os Van Leeuwen não presenciaram essa transformação da cidade. Eles já haviam dado as costas para Antuérpia. A polícia de estrangeiros da cidade, distrito Borgerhout, declarou, em 26 de fevereiro de 1942, que a família Van Leeuwen partira em 12 de maio de 1940 sem fornecer novo endereço.

Eles haviam partido para uma nova vida.

CAPÍTULO 11
Bruxelas – mesmo padrão, mesma história

"Em poucos dias, também nos pusemos em fuga", lembra-se o judeu belga Jacques Padawer. "De trem para Paris. Sem parada. Adiante, sempre adiante. Com que destino? Quem podia saber? Não se faziam perguntas. Nenhuma pessoa tinha passagens de trem. Comprar onde? Nem mesmo a Société Nationale des Chemins de Fer Français (Sociedade Nacional de Trens de Ferro) sabia informar. O trem alcançou a região próxima a Ruão, mas seguiu adiante sem destino certo. Chegamos a algum lugar na terra de ninguém. Tia Lola, com seu filho de 2 anos, viajava conosco e não sabia como alimentar a criança. Não havia comida nem água. Um estranho ofereceu café preto de uma garrafa térmica e, algumas horas depois, um pouco de cerveja. O pequeno aceitou sem pestanejar. Os caças zuniam sobre nossas cabeças e nós sucumbíamos ao medo e ao caos [...]. Finalmente chegamos a Arcachon, próximo de Bordeaux na costa atlântica."

Como tantas outras, a família Padawer teve que abandonar sua cidade natal com muita pressa e sem nenhum planejamento, pois a 12 de maio, apenas dois dias depois de a Luftwaffe alemã abrir fogo contra a antiga região fronteiriça no leste da Bélgica e o exército belga lançar-se numa luta sem esperanças, também Bruxelas tinha entrado em pânico. Supunha-se que o inimigo já estivesse a 50 quilômetros dos portões da capital. O caos e a violência se alastraram.

As autoridades belgas reagiram impensadamente.

Havia tempos o estado tinha colocado um determinado número de prédios públicos à disposição dos fugitivos judeus expatriados a pedido das organizações bruxelenses e antuerpianas de refugiados. O Comité d'Assistence aux Réfugiés Juifs e outras associações de assistência, assim como os cidadãos belgas, dividiam os custos com estada e alimentação. Mas esses estrangeiros, ou aqueles de países considerados inimigos [da Bélgica], acomodados em centros e alojamentos especialmente arranjados em todo o país, viram-se em dificuldades. Eram tidos como fator de risco. A desconfiança de que havia espiões infiltrados entre os fugitivos falantes de língua alemã se espalhou. Houve uma onda de detenções. Cidadãos alemães, entre eles também judeus alemães, tornaram-se inimigos do Estado da noite para o dia. Assim, mais de 13.500 cidadãos estrangeiros foram parar na rede da polícia belga já nos primeiros dias de guerra. Por "motivos de segurança", mais da metade deles foi sumariamente despachada de Bruxelas em trens para a França, passando pela província de Hennegau.

Tropas de combate alemãs alcançaram rapidamente Liège e Antuérpia e, a partir de 17 de maio de 1940, subjugaram também Bruxelas. A capital belga se rendeu sem oferecer resistência. Os nazistas marcharam pelas ruas da capital e residência da corte. Ali haviam vivido os pintores flamengos Pieter Brueghel, o Velho (1525-1569), e Rogier van der Weyden (1400-1464), e outrora Carlos V (duque de Lorena entre 1675 e 1690) despedira-se emocionado dos seus amados neerlandeses. Naquele local os revoltosos haviam se libertado, no final do século XVIII, do jugo dos Habsburgo sob o reinado de José II e comemoraram, em 1815, o fim do domínio francês com a derrota de Napoleão diante dos portões da cidade no campo de batalha de Waterloo. Também Guilherme I de Orange resistira e finalmente fora obrigado a se retirar devido à sua "holandização". Uma Bruxelas altiva, símbolo da simbiose de duas culturas? A capital de um povo individualista, que jamais aceitou submeter-se às imposições de uma coletividade, mas que por outro lado era mestre na arte de se adaptar.

Adaptar-se aos alemães? Segundo os autores da coleção *Gewillig Belgie*, "rapidamente se deu um casamento por conveniência entre o governo militar alemão e a liderança belga".[65] Ainda: "procurava-se o mais rápido possível um retorno à normalidade." Além disso, acreditava-se que naquele mesmo ano de 1940 os alemães já teriam vencido a guerra.

Jacques Padawer, primeiro filho do comerciante de tecidos judeu de Liège, Moses Padawer, tinha três meses de idade quando seus pais se mudaram da cidade à beira do rio Mosa para Bruxelas. Em 1926, os pais abriram na rue Haute uma nova filial de sua próspera loja Au Roi Du Caoutchouc. "Fui criado por uma jovem babá flamenga", conta Jacques Padawer, já com 84 anos. "Ela se chamava Louise Tierentyn e falava um francês sofrível, mas tinha um coração de ouro. Nós a apelidamos carinhosamente de Louiske e ela era muito ligada a nós até pouco antes de fugirmos dos nazistas." O pai de Jacques, Moses, conhecido como Maurice, era de Mielec, uma cidade no sudeste da Polônia. Moses deixou sua cidade natal depois da Primeira Guerra Mundial e se estabeleceu na Bélgica, onde conheceu Abraham Lerner, chamado Adolphe, que vivia com seus pais em Antuérpia, sendo que o pai trabalhava no setor de diamantes. Os jovens ambiciosos rapidamente se deram bem e se associaram. Além da sociedade nos negócios – a firma The Excellent Raincoat e a cadeia nacional Au Roi du Caoutchouc vendiam capas de chuva –, casaram-se com as duas irmãs Levina e Thérèse Kapelovitz, provenientes de Paris. Não demorou muito até que Louis Kapelovitz, irmão mais novo das duas moças, também se associasse a Maurice e Adolphe. O negócio prosperou. Em pouco tempo contavam-se filiais bem-sucedidas espalhadas por todo o país, sessenta ao todo, e a família judia gozava de grande prestígio. O pequeno reino (da Bélgica) agradecia pelo extraordinário engajamento, os numerosos empregos e os impostos recolhidos. Louis Kapelovitz, Maurice Padawer e sua esposa Thérèse, Adolphe Lerner e sua esposa Levina Sarah conseguiram adquirir a cidadania belga sem grandes dificuldades. E seus filhos tornaram-se belgas.

"Nós nos mudamos para Uccle na avenida de La Ramée nº 28", relata Jacques Padawer. "Era uma alameda de tílias, tranquila e elegante, no aristocrático bairro da cidade belga." Em 20 de setembro de 1928, nasceu Lucien, e quatro anos mais tarde a temporã Mireille. "Meu pai mandou desenhar a casa segundo as necessidades da família. Eu e meu irmão mais novo, Lucien, dividíamos um quarto. À noite, um cochichava histórias emocionantes para o outro; debaixo das cobertas nos sentíamos como dois desbravadores da floresta da África Central. O que dizia mesmo Albert Einstein? A fantasia supera o conhecimento."

Os Padawer eram uma família belga como outra qualquer. E na parte sul da capital belga, nas proximidades do amplo Forêt de Soignes, o bosque municipal adjacente, os dois rapazes e a pequena menina foram criados com muita proteção. Longe dos bairros operários mais pobres Anderlecht e Saint-Gilles, ao redor da estação sul, ou de Schaarbeek, o bairro junto à estação do norte, onde ao longo dos anos de 1930 cada vez mais fugitivos judeus procuraram proteção e moradia. Uccle era um lugar calmo. Madame Padawer levava uma vida social intensa, era membro da associação de mulheres sionistas Hadassah e saía muito devido a este engajamento. Naquela época, a babá belga proveniente de Etalle, na Valônia, cuidava dos três irmãos e lhes ensinava o estilo de vida belga. Eventualmente, Louise também os levava para passar o fim de semana no sítio de seus pais, na região montanhosa das Ardenas.

Naturalmente, os acontecimentos na Alemanha causavam apreensão e a situação internacional era acompanhada com pessimismo. Mas na Bélgica os cidadãos ainda continuavam acreditando estoicamente na neutralidade e na possibilidade de ficar de fora dos conflitos internacionais. Ledo engano.

"Em 3 de setembro de 1939 completei 14 anos. Mas o clima era de máxima tensão", escreveu Jacques Padawer mais tarde em suas memórias. "Compreensivelmente, ninguém se lembrou de meu aniversário – nem eu próprio." No dia 1º de setembro de 1939, com a invasão alemã da Polônia, começara a Segunda Guerra Mundial. O aniversário de Jacques Padawer passou em branco. Em vez de comemorar, o casal residente na avenida de la Ramée no sossegado bairro Uccle estava muito preocupado com seus filhos e sua sobrevivência. Já alguns meses antes, em 23 de fevereiro de 1939, haviam acolhido ao seio da família duas crianças judias de Berlim. Maurice Padawer havia se associado à Underground Railroad. Membros dessa organização ofereciam moradia e alimentação por algumas semanas a judeus alemães e austríacos que precisassem de socorro, até que eles encontrassem um abrigo seguro ou pudessem seguir viagem. Mirjam Eberstark, na época com 14 anos, e seu irmão David de 16 anos tinham escapado no último instante possível de Berlim em um "transporte para crianças". Os pais de Mirjam e David eram da cidade de Mielec, na Polônia, assim como Maurice Padawer. Daí advinha possivelmente a relação entre as duas famílias. Após a Noite dos Cristais, no outono de 1938, os consulados belgas de diversas cidades — como Berlim, Colônia, Frankfurt e Leipzig — começaram a distribuir os passes de livre trânsito. Começou um pequeno êxodo de crianças judias para fora da Alemanha. Com muito pesar, alguns pais perspicazes desapegaram-se e, agarrando esta última chance, fizeram uma malinha para os filhos e se despediram, a maioria para sempre.[66] Mirjam e David faziam parte do grupo de 250 crianças que puderam deixar a Alemanha sem seus pais e, provisoriamente, antes de seguir viagem, foram acolhidas na Bélgica em casas particulares ou em um asilo.

Para o adolescente Jacques Padawer, porém, a vida cotidiana continuava em Uccle. A ideia de que "os alemães não seriam capazes de ultrapassar a imponente Linha Maginot, o sistema de defesa francês com os incontáveis *bunkers* ao longo da fronteira com a Alemanha", dava uma sensação ilusória de segurança. "Eu estava mais preocupado em dominar as difíceis tarefas escolares, pois tinha que dar conta de um exigente programa do ginásio e estudar flamengo, francês, latim, grego, geometria, álgebra, trigonometria, física, biologia, história etc.", escreveu Jacques mais tarde em suas memórias para seus netos. Além disso, o menino recebia aulas particulares de hebraico, desenho e música. Entrementes, o ambiente em sua escola tinha mudado. "Alguns alunos desenhavam suásticas nos lenços de bolso, cercavam-me na hora do recreio e, enquanto balançavam suas pequenas bandeiras de suástica, gritavam *sale juif*, judeu sujo, para que eu entendesse a mensagem." Primeiras fraturas na autoimagem de um ingênuo garoto de 14 anos: "Eu fingia que não me importava com aquilo; não tinha mesmo tamanho para enfrentá-los. E meu pai, um pacifista convicto, achava que bater não era solução para nada."

A encantadora alameda das tílias da avenue de La Ramée e o Forêt de Soignes perderam seu encanto.

O ginásio Athenée Communale d'Uccle não seria mais por muito tempo o abrigo imaculado. Quando os alemães invadiram a Bélgica, em 10 de maio de 1940, o mundo de Jacques ruim por completo. O filho do vizinho, com o qual Jacques diariamente durante nove anos, desde a primeira série, percorrera a interminável avenue Brugman a caminho para a escola, agora ao avistá-lo simplesmente trocava de lado na rua, sem dirigir-lhe palavra alguma. "Eu pensei que ele fosse meu melhor amigo. Nunca mais nos falamos."

Os Van Leeuwen, os Padawer e tantos outros tiveram que dar sua pátria como perdida. A procura desesperada por um abrigo começou, pois os alemães marchavam, implacáveis, cruzando a Europa.

Para onde ir? Para a França? Mas também o grande país vizinho foi atropelado pelas tropas alemãs. Que vergonha para a *grande nation!* Em 14 de junho de 1940, Paris entregou-se sem luta. Milhares de moradores da metrópole do Sena puseram-se em fuga em direção ao sul.

CAPÍTULO 12
Fuga ou de volta para a toca do leão?

"A fuga da Bélgica em maio de 1940 não foi bem uma viagem de recreação", ironiza hoje Irène van Leeuwen de Antuérpia.

"Nem com a melhor boa vontade eu me lembro para onde nosso trem de Flandres ia naquela ocasião, quanto tempo, quando e por que esperávamos uma eternidade. Inicialmente, achamos que o clima primaveril estava sendo misericordioso conosco. Mas rapidamente o sol e o calor se tornaram funestos. Nos trens superlotados, sem ar e sem assentos, o calor se acumulava, muitos passaram sede e tiveram vertigens. Ora seguíamos viagem, ora parávamos em meio ao campo. Ora embarcavam homens armados e controlavam todos os vagões – *n'ayez pas peur, vous pouvez passer,* não tenham medo, podem passar – eles tentavam nos acalmar, mas quem podia acreditar? Em algum momento da viagem, pouco antes de Limoges, minha mãe teve um ataque de nervos. Puxou o freio de emergência do trem e pulou para fora. Levou algum tempo até que papai a alcançasse e pudesse acalmá-la um pouco. Fomos então encaminhados a um *centre d'acceuil*, um abrigo onde pudemos tomar banho. Um prazer indescritível após dias e dias de viagem no trem fedorento e abafado. Mas não havia descanso. Nós tínhamos que seguir adiante para Montauban. Já não havia mais trens com horário previsto. Cada trem trafegava sem escala durante algumas horas para qualquer lugar. Então, éramos obrigados a desembarcar. Sempre de novo desembarcar. Outro trem era recomposto e tudo recomeçava. Na maior parte das estações de trem, havia apenas um abrigo improvisado, coberto com feno, nada mais. De Montauban, finalmente fomos levados de ônibus para Puylaroque. Tudo sob o olhar atento da polícia francesa, armada até os dentes."

Quase todos os fugitivos passavam por experiências desse tipo. "Centenas de milhares de pessoas [...] tentaram se salvar indo do norte para o sul da França, o mais rapidamente possível. Era um triste espetáculo ver diariamente em todas as ruas pessoas sendo metralhadas por aviões alemães. A maioria carregava bolsas e malas nas mãos. Após alguns dias, todos estavam tão cansados que deixavam a maior parte da bagagem para trás porque todo o tempo eram obrigadas a fugir para salvar a própria pele. Eram centenas de quilômetros de ruas cobertas de fugitivos. Tive sorte, eu era mais jovem que quase todos e tinha me preparado condizentemente com roupa, sapatos, essas coisas",[67] conta Fritz Heine, combatente da resistência que assumira a direção editorial do jornal partidário do SPD (o partido social-democrata alemão), *Neuer Vorwärts,* no exílio em Paris. Também ele tentou escapar do exército com inúmeros fugitivos para alcançar o sul no verão de 1940, depois que as tropas alemãs tomaram a França.

Da noite para o dia, o sul da França não ocupado tornou-se repositório de todos os refugiados de nações-alvo das perseguições alemãs, fossem antinazistas, oposicionistas ou judeus. O adido da embaixada belga, Carlos de Radiguès, que fugira para a cidade fronteiriça Perpignan, no sul da França, escreveu em seu diário em 22 de junho de 1940: "Muitos belgas querem atravessar a fronteira e nos atropelam com perguntas. Mas como podemos ajudar? Nós também somos apenas folhas ao vento. Eles nos pedem uma carta de recomendação ao cônsul espanhol. Este está assoberbado com solicitações e também está preso aos regulamentos. Entre os fugitivos há muitos judeus. Os pobres-diabos estão com medo. O medo é terrível, me dói ter que presenciar esse medo."[68]

"Finalmente chegamos a Puylaroque, no departamento de Tarn-et--Geronne, próximo a Montauban, nos Pirineus, uma minúscula aldeia com menos de quinhentos moradores. Lá, ficamos retidos por quase quatro meses. Em algum momento, disseram-nos que seria possível retornar à Bélgica, mesmo com o país já ocupado pelos alemães." Os Van Leeuwen haviam vencido a primeira etapa. Voltar para a Bélgica? Jamais. Apesar de Martin van Leeuwen não saber como sustentar sua família. Mas até aquele momento estavam seguros. Ao menos aparentemente.

Maurice Padawer, por sua vez, sentiu-se pressionado demais na cidade francesa de Archadon. Conjecturava que talvez ele e sua família estivessem melhor na Bélgica e aventou a ideia de um retorno. O que era compreensível, já que as notícias que lhe chegavam da Bélgica eram a princípio menos dramáticas do que se suspeitara, pois, no verão de 1940, após a rápida vitória das forças armadas alemãs, pela primeira vez os belgas respiraram aliviados. O pânico e o sofrimento vividos na última guerra não pareciam agora constituir uma ameaça, apesar do pavor, ainda impregnado em seus ossos, inspirado pelos alemães, que pela segunda vez num período de 25 anos invadiam o país vizinho. A nação amante da liberdade, situada entre os rios Mosa e Escalda, em sua longa e agitada história pouco afeita ao jugo estrangeiro, ainda tinha vívidas recordações da invasão de 1914. Mas as ordens de cima agora soavam diferentes, o tom dos invasores parecia mais moderado. Ou não? A notícia de que não seria nenhum membro inescrupuloso do NSDAP, mas sim um governador militar a decidir o destino do país ocupado, acalmou os ânimos num primeiro momento. Hitler havia concordado a contragosto com a instalação de um governo militar sob o comando do general Alexander von Falkenhausen, pois apostava que, com essa medida, poderia quebrar a resistência dos oficiais nos territórios ocupados contra sua planejada ofensiva no oeste. Estava absolutamente convencido de que o governo militar na Bélgica era apenas provisório, podendo ser substituído o mais rápido possível por uma administração civil. Sobre a divisão territorial dessa região, o *Führer* não estava tão seguro. Ele queria evitar a formação de um reino pan-neerlandês e considerava não apenas Flandres, mas também a Valônia e partes do norte da França como territórios originalmente alemães que deveriam ser recuperados.[69] Isso, porém, não refletia os interesses das organizações belgas simpatizantes do nazismo, como a VNV flamenga que fora fundada em 8 de outubro de 1933 por Staf De Clercq com o objetivo de reunir as forças flamengas nacionalistas e unir sob um estado único os flamengos e os neerlandeses. Os planos de Hitler tampouco estavam de acordo com os dos rexistas valões. O partido, surgido em 1936 como um movimento cristão de renovação, almejava uma hegemonia valônica na Bélgica. Seu líder, Léon Degrelle, esperava concessões dos fascistas alemães no sentido de uma ampla autonomia dos valões em uma Europa dominada pelo *Reich* alemão. Os colaboradores perseguiam seus objetivos particulares, que não se coadunavam necessariamente com os dos invasores alemães.

Para os cidadãos judeus da Bélgica a ocupação alemã significava perigo máximo. Em 27 de julho de 1940, [o nazista] Reinhard Heydrich foi pessoalmente para Bruxelas e instituiu um escritório da polícia e de serviços secretos. Já em agosto, o escritório externo da polícia secreta na Bélgica ocupada contava com 140 membros, número que em pouco tempo cresceu para trezentos, entre eles quarenta belgas. A SIPO/SD era composta por seis departamentos. Para a tropa de Heydrich em Bruxelas também trabalhavam a polícia secreta militar e a guarda nacional militar. Heydrich dispunha de um sistema de informação perigoso, dotado de uma eficiente rede com inúmeros informantes. Entretanto, muita gente não sabia da gravidade da situação. O desejo pela volta à normalidade era grande, assim como a disposição para se adaptar às necessidades. Não se acreditava que a situação pudesse piorar tanto.

Na primavera, muitos dos belgas que haviam fugido em pânico para a França voltaram para casa. Entre eles, o comerciante judeu Maurice Padawer. Em julho de 1940, ele decidira retornar com mulher e filhos para Bruxelas. Na Bélgica, esperava-o seu lar, sua existência arduamente construída. Lá estava sua vida. Uma decisão clara, mas fatídica.

A presença dos ocupantes alemães marcava cada vez mais o cotidiano belga. Em 30 de maio de 1940, o general cosmopolita Alexander von Falkenhausen, 60 anos, militar com muitos anos de experiência e sólidos conhecimentos da política internacional, foi nomeado governador-geral da Bélgica e do Norte da França. O aristocrata, de estrutura física esguia e apreciador da elegância exclusiva dos salões, não se enquadrava exatamente no perfil de um nazista fanático. Excelente aluno da escola de cadetes de Breslau, fizera carreira rapidamente, estudara no Japão, visitara as instalações do exército daquele país, e acompanhado por sua jovem esposa viajara pelo Norte da China e pela Coreia. Apreciava a culinária chinesa bem como a francesa. Através de suas viagens e das estadas no exterior,

Von Falkenhausen havia travado contato com diferentes culturas e modos de vida, e sua posição frente à ideologia racista do *Blut und Boden* ("sangue e terra") dos nazistas era, como se supunha, no mínimo cética, não obstante ter assinado todos os decretos antissemitas na Bélgica. Quando de sua nomeação para a Bélgica, era notório na central do Partido que o aristocrata desprezava Hitler e seus camaradas. Natural da Silésia, Von Falkenhausen era de tendência nacionalista e elitista. A atmosfera sólida de seu escritório no local onde antes ficava o Ministère des Colonies na Place Royal, um prédio construído no estilo Luís XVI e localizado na parte superior da cidade velha de Bruxelas, deve ter agradado ao general, um esteta e tradicionalista. Von Falkenhausen passava os fins de semana em um palacete barroco ao sul da cidade. A construção datada do século XVIII localizada em Seneffe pertencia à família do banqueiro judeu Philippson, que já estava no exílio. O general declarou a construção "propriedade sem dono e não-ariana",[70] transformou-a em bem tombado e ordenou a sua restauração. No bonito palacete, próximo ao palácio real, as decisões eram tomadas. Dali os ocupantes alemães mandavam; dali emanavam todas as ordens e decretos para a administração belga, rigorosamente fiscalizados. Alexander von Falkenhausen empenhou-se ao máximo em manter a calma e a ordem no pequeno país, de modo a não alarmar a população civil. A administração militar alemã, tendo à frente o aristocrático governador militar, visava uma cooperação informal com as autoridades belgas.

O dia a dia para as pessoas na Bélgica, entretanto, foi ficando cada vez mais insuportável. O bloqueio econômico britânico e os confiscos feitos pelos ocupantes resultaram na carência de bens de primeira necessidade. Parte da população passava fome. Logo no primeiro inverno da guerra acabaram as batatas. A partir de maio de 1940, os belgas, apaixonados *bon-vivants* e *gourmets*, tiveram que se arranjar com cartões de racionamento de víveres e contar calorias, menos de 1.300 por cabeça. Pão, batatas, gordura e carne tornaram-se bens escassos, só raramente encontrados ou obtidos mediante privilégios de relações pessoais. A força de ocupação tinha organização contábil eficiente. Todo fabricante, importador e grande comerciante era rigorosamente controlado. Também os camponeses eram pressionados. Exigia-se que aumentassem a extensão de seus campos de cereais. A todo momento, novas soluções eram impostas. Parques elegantes e jardins antigos cuidados por décadas com carinho eram arruinados. Lindos pés de azaleias, magnólias, roseiras ou hortênsias eram arrancados e davam lugar a plantações de alho-poró, cebola, batata, cenoura, repolho e hortaliças. O país transformou-se em uma grande horta. Quem tinha oportunidade estocava logo num depósito, despensa ou porão um pouco de café, carne salgada, açúcar, sal ou farinha. Mas isso era uma exceção. Revistar casas estava na ordem do dia, e logo não havia mais nada para comprar ou trocar. As forças de ocupação impunham suas exigências, desconsiderando os civis. Eram as forças armadas e os funcionários da máquina administrativa militar que tinham de ser alimentados.

"A partir de então, o cotidiano tornou-se cansativo e melancólico", ressalta Jacques Padawer. "O maior problema eram os mantimentos. Quando um dia meu tio Louis, homem muito rigoroso no cumprimento dos preceitos judaicos, trouxe uma lata de carne para casa, minha mãe olhou para a etiqueta com porco e, alegando que a mercadoria não era *kosher*, protestou. Meu tio, entretanto, mostrou-se impassível e argumentou tratar-se apenas de uma ilustração sem significado."

CAPÍTULO 13
Chicanas

Maurice Padawer logo se deu conta de que não havia mais futuro para ele e sua família na Bélgica ocupada. Ciente da absoluta falta de perspectiva, o angustiado pai de família vendeu em transação secreta a casa na avenida de La Ramée e se mudou com mulher e filhos para a casa de seu cunhado Adolphe Lerner, que ficava num local bem próximo. Este, àquela altura, já fugira para os EUA. Desconfiado, Padawer preferiu receber o pagamento em forma de moedas de ouro americanas e pequenos diamantes. As crianças foram instruídas a manter total sigilo sobre a transação. Não se falava ainda em uma nova fuga. Mas era apenas uma questão de tempo, pois nem mesmo em Bruxelas era ainda possível ignorar a perseguição antissemita. Em setembro de 1940, o jornal diário dos rexistas, *Le Pays Réel*, exortou os representantes administrativos da comunidade bruxelense a conferir o nome e o número de registro de uma série de estabelecimentos pertencentes a proprietários judeus. As repartições públicas não cumpriram a convocação. A resposta foi a destruição de diversas lojas judaicas no bairro Anderlecht por militantes rexistas.[71]

A polícia ainda os reprimia. Mas até quando? Novas chicanas e medidas discriminatórias dificultavam cada vez mais a vida dos judeus na Bélgica. A Bolsa de Valores em Bruxelas reabriu, mas seus membros tiveram que assinar um termo declarando que não eram judeus. Não se podia mais empregar funcionários de origem judaica e qualquer transação financeira com judeus passou a ser estritamente proibida.[72] Somente cartas com endereços alemães, franceses ou holandeses podiam ser postadas. Correspondências em iídiche, hebraico, polonês ou russo não eram mais despachadas. O objetivo era expulsar sistematicamente os judeus da vida econômica belga. Mas não apenas da economia: nas escolas públicas e particulares, assim como nas universidades, os estudantes judeus eram contados. As universidades eram obrigadas a reduzir o número de estudantes judeus e a anunciar a proibição de novas matrículas. A Universidade Livre de Bruxelas, um bastião do pensamento liberal, foi subordinada a um comissário alemão, o professor Walz. Professores universitários alemães especialmente enviados do *Reich* ocuparam as cadeiras vazias dos professores belgas demitidos.[73] A indignação era grande. Os protestos se alastraram.

Juízes, notários, advogados e oficiais de justiça judeus tampouco podiam continuar em seus cargos. Em vão, o procurador-geral da república, Adolphe Gesché, registrou uma queixa junto ao governador-geral Von Falkenhausen para advertir sobre a natureza vitalícia e irrevogável dos cargos dos juízes.[74] Apesar da pressão e das ameaças, cartórios belgas rejeitaram categoricamente contratos que prejudicassem proprietários judeus e confiscassem a propriedade privada. Invocavam a Convenção de Haia, a Constituição belga e o Código Civil. Um comportamento incomum e corajoso, que fez com que os generais alemães em Bruxelas se queixassem dos obstáculos criados pelas "engrenagens da justiça belga" extremamente impeditivas.

Os ocupantes não estavam para brincadeiras e não perderam tempo. Os oficiais considerados moderados, como Von Falkenhausen e Reeder, já não tinham mais autonomia e tampouco se opuseram às pérfidas medidas. A polícia militar do exército teve seu poder reduzido. Já em outubro de 1940, Berlim decidiu que o Serviço de Segurança não se subordinaria mais à Polícia Militar. A partir de então, o próprio Himmler, comandante da SS e do SD, passou a deliberar diretamente sobre assuntos que dissessem respeito "ao combate e à fiscalização de pretensões contrárias ao *Reich* partindo de judeus, emigrantes, maçons, comunistas e igrejas [...] assim como ao seu patrimônio".[75] Isso ficou evidente. O poder da administração militar estava comprometido. O governo belga encontrava-se no exílio. Um decreto parlamentar conferiu poderes a secretários-gerais belgas para governar e representar os interesses da população e do Estado belga frente às forças de ocupação. Mas esses políticos de alto escalão faziam um jogo duplo, representando simultaneamente os interesses do próprio Estado e os dos ocupantes. Segundo o historiador Lieven Saerens, acostumados ao domínio estrangeiro em sua história em grande parte sangrenta, os belgas optaram assim por uma "política do mal menor". "Von Falkenhausen não conseguia se acostumar com esse povo ao qual pareciam faltar qualidades prussianas muito apreciadas. Um povo que aprendera a se recolher, a submergir."[76]

Os ocupantes alemães trabalharam com afinco no registro dos judeus residentes na Bélgica. Todos os judeus com mais de 15 anos eram convocados a se registrar o mais tardar até o dia 30 de novembro de 1940 no "registro de judeus" de seu distrito. Foram abertas fichas individuais, que eram anexadas aos documentos a cada mudança de endereço. Todos os judeus belgas recebiam um carimbo vermelho – *"Juif"*, *"Jood"* ou *"Jude"* – em seu cartão de identificação.[77] Um estigma. Inicialmente, os secretários-gerais foram contrários a essa medida e invocaram a lei belga. Fazer um "registro de judeus" era contra a constituição, que proibia uma discriminação baseada na raça ou religião e reconhecia apenas "cidadãos do Estado belga", independentemente da religião. Mas finalmente tiveram que ceder. Para evitar conflitos com o poder, os judeus atenderam as exigências dos órgãos competentes e se apresentaram para ser registrados. Os órgãos públicos belgas – os distritos juntamente com as repartições de registro de moradores, o registro civil e a polícia – passaram a trabalhar "executando ordens".

"Tive muita sorte", contou Jacques Padawer mais tarde. "O funcionário da repartição de registro em Uccle arranjou dois passaportes para mim. Um passaporte tinha o famigerado carimbo *Juif-Jood*. O outro, não. 'Para qualquer eventualidade', disse o valente belga."

Sim, para qualquer eventualidade. Também houve reações corajosas de resistência do cidadão comum.

"Imediatamente depois de papai ter recebido uma enorme quantidade de moedas de ouro com a venda da casa na avenida de La Ramée, tive que esconder o pesado tesouro na fábrica, considerada por ele um local seguro", lembra-se Jacques Padawer. "Saí de casa com a carga, que pesava mais do que chumbo, guardada em uma bolsa de lona, fingindo que era algo muito leve, e fui de bonde até Molenbeek. Na minha frente ia um enorme grupo de soldados alemães contando piadas. Não senti a menor vontade de rir, meu coração batia de medo, parecia que ia sair pela boca."

De fato, a capital belga, assim como todo o país, estava repleta de soldados alemães, que "marchavam com suas pesadas botas sobre as miseráveis ruas de paralelepípedos", e com a ajuda de guias belgas alcançavam seus destinos: "sede do governo militar, quartel de chefia do *front*, peças de reposição de caminhões, depósito de batatas. Era fácil entender para onde queriam ir." [78]

A família judia de Uccle corria perigo. Os contatos de Maurice Padawer com agentes da resistência e seu empenho em ajudar outros fugitivos poderiam, a qualquer momento, incriminá-lo, assim como a toda a sua família. Ele sabia disso muito bem. A bela e aconchegante casa na elegante Lindenallee já não era mais um porto seguro. Os Padawer começaram seriamente a preparar a fuga. Jacques Padawer recorda:

"Apenas algumas semanas mais tarde, papai trouxe o dinheiro que havia sido tão difícil de esconder. Mandou que eu o enterrasse secretamente no jardim, no meio da noite. Optei por um lugar que não pudesse ser visto pelo vizinho, próximo a um arbusto. Cuidadosamente, levantei uma placa de pedra com um cabo de vassoura e empurrei o cabo para dentro da terra até formar um vão estreito. Escondi o ouro naquele minúsculo vão e recoloquei a pedra no lugar. O pesadelo mal começara. Alguns dias mais tarde, pouco antes de nossa nova fuga, papai me pediu para desenterrar o ouro novamente. Esgueirei-me silenciosamente até o jardim e me lancei ao trabalho. Procurei horas a fio até o amanhecer no referido lugar. Em vão. Parecia impossível achar as moedas de ouro. Aquilo era uma catástrofe, pois era a nossa munição para sobreviver. Eu achava que tinha posicionado o cabo de vassoura verticalmente dentro da terra. Mas, na escuridão, não devo tê-lo feito. Finalmente, após três noites extenuantes e uma busca caótica, na última tentativa houve o final feliz. Consegui encontrar a fenda remexendo o chão com o cabo de vassoura. Eu já estava com os nervos à flor da pele. Foi um alívio imenso."

Pequenos diamantes foram escondidos nas alças ocas da bolsa de madame Padawer. Jacques ocultou o restante das pedras preciosas em estojos de batom vazios de sua mãe e o chefe da família, Maurice Padawer, enrolou grande quantidade de dólares dentro de preservativos. Para qualquer eventualidade. Ele poderia camuflar esses "rolinhos" no ânus para atravessar a fronteira entre a França ocupada e a França de Vichy. Sua esposa ainda costurou notas de dólares na parte de dentro de seu espartilho. "Eu sabia apenas dos batons", lembra-se Jacques Padawer. "O resto da história nós soubemos já a caminho dos EUA."

Os dias estavam contados para a família judia em Bruxelas. Pesaroso, o rapaz de 16 anos, Jacques Padawer, também acabou decidindo abrir mão da aula de desenho. O ateliê de sua professora, mademoiselle Ghislaine Verneuil, ficava no bairro bruxelense de Saint-Gilles. O caminho até lá se tornara por demais arriscado para o rapaz, já ciente da fuga iminente. Ele achou melhor ficar próximo da família. Em silêncio, porém, despediu-se de sua adorada professora de artes. Sem discursos, ele deixou, após sua última aula, um desenho com a dedicatória *En souvenir à mon professeur de dessin*, lembrança para a minha professora de desenho, com a assinatura *Padawer Jacky, 1941*. A sensível professora entendeu a mensagem cifrada. Mais de cinquenta anos depois, chegou a Jacques Padawer um pacotinho de Bruxelas. O conteúdo: um desenho do jovem *Jacky*, do ano de 1941, emoldurado cuidadosamente pela atenciosa mademoiselle Ghislaine. Uma saudação emocionada de um passado sombrio. Pouco antes de morrer, a professora de desenho encomendara o envio do pacote. "Um *ser humano* no melhor sentido da expressão. Que ela descanse em paz", disse, visivelmente emocionado, Jacques Padawer aos 84 anos.

Ele se pergunta até hoje onde foram parar seus próprios desenhos, assim como tantos outros objetos roubados pelos alemães da moradia passageira da avenida Brugman.

O chamado "registro de judeus" revelou-se fatal para a maioria deles, pois era muito fácil acessá-los. Foram os ocupantes alemães os que fizeram uso mais sistemático desse recurso. Estava aberta a temporada de caça.[79] A partir de então, lojas judaicas, o papel de carta timbrado das firmas, o carimbo comercial, as placas de propaganda, as portas de entrada e as vitrines estampavam obrigatoriamente a inscrição *Jüdisches Unternehmen – Joodsche Onderneming – Enterprise Juive* (empresa judaica). Todos os imóveis e firmas de proprietários judeus tinham que ser registrados como tais. As filiais da firma Au Roi du Caoutchouc e a empresa têxtil The Excellent Raincoat, tanto a fábrica como os pontos de venda, foram igualmente liquidados e "arianizados".[80] O próspero negócio foi prontamente assumido por Adolf Fobbe, então com mais de 50 anos e, desde 1931, um convicto membro do partido nazista, e dirigido por um certo dr. Wilhelm Offergeld, avalista e consultor de divisas dos ocupantes alemães.[81]

Adolpho, como gostava de ser chamado, era alemão do *Reich* do Sul do Brasil. Emigrara, em 1912, de Hildesheim, Niedersachsen, para o Brasil e tinha uma loja de tecidos em São Paulo. Membro fervoroso do partido nazista, assumira em 1933 a direção da Volkswohlfahrt (instituição beneficente do partido nazista) e se familiarizara com o trabalho do Winterhilfswerk (fundação de assistência que organizava campanhas de doações para as vítimas do inverno na Alemanha nazista). Como milhares de outros alemães residentes no Sul do Brasil, Fobbe internalizara a ideologia nazista, cultivando o germanismo ardorosamente. Cofundador da Liga de Associações Alemãs e da Associação para Pastores Alemães, era também muito próximo ao chefe nacional do partido nazista, Hans Henning von Cossel. Diretor comercial e sócio da firma *Ao Cisne*, especializada em roupa feminina, infantil e de seda e "que logo conquistou a fama de empresa alemã de melhor de qualidade", Fobbe conhecia razoavelmente bem a área de tecidos. Em junho de 1939 retornou à Alemanha. Sua pátria tropical eletiva despediu-se dele com cerimônia e a edição de junho do jornal *Deutscher Morgen* publicou: "Trata-se de um daqueles alemães dos quais a Alemanha precisa cá fora, um exemplo de honestidade e de distinção." Seus correligionários no país tropical acabaram apoiando a sua despedida. Enfatizava-se que a Alemanha, na situação que enfrentava, necessitava urgentemente de homens experientes e treinados na guerra.[82]

Fobbe, integrante do Exército no 4º Batalhão de Infantaria Nacional 657, com sede em Bruxelas, percebeu rapidamente que a produção de roupa de chuva na fábrica na rue des Etangs Noirs, no bairro Molenbeek-Saint-Jean, poderia ser um bom negócio para o exército.[83]

"Um dia, no começo de abril de 1941, meu pai chegou da fábrica um pouco mais cedo que o habitual, completamente lívido. Um funcionário fiel o advertira que estava sendo acusado de sabotagem administrativa e o alertara sobre uma prisão iminente. Meu pai havia sido enganado e traído por um homem que se passara por um fugitivo judeu, mas que na verdade era um delator alemão", lembra-se o filho mais velho Jacques. Maurice Padawer e sua família corriam grande perigo. A casa do cunhado de Maurice, Louis Kapelovitz, tornara-se um ponto de apoio da resistência. O contato com o grupo de resistência Rote Kapelle teria vazado para os alemães. Louis Kapelovitz, irmão de Thérèse Padawer, fora casado com Sarah Grossvogel, irmã do agente da resistência e membro do grupo Rote Kappelle Leo Grossvogel. As diferentes organizações que pertenciam ao Rote Kappelle resistiram ao regime nazista durante a Segunda Guerra Mundial, valendo-se de uma rede cerrada de espionagem em toda a Europa.[84] Leopold Treper, judeu polonês e líder do grupo de Bruxelas, fora para a Bélgica em 1938 e conseguira uma identidade falsa. Seu velho amigo Leo Grossvogel engajara-se na firma de seu parente Maurice Padawer e trabalhava como diretor executivo da Au Roi du Caoutchouc, com sede em Bruxelas, na Kapellestraat número 83, no bairro de Ostende. Grossvogel aproveitou as salas na parte de trás da loja como esconderijo para as atividades de escuta e espionagem. A loja de capas de chuva era ideal para esse propósito. Mas pouco antes do início da guerra, no dia 9 de maio de 1940, Grossvogel teve que fugir. Ele ainda conseguiu remover a tempo o aparelho transmissor de Morse e outros materiais comprometedores.

A filial do Au Roi du Caoutchouc em Ostende foi destruída, vítima do bombardeio dos primeiros dias de guerra. Supõe-se que Leo Grossvogel, nascido Lejb Grossvogel em 27 de novembro de 1904, em Lodz, Polônia, e desde 1938 casado em segundas núpcias com a combatente da resistência Jeanne Pesant, tenha sido preso no final de 1942 na França e levado a interrogatório para a prisão de Fresnes, ao sul de Paris. Alguns afirmam que tenha sido executado no final de 1944 próximo a Vincennes, na região de Île-de-France. Outros acreditam que ele tenha sido levado para a Alemanha. Sua esposa Jeanne Pesant também não conseguiu escapar dos algozes. Ela foi presa pela Gestapo na casa de sua mãe em Uccle após o nascimento de sua única filha, levada à prisão de Saint Gilles e, em seguida, deportada para Breendonk, 20 quilômetros ao sul de Antuérpia. Essa fortaleza, que servia de campo de trabalho e de transição, era temida. Em meados de 1943, Jeanne Pesant foi transferida para a prisão de Moabiter, em Berlim e, em 6 de julho de 1944, assassinada em Plötzensee. Deixou em sua terra natal uma pequena menina, que hoje não se recorda nem de sua mãe nem de seu pai.[85]

"Numa bonita tarde de domingo de abril, deixamos nossa casa. Para sempre", lembra-se Jacques Padawer. Em abril de 1941, ainda não era preciso usar a estrela amarela. Os trens da morte ainda não circulavam. Mas cada vez mais restrições e retaliações recaíam sobre os judeus. O inimigo se tornava mais inventivo a cada dia. O terror estava por toda parte. Dos dois lados da fronteira. Como derradeiro recurso, Maurice e Thérèse Padawer tentaram com seus filhos Jacques, Lucien e Mireille uma última e desesperada saída, pois a corja marrom mostrava sua cara despudoradamente. Em 6 de abril de 1941, entrou em cartaz nos cinemas de Antuérpia, como também nas demais cidades da Bélgica, o filme antissemita *O eterno judeu,* de Fritz Hippler. Muitos espectadores assistiram àquela história de horror. Em pouco tempo a pérfida fita tornou-se simplesmente o mais importante filme alemão. Em 14 de abril de 1941, uma sessão extraordinária financiada pelo partido de extrema-direita Volksverwering, de René Lambrichts, de Borgerhout, motivou um quebra-quebra. O incitador das massas atraiu mais de 1.500 convidados exaltados ao cine Rex, próximo à estação de trens, onde fez um discurso inflamado.[86] Mais de duzentos fanáticos da SS flamenga, da Zwarte Brigade, do VNV e do Volksverwering correram para a rua depois da apresentação e quebraram vitrines de lojas judias adjacentes. A malta exaltada marchou em direção às sinagogas localizadas nas ruas Van den

Nestlei e Oostenstraat, demoliu o interior e os móveis do templo, jogou os rolos de Torá na rua e incendiou as duas sinagogas e a casa vizinha do rabino Rottenberg.

Em seguida, o grupo rumou para a central da redação do jornal do partido VNV, *Volk en Staat*, na Somerstraat 22, e entoou a canção de luta *De Vlaamse Leeuw*, "O Leão Flamengo", hino oficial da região de Flandres.

O VNV, único partido tolerado pelos ocupantes, fez propaganda para as Waffen-SS e formou uma legião flamenga para a campanha de Hitler na Rússia em julho de 1941. Um capítulo negro na história da Bélgica. Mas não foi só isso. A Volksverwering organizou um "controle de judeus", suas tropas especiais usavam uma identificação das autoridades alemãs e procuravam judeus que supostamente se opunham aos decretos dos ocupantes alemães.[87]

"Minha mãe era uma mulher forte e decidiu sem hesitar que nós tínhamos que partir! Imediatamente", conta Jacques Padawer, ainda hoje com admiração. Rapidamente, madame Padawer arrumou uma pequena bagagem de mão para cada criança. A pequena Mireille, de 9 anos de idade, pôde levar sua boneca, e o adolescente Jacques guardou em sua mochila sua adorada coleção de insetos. As crianças partiram sozinhas para Lille, mediante a promessa dos pais de que em breve seriam apanhadas no Hôtel de La Gare. Os pais tentaram atravessar a "fronteira verde" para a França. Uma empreitada extremamente perigosa. Devido à proximidade com a Inglaterra, a cidade fronteiriça no norte da França estava infestada de soldados alemães. Mas Maurice e Thérèse Padawer, que estavam sendo procurados pela Gestapo, não tinham outra opção.

Na avenida Brugman ficaram para trás móveis, roupas, louça, um violino, o livro de química e a casa de bonecas. Sobre a mesa da sala de jantar ficou o pão já cortado, ao lado de uma xícara de chá pela metade. Tudo para parecer que os donos tinham apenas dado uma saída para fazer algumas compras e logo estariam de volta. Louiske, a empregada, sabia disso. Ela guardou alguns parcos objetos de recordação, entre eles o violino de Jacques em um carrinho de bebê, o qual empurrou até sua casa no centro da cidade. Ainda hoje o professor emérito Jacques Padawer guarda o precioso objeto, testemunho silencioso da dignidade humana, em sua casa em Hastings, perto de Nova York. Ninguém sabe o que exatamente aconteceu com os objetos da casa e com a mobília, os objetos de valor, a roupa de cama e banho e as vestimentas que ficaram para trás na casa dos Padawer na avenue Brugman, em Uccle, naquele ensolarado domingo de abril. A cobiça fora despertada, as portas do enriquecimento pessoal pela barbárie estavam abertas. Mercearias judaicas eram saqueadas, roubavam-se móveis e aparelhos domésticos, demoliam-se lojas. Paralelamente à polícia de segurança alemã, colaboradores belgas também participavam dessa campanha. O chefe do VNV, Staf de Clercq, ofereceu seus serviços e, em 10 de novembro de 1940, declarou-se oficialmente a favor de Adolf Hitler, do fascismo e do antissemitismo.[88] A Zwarte Brigade – uma tropa do VNV, uniformizada de preto e formada em sua maior parte por jovens flamengos – controlava as ruas em parceria com a SS flamenga. O controle era perfeito. A rapinagem começara. Não apenas o negócio lucrativo dos fabricantes têxteis Padawer, Kapelovitz e Lerner convinham perfeitamente aos ocupantes. Todos os territórios ocupados transformaram-se em uma "espécie de mercado de bugigangas do *Reich*", escreve o historiador Götz Aly. Segundo Aly, Hitler teria sido uma espécie de "chefe da quadrilha de ladrões", que conhecia bem os poucos desejos secretos de seus devassos soldados e funcionários dos territórios de ocupação.[89]

"Penitência dos judeus" – era assim que Göring, o comandante da Luftwaffe, chamava esses saques pérfidos, estimando desse modo arrecadar um bilhão de *Reichsmark*.[90] Göring estava enganado. O Ministério das Finanças nazista recolheu bem mais do que Göring jamais sonhara. Mais tarde, o corpulento general anunciaria: "A fortuna que atualmente se encontra em mãos judaicas deve ser considerada um patrimônio do povo alemão. Cada desvalorização dessa fortuna significa, portanto, uma diminuição do patrimônio do povo alemão."[91]

Além do compromisso de submeter todas as empresas judaicas na Bélgica ocupada à tutela alemã e da tarefa de orientar os funcionários públicos alemães sobre todos os títulos, divisas cambiais e objetos de valor administrados pelos bancos locais, tornava-se necessário fazer uma listagem de todos os clientes que tinham cofres bancários. Ouro, divisas e títulos estrangeiros tinham que ser imediatamente declarados e eram confiscados. O acesso aos cofres bancários foi bloqueado a partir do primeiro dia da ocupação. Um comando de proteção de divisas iniciou um controle sistemático. Obviamente, foi proibida a transferência de dinheiro, papéis e divisas para o exterior, ou seja, para a zona não ocupada da França. Tratava-se pura e simplesmente de expropriação.[92]

Após a invasão das tropas alemãs, quase todos os comerciantes de diamantes antuerpianos abandonaram sua cidade. O comando de proteção de divisas da força de ocupação estava informado e imediatamente compareceu e abriu os cofres de cerca de setecentos judeus antuerpianos. O conteúdo foi confiscado. Em seu estudo, o historiador Lieven Saerens aponta para o fato de alguns perspicazes mercadores de diamantes antuerpianos, já em 1939, terem conjecturado uma transferência da reserva extremamente valiosa de diamantes para o exterior. Infelizmente, o país escolhido foi a França, que após apenas algumas semanas de guerra já estava capitulando. Em 22 de junho de 1940, as condições para o armistício foram assinadas na floresta de Compiègne, e os alemães aproveitaram a oportunidade. Em agosto de 1940, após confiscar 170 mil quilates – ao todo 34 quilos de diamantes de Angola – no porto de Bordéus como "patrimônio inimigo", os alemães ordenaram ao grupamento de minas de diamantes belga-congolês Forminière que levassem as demais provisões de diamantes para Antuérpia sob a supervisão do comando superior de guerra da cidade. Logo que chegaram a seu destino, esses diamantes, em grande parte destinados à indústria, foram confiscados pelo comando de proteção de divisas.[93] Enquanto isso, os nazistas tentavam seduzir os mercadores de diamantes judeus refugiados, colocando à sua disposição confortáveis ônibus especiais para sua viagem de retorno. Os vorazes nazistas estavam ávidos por mais presas e pelo acesso a outros depósitos de diamantes. Não se tratava de uma ação isolada, o mesmo acontecia na Holanda. Mercadores de diamantes holandeses, que haviam sido deportados para o campo de transição Westerbork, puderam voltar para Amsterdã. Vidas por diamantes. Receberam uma notação de sigilo em seus passaportes supostamente para sua proteção contra outras deportações. Esse carimbo de proteção custou uma quantidade de diamantes no valor de 30 mil florins. O termo de sigilo também podia ser "comprado" para parentes próximos, por exemplo, para os próprios filhos. A partir de 29 de setembro de 1943, porém, nem esses carimbos garantiam proteção. Após serem saqueados e roubados, também os mercadores de diamantes holandeses foram deportados para os campos de concentração e aniquilamento.

A Holanda, a Bélgica e a França mal tinham sido ocupadas quando, em 5 de novembro de 1940, o marechal do *Reich* Göring já baixava uma ordem secreta de como os bens de propriedade judaica "salvaguardados" teriam que ser distribuídos. Comandos especiais foram acionados. No departamento do exterior do Einsatzstab Reichsleiter Rosenberg (ERR), o comitê operacional do líder nacional Rosenberg, fundado em 1940 com o objetivo de confiscar os bens culturais e artísticos de judeus ou de outros opositores do "Terceiro *Reich*", os funcionários arregaçaram as mangas. Em Bruxelas, assim como em outros departamentos do exterior, havia o comitê especial de artes plásticas, o comitê de música, o de bibliotecas e finalmente também o comitê especial *M*, responsável pela operação especializada em mobília. Os nazistas empenharam-se em atender os desígnios do comitê geral. Fuga, exclusão e as posteriores deportações em massa em toda a Europa ocasionaram o abandono de milhares e milhares de apartamentos, casas, lojas e quarteirões completos, completamente desertos. A partir de 1942, a "operação *M*" foi executada da mesma forma na Holanda, na Bélgica e no norte da França.[94]

Com uma única canetada, os judeus foram despojados de todo o seu patrimônio. Buscaram-se locais de depósito para abrigar os "bens culturais judaicos expropriados". Todos os tipos de objetos foram parar nas mãos dos ocupantes: livros, documentos, cartas, objetos de arte e quadros, tapetes, antiguidades, coleções, relógios, móveis de jardim, candelabros, joias, artigos domésticos, porcelana, vidros, peles e roupas, móveis e veículos, tecidos e linhos de propriedade judaica. O marechal do *Reich* Göring teve a pérfida ideia de promover um "Natal mágico" na Alemanha com os brinquedos confiscados e roubados dos territórios

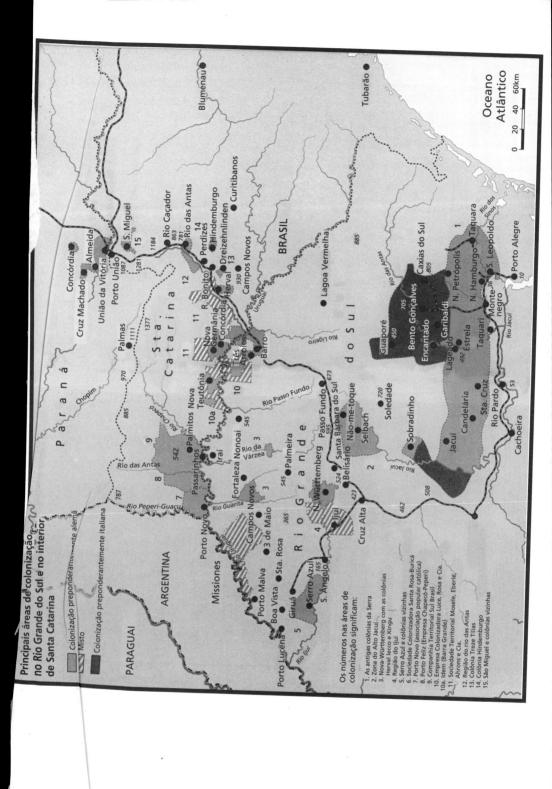

O capitão português Américo dos Santos comandou o *Serpa Pinto*, navio-modelo da Companhia Colonial de Navegação, desde a viagem inaugural no início de 1940 até 1944.

O *Serpa Pinto*, a última salvação para muitos.

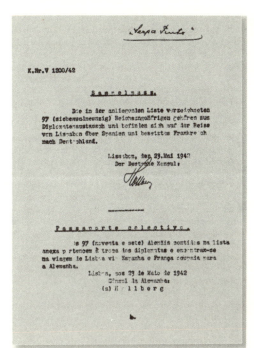

Neste documento, o então cônsul alemão informa às autoridades portuguesas que 97 alemães do *Reich* viajarão de Lisboa para a Alemanha com um passaporte coletivo, passando pela Espanha e pela França ocupada. Todos são diplomatas e contam com proteção especial.

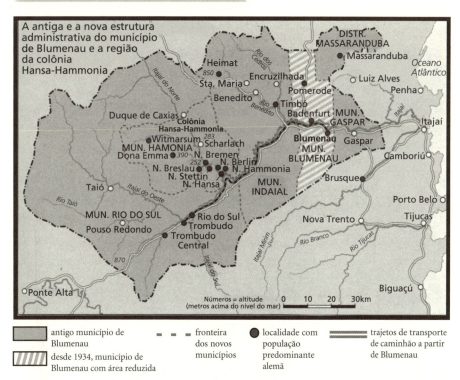

As aldeias e cidades às margens dos rios Testo e Itajaí-Açu chamavam-se Neu-Berlin, Neu-Pfalz, Neu-Breslau, Neu-Bremen, Reich Badenfurt, Hansa Humboldt, Pomerode e Blumenau. O plano era estabelecer, ao todo, 595 colônias.

Ewald Krüger e sua mulher Christina Hassmann, descendente de colonos de Brusque, com seus sete filhos: Elisa, Hermann III, Paul, Hilda, Lothar, Regina e a pequena Irmgard, apelidada carinhosamente de Nuna.

Nascida na longínqua Berlim, Christine Spieweck ficou só na pequena colônia alemã Dona Emma com seus filhos Johann, Margarete, Kurt e Otto. Poucas semanas depois de emigrar para o Brasil, seu marido sofreu um infarto fulminante.

Noivado de Nuna Krüger e Gustav Buchholtz em Curitiba.

Entre os 83 grupos regionais nazistas no exterior, o Brasil foi precursor: o partido estava representado em 17 unidades da federação. Apenas o grupo regional no Brasil se tornou uma organização duradoura e foi reconhecido pela central de Munique.

A escola alemã de Blumenau.

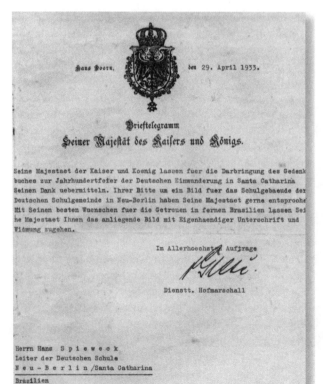

O professor Johann Spieweck, de Nova Berlim, tinha especial orgulho da carta que recebeu do então imperador alemão, datada de 29 de abril de 1933.

Também no Brasil, os nazistas realizavam seus desfiles, brandindo suas bandeiras e entoando suas canções.

Hans Henning von Cossel, líder do grupo regional do partido nacional-socialista no Brasil.

Johann Albert Spieweck na mesa de trabalho do consulado, em Cruzeiro. Na parede, a foto oficial do *Führer*.

Nascida em 1891 na cidade de Wesel, Maria Kahle conheceu o sul do Brasil durante a Primeira Guerra Mundial. Na época, não pôde retornar à Europa depois de uma viagem a Blumenau e passou a trabalhar como redatora no jornal alemão *Urwaldsbote*. Logo passou a conhecer bastante bem a vida dos colonos alemães. De volta à Alemanha, engajou-se no movimento populista-nacional da República de Weimar e passou a transitar em círculos antissemitas e antidemocráticos. Fanática pela Alemanha nacionalista e bastante requisitada, Maria Kahle fez várias viagens por Santa Catarina, Paraná e Rio Grande do Sul como embaixadora do germanismo, e elogiou em seu relatório de viagem intitulado *Deutsche Heimat in Brasilien* (Pátria alemã no Brasil) o entusiasmo dos descendentes de alemães pelo regime nazista. Como membro fanático do NSDAP, envolveu-se incansavelmente nas atividades de propaganda. Em 1957, recebeu a cruz da ordem do mérito da República Federal da Alemanha; em 1960, o prêmio Agnes Miegel. Em 1991, os seus 100 anos de vida foram comemorados em grande estilo em Olsberg, sua cidade natal.

O aguardado navio *Serpa Pinto* chega ao Rio de Janeiro em maio de 1942. Foto do álbum da família Buchholtz.

O navio de cargas e de passageiros *Serpa Pinto*: 8.200 toneladas, 450,3 pés de comprimento e 57,8 pés de largura. Navio-modelo da Companhia Colonial de Navegação, segundo os folhetos dispunha de 113 cabines luxuosas na primeira classe, 82 na segunda e 130 na terceira classe. Aproximadamente 500 passageiros podiam ser acomodados com algum conforto no vapor. Mas muita gente também encontrou refúgio no porão. Reformado em 1940, o navio cruzou os oceanos durante a Segunda Guerra Mundial a serviço de Portugal, que se mantinha neutro na guerra. A embarcação estava entre os melhores navios de passageiros da época. No comando, o capitão Américo dos Santos, marinheiro experiente, conseguiu levar cidadãos honorários portugueses, jornalistas, embaixadores, poetas, intelectuais e cardeais para portos seguros. Para milhares de refugiados, ele e seu navio se tornaram a última chance de salvação.

O líder do grupo regional nazista no Brasil, Hans Henning von Cossel, assinou pessoalmente em alto-mar a certidão de batismo da pequena Gisela Buchholtz.

Os Spieweck: ainda de bom humor.

As famílias Spieweck e Buchholtz a bordo do *Serpa Pinto*.

Os regressados sendo recepcionados na estação de Biarritz, onde o trem especial fez uma escala.

Gustl Spieweck, grávida, com seus cinco filhos no dia 3 de junho de 1942 na frente do hotel em Frankfurt am Main. O primeiro dia na pátria tão ansiada.

Martin, Sophie e a pequena Irène van Leeuwen em Antuérpia em 1929, quando ainda acreditavam na paz.

Uma caricatura no jornal flamengo de extrema direita do partido VNV *Volk en Straat*, em que os judeus são literalmente expulsos de Antuérpia a chicotadas.

A milícia flamenga chamada Zwarte Brigade marcha na Groenplaats em Antuérpia. Ao fundo, a catedral gótica.

A família belga judaica Padawer: o pai, Maurice, sua mulher, Thérèse, nascida Kapelovitz, os filhos Jacques e Lucien e a pequena Mireille com sua boneca, que ela levaria para a fuga.

A logomarca da família Padawer, comerciantes judeus de artigos têxteis que tinham uma bem-sucedida fábrica de capas de chuva em Bruxelas e mais de quarenta lojas de artigos de confecção em todo o país.

Em 1938, depois da Noite dos Cristais, David Eberstark conseguiu sair no programa especial de retirada de crianças de Berlim para Bruxelas, onde foi recebido pela família Padawer.

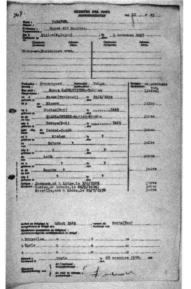

Filmes de propaganda e incitação de Hitler também eram exibidos na Bélgica ocupada.

A inscrição de Maurice Padawer no "registro de judeus" belga.

A foto mostra um policial francês e um soldado da Wehrmacht durante a guerra no centro de Lille. A agência fotográfica Sipho, pequeno empreendimento judaico que passou para mãos francesas em 1938, trabalhou durante a guerra para o departamento alemão de propaganda que censurava diariamente as fotos para a imprensa da Bélgica e do norte da França.

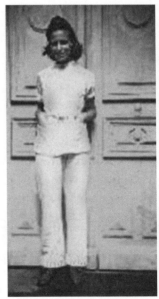

Irène van Leeuwen na França, 1941.

Documentos de trânsito e de imigração de Jacques Padawer, 1942.

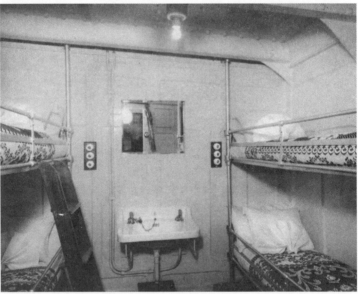

Nem todos os passageiros podiam comer no luxuoso salão do vapor. No porão do *Serpa Pinto*, as condições eram bem menos sofisticadas. Mas estava-se a salvo.

Havia mais de cinquenta crianças a bordo do *Serpa Pinto*, principalmente alemãs e polonesas, muitas menores de seis anos de idade. Elas vinham da França não ocupada e muitas haviam ficado meses em campos de concentração depois da fuga e perseguição. Seus pais haviam morrido, sido deportados ou permanecido nas regiões ocupadas. Os jornais nova-iorquinos informavam que as crianças puderam ser salvas graças à colaboração de várias organizações de refugiados. A USCOM iniciara a operação e assumira a liderança. Cuidava da concessão de vistos pelo Departamento de Estado, a principal condição para poder imigrar. Os custos de transporte foram assumidos pelas organizações JOINT e HIAS.

O *Serpa Pinto* na chegada a Nova York em 25 de junho de 1942.

Martin, Sophie e Irène van Leeuwen finalmente chegaram. Uma nova vida os esperava em Toronto.

A família Spieweck na Alemanha nazista: os filhos Otto, Günter e Hans trajando o uniforme da Juventude Hitlerista; e a filha Christine, o da Liga das Moças Alemãs (BDM), também ligada ao movimento hitlerista.

Gustl Spieweck e seus filhos, todos nascidos no Brasil, tinham passaportes brasileiros. Isso facilitou imensamente o regresso.

Gustav Buchholtz como gerente da frota de transporte Speer em Narvik.

Irène von Leeuwen e Frank Levita se casaram em 1948 em Nova York.

Greetje, Ernst e os dois filhos Ellen e Frank foram reunidos no dia 20 de junho de 1943 com outros judeus holandeses na praça Daniël Willinkplein, em Amsterdã. O colaborador holandês Bart de Kok fotografou o transporte dos judeus a mando do Órgão Central para Emigração de Judeus (SD). Por motivos de sigilo, todos os negativos tiveram de ser entregues ao quartel-general do SD. Depois da guerra, as fotografias foram encontradas em dependências abandonadas do SD. Frank Levita, filho de Greetje Kantorowicz, descobriu a foto de seus pais em uma exposição sobre o Holocausto, em Washington. Ele reconheceu de imediato sua mãe e seu padrasto, e virou o rosto, enojado. Frank Levita acabou não suportando conviver com as lembranças cruéis.

Documento do Ministério alemão das Relações Exteriores de 19 de janeiro de 1945 sobre a situação dos judeus que tinham estado internados em Bergen-Belsen no campo de Liebenau.

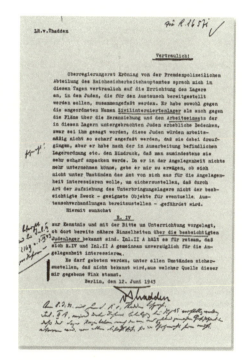

Eberhard von Thadden foi diretor do Departamento de "Assuntos Internos II" e relator do Departamento de Assuntos Judaicos no Ministério das Relações Exteriores, onde, sob a tutela do ministro Joachim von Ribbentrop, assinou como responsável pela "execução de medidas judaicas". Von Thadden ocupou-se das instalações dos chamados acampamentos para judeus, que deveriam estar "a postos" para a transferência. Para verificação das possibilidades, ele visitou Bergen-Belsen. Conclui-se, a partir dos autos, sua insatisfação com as condições lá encontradas.

ocupados, e anunciou a operação de Natal internamente. Sua exigência era "explorar ao máximo" a Europa conquistada "para o povo alemão poder viver". "Penso em saques abundantes, de modo que enviarei uma série de agentes com poderes extraordinários – inicialmente para a Holanda e Bélgica, mas depois também para a França – que terão então tempo para adquirir praticamente tudo o que há nas melhores lojas e depósitos, e isso vou pendurar nas vitrines na época do Natal para que o povo alemão possa comprar."[95]

Tudo era muito bem organizado. Os objetos eram testados, confiscados, classificados, identificados e, depois de cuidadosamente embalado em caixas, o butim era enviado para o *Reich*. Segundo o historiador Wolfgang Dressen, "A recém-desenvolvida 'caixa padrão 101' consistia no conjunto completo de acessórios para uma cozinha para quatro pessoas [...] incluindo roupa de mesa, louça, talheres etc." Os nazistas estavam prestes a perder o controle do negócio, tão grande ele se tornara. Firmas de transporte belgas foram incumbidas de prestar auxílio, mas expedidores de Bruxelas, Liège e Charleroi, cidades em que morava a maioria de judeus fora de Antuérpia, recusaram-se a cooperar. Em resposta, os expedidores foram "coagidos a trabalhar" e seus caminhões, confiscados.[96] Em Antuérpia, uma empresa de transporte disponibilizou não apenas seus caminhões, mas também o pessoal. Na cidade portuária belga, o saque da propriedade judaica foi um empreendimento fácil. Bastava isolar o bairro judeu e, em pouco tempo, retirar tudo que havia no interior das casas abandonadas pelos judeus deportados. A população assistiu a tudo — em parte, alheia; em parte, indefesa.

Na Bélgica, mais de 7.200 apartamentos e casas de judeus foram saqueados. Quase todos os "bens" estocados foram enviados para o *Reich* através do porto de Antuérpia em lanchas ou navios cargueiros com contêineres.[97]

Segundo Götz Aly, "no fim, todos os membros da raça superior – e não se tratava apenas dos funcionários nazistas, mas de 95% dos alemães – receberam um quinhão do butim, fosse em forma de dinheiro no bolso ou de alimentos importados no prato, comprados no país ocupado com o dinheiro e o ouro roubados. Os alemães vitimados pelos bombardeios vestiam as roupas dos judeus assassinados e respiravam aliviados nas camas dos mesmos, agradecidos por terem escapado mais uma vez, e também pela pronta ajuda recebida do Estado e do partido."[98]

CAPÍTULO 14
A segunda tentativa

Naquela "bela tarde de domingo", em abril de 1941, começava para Mireille, de 9 anos, Lucien, de 12, e Jacques Padawer, de 15, um infindável jogo de esconde-esconde, um jogo de pôquer com o inimigo imprevisível e muitas vezes invisível, um jogo marcado pela necessidade de negação da própria identidade. Os anos da infância inocente haviam terminado para sempre. Aquele período marcaria um trauma para a vida toda.

A viagem de trem iniciada às pressas os conduziu inicialmente para Lille, uma cidade especialmente perigosa em 1941. A zona ocupada, que cobria toda a superfície da região norte da França do litoral de Dunquerque, no norte, até Jean-de-Luz, junto à fronteira espanhola – ou seja, incluindo Lille e as redondezas – era rigorosamente vigiada. Essa região era considerada o ponto de partida para a luta contra a Inglaterra e fora hermeticamente isolada pelos nazistas. O trânsito de pessoas, assim como o de mercadorias e correspondência, estava reduzido ao mínimo. Era previsivelmente uma má escolha como caminho para cruzar a fronteira. Não se sabe o que motivou a família a acessar Paris justamente por esse desvio, nem por que Paris foi escolhida como destino inicial. É possível que a família pretendesse, junto a seus parentes, situar-se estrategicamente na conjuntura política. Afinal, Thérèse Padawer tinha sido criada em Paris e lá teria a quem recorrer.

Ao chegar à fronteira da Bélgica com a França, além de parcas bagagens de mão, as crianças portavam seus documentos de identidade. A estrela amarela costurada à roupa ainda não fora introduzida, mas os três já haviam sido cadastrados, no final de 1940, no "registro de judeus" belga.

Por ter mais de 15 anos, o documento de Jacques estampava nitidamente um carimbo vermelho com a palavra *Judeu*. Seria necessário estrear o segundo passaporte, o "falso"? Para o controle dos viajantes, inicialmente era chamado o chefe da família. A presença de três oficiais alemães e uma grande quantidade de guardas franceses intimidaram enormemente as crianças. Jacques Padawer adiantou-se, posicionando-se no início da fila como o mais velho entre as três crianças, torcendo para que não o percebessem. Em vão: "'Judeu!', berrou um soldado alemão da fronteira, após ter fixado longamente o olhar sobre mim, e ordenou que eu saísse da fila. Fiquei olhando para uma outra direção, fingi que não era comigo. Mas o cara berrou novamente. 'Judeu, judeu!'", recorda Jacques Padawer essa passagem traumática de sua infância.

O menino, tremendo dos pés à cabeça, foi levado a uma pequena sala e interrogado. Obrigaram-no também a desabotoar a calça. Os soldados queriam se certificar de que o rapaz era circuncidado.

"Para a casa do pai?", os alemães o interrogaram, "para a casa da mãe? De onde você vem?"

"*Non*", replicou Jacques.

"Parentes?"

"*Je ne comprend pas*", esquivou-se o menino, intimidado. "Eu não estou entendendo." Não havia nenhum dos intérpretes normalmente encarregados pelos ocupantes. Enquanto o interrogavam, os militares alemães revistavam os bolsos do casaco do adolescente e entornavam o conteúdo de sua mochila escolar sobre a mesa. Caíram vinte pequenas caixas de fósforo e uma barra de chocolate *Côte d'Or* que os pais haviam adquirido no mercado negro para o lanche de viagem dos filhos. Um oficial abriu uma das caixas de fósforo e, assustado e enojado, deu um salto para trás. Um besouro ressecado da coleção de insetos de Jacques caiu na mesa, com as antenas e pernas quebradas, e despertou um riso constrangido e nervoso nos soldados e guardas. "Por um instante pensei que um deles fosse me fuzilar ali mesmo. Mas o nazista, desconcertado, varreu tudo o que havia na mesa com um gesto irritado e me mandou sair." Jacques pegou seu casaco, abotoou a calça, agarrou sua mochila e correu o mais rápido que pôde pela plataforma de trens para junto de seus irmãos. "Meu coração batia tão forte que supus que meus pais pudessem ouvi-lo na sua travessia secreta da fronteira – fosse lá onde estivessem."

A locomotiva já assobiava e soltava fumaça e o condutor advertiu para a partida com seu apito. A irritação com a coleção de insetos de Jacques fizera com que os funcionários alemães da alfândega e os guardas franceses simplesmente esquecessem do controle do passaporte e dos demais documentos. As crianças estavam agora a caminho de Lille. No Hôtel de La Gare, os pais os encontraram, aliviados.

Estava vencida a primeira etapa.

Os Padawer e os van Leeuwen haviam deixado sua pátria para trás. Bem a tempo.

Desde meados de 1941, Kurt Asche, um fiel vassalo de Adolf Eichmann, comandava a Seção para "Assuntos Judaicos" (*Judenreferat*) em Bruxelas. O hamburguês amava a vida descontraída na capital belga. Ali, o excêntrico inimigo de judeus pôde se refestelar, extasiado com seu poder sobre a vida e a morte. Em seu escritório, as listas de judeus registrados eram distribuídas e controladas.[99] O trabalho era executado com empenho minucioso. A partir do início de 1942, só era possível abandonar a Bélgica mediante autorização por escrito do comando militar. E o pior ainda estava por vir. Os preparativos para as deportações avançavam a todo vapor.

Em maio de 1942, após uma nova "contagem de judeus", as listas definitivas estavam prontas. A partir de junho de 1942, todos os judeus foram convocados a retirar pessoalmente, na sede de administração do respectivo distrito, uma estrela amarela que tinha de ser costurada na roupa do lado esquerdo do peito. Simultaneamente, foi-lhes proibido mudar de endereço. A armadilha estava definitivamente montada. Metade dos judeus que haviam permanecido na Bélgica morava em Bruxelas. Em 4 de julho de 1942, a conferência dos prefeitos belgas queixou-se da enorme sobrecarga adicional para os funcionários administrativos responsáveis agora pela distribuição das estrelas amarelas, além de questionar a medida degradante sob o ponto de vista humano.[100] O prefeito católico de Uccle, Jean Herinckx, opôs-se, defendendo o adiamento da medida. O prefeito Coelst, de Bruxelas, comunicou às forças de ocupação em 5 de junho de 1942: "Não nos cabe questionar a pertinência da determinação contra os israelitas, mas consideramos nosso dever chamar a atenção para o fato de que os senhores não podem esperar nossa colaboração com tamanha agressão à dignidade humana, seja a quem for." E continuou: "Uma grande quantidade de judeus é belga." Mas os protestos caíram no vazio. Muitos judeus cumpriram a determinação.[101]

Em 11 de julho de 1942, o IV Departamento da Central de Segurança do *Reich*, o chamado "Departamento de Judeus", reuniu-se em Berlim na presença das delegações belga, francesa e holandesa. Na cabeceira da mesa de negociações, estava o chefe da SS, Adolf Eichmann. A "solução final" fora decidida e restava apenas uma questão logística.

Todos os judeus que ainda residiam na Bélgica foram então intimados a se apresentar na Caserna Dossin, em Malines, na Stassartstraat. Além de sapatos de trabalho resistentes e um pouco de roupa, deveriam levar comida para um período de 14 dias. No total, 40 mil judeus franceses e 40 mil judeus holandeses, assim como 10 mil judeus belgas, teriam sido deportados para Auschwitz como "mão de obra" de meados de julho até o começo de agosto de 1942. Um disfarce traiçoeiro. Em 13 de agosto de 1942, saiu o primeiro comboio de Malines para Auschwitz. O jornal interno do VNV, *Volk und Staat*, publicou o seguinte texto:

"As medidas de limpeza referentes aos judeus estão sendo aceleradas e se tornam a cada dia mais rigorosas. Tudo indica que em breve poderemos respirar aliviados, agora que nas vizinhanças casas e apartamentos são esvaziados quase que semanalmente. Em pouco tempo poderemos passear sossegados do trabalho para casa ou de casa para o trabalho."[102]

Em agosto de 1942, mais de 3.500 pessoas foram presas em três buscas em Antuérpia. Em setembro do mesmo ano, foi a vez de Bruxelas. Portas foram arrombadas, doentes e velhos arrancados de seus leitos, mães com seus filhos enxotados de suas casas e, ao todo, 718 pessoas foram presas. No outono de 1942, mais 13 trens partiam do campo de triagem de Malines. Na chegada a Auschwitz, do total de 12.454 deportados, 8.849 foram imediatamente mortos nas câmaras de gás. De acordo com os registros precisos dos meticulosos carrascos, entre 1942 e 1944, mais de 25.250 homens, mulheres e crianças, em 28 trens, devem ter sido enviados de Malines para Auschwitz.

Àquela altura, a consciência de pelo menos alguns belgas começou a pesar. Após as buscas, o administrador da prefeitura em Borgerhout, Willy Janssens, e o então vereador Lucien van Beveren começaram a cuidar dos clandestinos e perseguidos. Naqueles tempos sombrios, eles ao menos conseguiam desviar cartelas de alimentação para os cidadãos ultrajados. Isso era vital. Sem as cartelas de alimentação ficava-se entregue às baratas.[103]

Além de simpatizantes, colaboradores e traidores também havia na Bélgica considerável oposição às atividades da força de ocupação. Muitos perseguidos encontraram abrigo em conventos, escolas religiosas e internatos. Cidadãos simples também escondiam judeus, carteiros abriam cartas dirigidas à Gestapo, funcionários da comunidade arranjavam cartelas de alimentos, vizinhos, professores e policiais alertavam para a chegada da Gestapo e mais de 5 mil crianças puderam escapar das garras dos caçadores de seres humanos. A população mostrou coragem e insubmissão. "Mais ou menos 30 mil judeus experimentaram o que significa hospitalidade e generosidade, ao serem escondidos por famílias belgas. Esses verdadeiros combatentes da resistência eram apoiados pelo Comité de Défense des Juifs, no qual trabalhavam judeus, católicos, protestantes e livres-pensadores. [...] E um respeitável número de jovens judeus foi para a clandestinidade e participou da resistência armada", registrou o historiador Jacques de Launay. E Sven-Claude Bettinger acrescentou: "Uma considerável parte da elite social belga não pode, em hipótese alguma, ser tachada de xenófoba ou mesmo de antissemita."[104]

Na média, dois de cada três judeus tiveram a chance de escapar dos ocupantes. Não foi o caso de Antuérpia. Na cidade portuária polarizada, em Borgerhout e no centro de Antuérpia, onde viviam 83% dos judeus da cidade, apenas um de cada dois judeus teve uma chance de sobrevivência. Setenta e seis por cento dos judeus de Borgerhout e 63% dos judeus do centro de Antuérpia foram deportados via Caserna Dossin, em Malines, para Auschwitz. O historiador Lieven Saerens acredita que a razão para o recrudescimento da xenofobia nos anos 1930 remontaria não apenas à ideologia dos nacionalistas flamengos, mas também à mentalidade dos nacionalistas belgas. Em sua opinião, os números insultuosamente baixos de sobreviventes de Antuérpia estariam ligados à mentalidade indiferente e hostil da administração e das autoridades públicas. A polícia antuerpiana participava ativamente das buscas e as autoridades ficavam assistindo.

CAPÍTULO 15
França – a sala de espera

O casal Padawer, de Uccle, com os três filhos, e os Van Leeuwen, de Borgerhout, haviam conseguido escapar. Mas como seria dali em diante? A França, a grande vizinha da Bélgica, não era um lugar seguro. *La douce France* não se revelara um asilo confiável para os numerosos fugitivos que haviam perdido a sua pátria. O país estava dividido. Os soldados de Hitler marchavam pelo norte e nordeste da França, na costa atlântica e no Canal da Mancha. O inimigo espreitava em cada esquina.

A maior parte da *grande nation*, a *zone occupée*, zona ocupada, incluindo a capital, Paris, estava submetida ao comandante militar alemão Otto von Stülpnagel.

A *zone libre*, zona livre, prolongava-se ao sul pela linha Genebra – Dôle – Chalon-sur-Saone – Moulins – Bourges – Langon e Mont de Marson. Livre? Seja o que isso significasse, foi lá que o governo francês de Pétain, transferido para o balneário Vichy, passou a deliberar. Pouco a pouco, os franceses recuperaram-se do profundo choque da derrota, e o marechal Henri-Philippe Pétain, o herói de Verdun, galgou o posto de *chef de l'État*. Em um discurso radiofônico após o assalto alemão, o velho general de 84 anos tentou acalmar o povo francês, acentuando a valentia dos seus soldados e atribuindo a responsabilidade da derrota à falta de apoio da Inglaterra e ao deficiente armamento francês.

O destino da França estava concentrado nas mãos de um único homem e a divisão dos poderes garantida pela constituição fora abolida. Muitos franceses, porém, consideravam o chefe de Estado ancião o homem certo, estavam de acordo com a nova constituição autoritária e acreditavam que aquele senhor, de posse de poderes quase absolutos, fosse capaz de comandar o país em meio às turbulências dos anos vindouros. Aceitava-se a colaboração com as autoridades alemãs e se esperava que essa política pudesse conduzir ao afrouxamento das condições de cessar-fogo.[105] Inicialmente, as perspectivas de futuro do regime de Vichy eram boas, mesmo com o país dividido – desmembrado entre uma França relutante sob Charles de Gaulle, que havia conclamado pelo rádio a nação francesa a continuar lutando ao lado dos Aliados, e uma França que havia se subordinado à colaboração sob Pétain.

Só pouco a pouco foi ficando clara a envergadura das determinações dos ocupantes. Os alemães esperavam um trabalho em conjunto sem atritos não apenas com as autoridades francesas, mas também com a maior parte da população francesa. Já no outono de 1940, assim como na Bélgica, foram introduzidas as primeiras medidas antijudaicas. A começar pela obrigatoriedade de os judeus se apresentarem, pela criação do "registro de judeus" e pela identificação de lojas judaicas, a ladainha se repetia: os mesmos decretos, alistamentos, proibições e mandados, regulamentos e humilhações.

As mesmas exclusões e, enfim, as mesmas chicanas.

No país, a população ia convivendo com a situação. Nos prédios públicos não fulgurava mais o orgulhoso lema *liberté, égalité, fraternité* – liberdade, igualdade, fraternidade –, mas o lema político *travail, familie, patrie* – trabalho, família, pátria.[106]

Não se conseguia nada sem a *carte d'identité,* o documento de identidade válido, ou o *laissez-passer,* o passe livre, concedido ou expedido arbitrariamente pelos ocupantes alemães. Aos judeus foi imediatamente proibido o cruzamento das linhas de demarcação. Aqueles que se mantinham na *zone libre* foram impedidos de retornar à zona ocupada. E vice-versa. Famílias e amigos, pais e filhos moravam agora do lado de cá ou de lá da linha de demarcação. Estavam separados, eram vigiados em cada movimento e se encontravam à mercê de uma abominável caçada.

No sul e no centro da França, com a cidade de Vichy como sede do governo e centro das decisões políticas, viviam 17 milhões de franceses, dentre os quais 45 mil judeus, que cada vez sofriam mais com a política antijudaica do regime de Vichy. O tratado de cessar-fogo havia sido assinado e a colaboração era ponto pacífico.[107] A cilada se fechava. Não apenas os judeus franceses foram atingidos, mas também os inúmeros fugitivos judeus da Bélgica, dos Países Baixos, da Alemanha e da Áustria que se mantinham na França de Vichy. Em 1939, encontravam-se na França quase 3 milhões de estrangeiros. Aproximadamente um terço deles havia fugido do nacional-socialismo. Muitas medidas de grande impacto eram tomadas na calada da noite contra estrangeiros considerados hostis e indesejáveis.[108] Estes eram obrigados a se apresentar às autoridades francesas "para a conferência de sua situação" e intimados a comparecer aos centros de alistamento especialmente criados para tal. Já no ano de 1939 haviam sido criados, ao longo da fronteira espanhola aos pés dos Pirineus e no litoral do mar Mediterrâneo, os chamados *camps d'internement*, os campos de internação para estrangeiros indesejáveis, combatentes da resistência espanhola refugiados, além de comunistas franceses. Logo esses assim chamados "centros de alistamento" foram transformados em campos regulares de prisioneiros.[109]

Os ocupantes alemães obrigaram o governo de Vichy a entregar fugitivos da Alemanha indicados pelo nome, independentemente da parte do país em que se encontrassem. Eram adversários do nazismo refugiados na França e judeus apátridas.[110]

Os alemães controlavam as conexões marítimas e aéreas. Os campos de internação e de triagem transformaram-se em uma armadilha fatal. Uma comissão de controle alemã sediada em Wiesbaden encarregou-se de "deportações por encomenda" e arregaçou as mangas na França. Criaram-se listas de nomes e todos os casos de naturalização desde 1927 foram examinados. Os guardas franceses mostravam-se implacáveis no controle dos passaportes. Uma saída do país para emigrantes – pessoas sem papéis válidos, sem passaporte nem visto – era praticamente impossível. A *zone libre*? Uma farsa. Havia mais de cem campos de internação na França. Entre eles o mal-afamado campo de Saint Cyprien, na região de Languedoc-Roussillon, construído às pressas na praia do mar Mediterrâneo. Aqueles "cidadãos de nacionalidades inimigas" presos pela polícia belga quando da invasão alemã, embarcados em vagões de carga e expulsos para a França, também passaram para a tutela da guarda nacional francesa e foram deportados para os campos ao pé dos Pirineus. Famílias foram dilaceradas. As mulheres e crianças eram enviadas para Gurs, e os homens, em sua grande maioria, para Saint Cyprien.[111]

Entre 1940 e 1943, muito mais de 60 mil pessoas, entre homens, mulheres e crianças, consideradas "estrangeiros sobressalentes para a economia nacional", foram presas em buscas cada vez mais frequentes e enviadas para Gurs. De lá, muitos seguiram viagem para os campos de extermínio de Auschwitz, Majdanek e Sobibor.

Os Van Leeuwen e os Padawer tiveram sorte, pois os alemães e o governo de Vichy, apesar de verem os judeus como inimigo comum, inicialmente mantiveram o foco nos judeus apátridas. Martin, Sophie e Irène van Leeuwen tinham passaportes holandeses. Maurice, Thérèse, Jacques, Lucien e Mireille Padawer eram todos belgas.

A família judia do bairro belga de Borgerhout, asilada na pequena vila de Puylaroque, ao pé dos Pirineus, viu com grande temor a instalação dos campos de internação nas redondezas: em Saint-Sulpice-la-Pointe, em Noé e em Récébédou. Se a família tivesse sido levada para Gurs ou Le Vernet, talvez recebesse sua sentença de morte. Mas o lapidador de diamantes Martin van Leeuwen, de 49 anos, era um homem precavido. De posse de seus documentos holandeses e passaportes, a família pôde gozar da ajuda de organizações holandesas, muito bem representadas tanto em Lyon quanto em Toulouse, e dessa maneira suportar o tempo de espera para a saída rumo aos EUA. Mudaram-se para Toulouse, e a capital da região Midi-Pyrénées, localizada no sul da França, tornou-se por mais de um ano morada dos errantes Van Leeuwen da Bélgica. Como tantas outras cidades do sul da França, Toulouse também estava superlotada de refugiados que haviam escapado do avanço das tropas alemãs. O cônsul honorário holandês Alfred van Dobben alugara um castelo em Faubourg la Fourguette e criara ali um centro de acolhida. O Château de la Fourguette, completamente decadente e estragado, ofereceu proteção e abrigo a muitos judeus holandeses.

Os custos para os desterrados foram assumidos pelo consulado, ou seja, pelo governo holandês. Em Toulouse, os apátridas encontraram, provisoriamente em um bairro calmo, um telhado sobre suas cabeças, e dividiram com diversas famílias um asilo parco, mas pelo menos seguro.

Sophie, Martin e Irène van Leeuwen viviam o dia a dia. Irène, de 13 anos, voltou à escola. A menina adolescente aprendia datilografia, frequentava a École des Beaux Arts e se dedicava ao desenho com carvão, de que gostava muito. Os pais esforçavam-se por comportar-se de modo o mais despreocupado possível na frente da amada filha: "Na minha presença eles se manifestavam muito pouco", conta Irène. "Mas, quando eu tinha ou queria sair de casa, minha mãe mal conseguia esconder seu nervosismo." Não era para menos. A cada esquina espreitavam atentos guardas franceses. Então, era melhor mudar de calçada. Sebastian Steiger, diretor do constantemente ameaçado asilo infantil judaico Château de La Hille, recorda-se:

"A cada encontro, o pavor penetrava os sentidos. Como era fácil perder a vida por desatenção ou negligência! A todo momento achava que seria preso e ficava sempre apalpando o passaporte em meu casaco. De todas as paredes, muros e colunas perseguia-me o olhar do general Pétain, do velho que outrora havia merecido o cargo mas que agora era explorado para os fins desumanos dos alemães. Ao lado [da imagem do general] frequentemente havia um cartaz com a mãe que, sentada à mesa, distribuía pão aos filhos: *Donnez à manger à vos enfants, travaillez en Allemagne!* – Deem de comer a seus filhos, trabalhem na Alemanha! – Realmente havia pouco o que comer. Os habitantes de Toulouse estavam passando fome. Na frente de todas as mercearias eu via longas filas."[112]

Mas os Van Leeuwen também não puderam ficar em Toulouse. Mudaram-se para Muret, uma vila nas montanhas a 25 quilômetros ao sul daquela cidade:

"Lá, meus pais alugaram um cômodo na casa de madame Clavier, uma simpática taberneira que também havia hospedado fugitivos alemães. O quarto era muito pequeno, e de lá eu já não podia mais ir à escola. Era perigoso demais, meus pais tinham muito medo. Mas pelo menos havia livros suficientes no armário de madame Clavier. Apenas uma vez mais eu pude ir de trem para Toulouse para comprar batatas. Uma última vez, pois minha mãe não tinha mais nervos para suportar que eu fizesse esses passeios."

Então, só restava esperar. Até a partida para Portugal, no início de 1942. Antes da tão esperada viagem de saída, o chefe da família Martin van Leeuwen ficava todo o tempo dependendo da ajuda dos consulados e organizações judaicas para conseguir algo na luta pesada junto às autoridades. Obter documentos de passagem e saída válidos, vistos e passagens de navio era um empreendimento quase impossível naquela época.

No começo de abril de 1941, após a travessia ilegal da fronteira e as traumáticas vivências de Jacques na estação fronteiriça franco-belga, o casal Padawer pôde finalmente abraçar seus filhos no Hôtel de La Gare em Lille. O caminho da família judia de nacionalidade belga já registrada na Bélgica ocupada levou-a inicialmente para Paris, na França ocupada. Lá, receberam guarida na casa de parentes. A cidade, segundo Jean Améry, não tinha mais nada da velha "cidade luz":

"Imperavam as leis severas do obscurantismo. O sujeito tentará submergir, ficar minúsculo, para que ninguém o veja, para que nenhum soldado de Vichy francês dele se aproxime com a aterradora ordem 'carte d'identité', ou que apareça, sabe-se lá como, um soldado alemão com um emblema em formato de foice pendurado no peito, que simplesmente diga: *Halt*!"[113]

"Minha mãe, que salvara seu irmão de um campo de prisioneiros de guerra numa ação arriscada e ajudara a cunhada a atravessar a linha de demarcação junto a Bléré la Croix en Touraine, nas proximidades do rio Loire, esperava conduzir-nos também com segurança na mesma travessia", lembra-se Jacques Padawer. Mas sua esperança não se concretizou: a pequena família que, após recobrar um pouco das forças em Paris, havia se lançado em uma perigosa viagem de trem de 250 quilômetros em meio à zona ocupada, foi surpreendida por uma cilada. Os fugitivos caçados não tinham olhos para apreciar o jardim de França, a bela paisagem do vale do Loire, em cuja margem os reis construíram os mais bonitos palácios para si e suas amantes. Só pensavam em uma coisa: chegar ao outro lado da margem do Loire, de preferência rápida e discretamente. O caminho era fatigante. Ousados, caminharam até a linha de demarcação rigorosamente vigiada, conseguindo escapar por diversas vezes das patrulhas traiçoeiras. Apesar de todo o cuidado, os Padawer, juntamente com outros companheiros de infortúnio, caíram diretamente nas mãos de soldados alemães na pequena aldeia de Bléré la Croix, às margens do rio Loire, pouco antes da ponte d'Amboise, a única travessia para a outra margem do rio naquele lugarejo. Prontamente foram conduzidos para o quartel-general do comando de guerra, em Tours. A cidade universitária medieval era um ponto estrategicamente importante devido às inúmeras e por vezes imponentes pontes medievais.

"Nix Papier!" dit le premier
"Suivez moi!" dit le deuxième
"Tous au bloc!" dit le troisième
On est croque.
On nous fit faire un p'tit tour
A l' Oberfeld Kommandantur

("Sem documentos!", diz o primeiro
"Sigam-me", diz o segundo
"Todos juntos", diz o terceiro
Estamos à mercê deles.
Somos conduzidos em uma meia-volta
Ao quartel-general)

Essas linhas poéticas foram compostas com humor satírico por Jacques Padawer, aos 15 anos, após a detenção em Tours, quando cantou os versos alto e bom som, acompanhando a melodia de uma canção popular belga conhecida. Para a irritação dos guardas alemães, que não entendiam uma palavra. Padawer recorda:

"Fomos todos levados para interrogatório. Até minha pequena irmã Mireille de 9 anos foi interrogada e ameaçada com uma enorme fogueira reluzente no inferno caso mentisse. Os braços e pernas de sua boneca foram arrancados. Mas, miraculosamente, não revistaram as roupas de minha mãe. Era ela que levava incontáveis cédulas de dólares costuradas por dentro do forro de seu espartilho, escondidas dos carrascos."

Quando os alemães começaram a discutir sobre a transferência da família para distintos campos, Maurice Padawer foi acometido de pânico e acabou quebrando o silêncio, relatando sua intenção de visitar parentes no sul da França, na zona livre, com a mulher e os filhos. "Naquele momento, então, fomos separados. Meu pai, meu irmão e eu fomos levados ao departamento de homens da Caserne Lasalle; minha mãe, junto com minha pequena irmã, ao setor feminino." A arriscada operação de fuga fracassara.

Mas a sorte não abandonara a família. O católico Guy Vernet, funcionário responsável pelo controle da prefeitura de Tours, casado com uma judia, foi seduzido pelo charme da pequena Mireille. Ele não concordou que a pequena menina, sua mãe e os irmãos ficassem encarcerados na fria caserna, e empenhou-se junto à administração carcerária por uma transferência. Acomodou madame Padawer e seus filhos em uma pequena mansão no vilarejo vizinho Saint-Radegonde-en-Touraine.

"Um belo dia, nosso anjo da guarda mandou que arrumássemos nossa bagagem o mais rápido possível e esperássemos por ele num determinado horário e numa determinada esquina. Perguntar não levaria a nada. Devíamos simplesmente fazer o que ele nos dizia. De fato, às 11 horas ele apareceu na esquina com seu carro. No assento traseiro do veículo estava meu pai. Radiantes, embarcamos. O automóvel arrancou a toda velocidade. Com sua credencial legal, Guy Vernet nos conduziu para a *zone libre*. Tinha ludibriado o guarda alemão na Caserne Lasalle, afirmando que papai havia cometido um crime que feria a constituição francesa, e que a justiça francesa queria julgá-lo primeiro; em seguida, ele seria devolvido para a guarda dos alemães. Após nos acompanhar alguns quilômetros pela zona livre, disse que iria relatar aos *boches*, que era como os franceses se referiam pejorativamente aos alemães, que papai fugira durante uma pane do carro."

A família não podia acreditar que tudo aquilo estava ocorrendo. No dia seguinte estavam em Marselha. Que alívio! Ao menos no primeiro momento, pois *zone libre*, como já mencionado, não queria dizer muita coisa. Tanto na zona ocupada pelos alemães quanto na zona "livre", os judeus estavam sujeitos à perseguição dos nazistas e à deportação. Coerente com o lema "a França para os franceses", o governo de Vichy continuou permitindo os regulamentos de motivação antissemita e racista. Judeus franceses, apátridas ou estrangeiros, que tinham procurado proteção na França, estavam cada vez mais ameaçados pela crescente discriminação e perseguição.

Guy Vernet prosseguiu com suas ações de boicote frente aos *boches* em Tours. Em 1944, ele foi preso. Mas sobreviveu à guerra. A família Padawer estabeleceu uma relação muito próxima com ele, sua esposa e filha, que duraria toda a vida.

CAPÍTULO 16
Marselha

A guerra projetava longas sombras. Quando os Padawer chegaram a Marselha, Washington e Vichy tinham acabado de romper relações diplomáticas. O governo Pétain voltara a conceder vistos de saída a partir de janeiro de 1941, mas isso não significava nada de bom. Pessoas "indesejáveis" deveriam ser removidas para as colônias e servir de mão de obra em trabalhos forçados no norte da África na construção da infraestrutura para bases de apoio militares. Previam-se projetos de habitação na ilha de Martinica. Além disso, sabia-se que vistos de saída para o exterior dependiam da autorização alemã, mesmo na zona desocupada, e corriam boatos sobre a circulação de listas com nomes de pessoas, a quem o visto de saída deveria ser negado. A resistência francesa começou a se mexer. Na *zone occupée*, em Paris e nos seus arredores, o ocupante alemão era cada vez mais confrontado com a resistência militant. Em consequência, houve uma onda de detenções. Mais de 7 mil judeus não franceses foram presos em agosto de 1941 na grande Paris e confinados em campos.

Na *zone libre*, os fugitivos ainda não sofriam esse tipo de perseguição. Mas não por muito tempo. Também ali as buscas em massa e o fuzilamento de reféns eram iminentes.[114]

"Logo que chegamos em Marselha, meus pais começaram a cuidar da documentação para nossa saída. Intermináveis obstáculos burocráticos postergaram o intento. As autoridades não sabiam ao certo o que fazer com meu pai, que nascera em Mielec, na Galícia polonesa. Antes da Primeira Guerra Mundial, Mielec pertencera à monarquia de Habsburgo. Depois houve uma alternância de autoridades. Ora Mielec pertencera à Áustria, ora à Polônia. E assim por diante.

"Onde iríamos encontrar asilo, afinal? A disponibilidade de acolhida dos EUA estava sendo limitada. O país havia redefinido suas leis de imigração em 1924 e se pautava estritamente por cotas e contingentes, de acordo com o país de origem dos imigrantes. A tendência era a redução da imigração proveniente do sul e do oeste da Europa, e, obviamente, uma das condições imprescindíveis era que os imigrantes não se tornassem um peso para o sistema público de assistência social.

"De que país de origem nossa família deveria ser considerada, afinal? Seríamos poloneses, austríacos ou, quiçá, até alemães? Meu pai até tinha um passaporte belga, mas ele era natural da referida cidade de Mielec. A confusão era grande. E o medo, maior ainda. Minha mãe, cheia de truques e maquinações, antes da guerra muito ativa na organização Hadassah, foi falar com o rabino Silver. Este se empenhou em nossa causa junto ao consulado americano em Marselha. Simultaneamente, parentes nossos nos EUA, assim como organizações judaicas, esforçaram-se para conseguir documentos de saída legais e cobrir os custos nada irrisórios de documentos e passagens de navio. Finalmente, fomos encaixados nas cotas polonesas. Talvez estivéssemos com sorte, pois naquela época, em fins de 1941, a maior parte dos judeus poloneses já havia sido entregue aos carrascos."

A partir do verão de 1941, os fugitivos retidos no sul da França não conseguiam avançar um passo sequer sem o apoio das organizações de ajuda. Eram necessários os contatos certos, o dinheiro trocado e paciência, muita paciência. Quem quisesse conseguir os documentos certos, tinha que suportar tempos de espera estressantes e humilhantes. O aparelho administrativo competente estava quase completamente ocupado por funcionários fiéis a Vichy e era cada vez mais difícil obter um visto de saída. A fronteira espanhola estava sob controle reforçado e travessias ilegais eram punidas ainda mais duramente. No verão de 1941, os EUA, sem mais nem menos, reforçaram as restrições em sua política de imigração.

"O consulado americano parecia um castelo. [...] Sonhávamos com a permissão para ingressar não apenas no castelo, mas também na terra prometida, para a qual os degraus de mármore em nossos sonhos pareciam conduzir: os Estados Unidos da América. Mas, já no portão, o sonho se esvaiu. Um porteiro impassível fazia guarda na frente, e à esquerda e à direita das portas duplas lia-se em inglês e em francês: 'Transferências de cotas de Paris bloqueadas. Cadastramento [de imigrantes] da Europa Central fechado. Passagens de navio de Lisboa esgotadas.'"[115]

A historiadora Angelika Meyer constata: "Dependia unicamente dos cônsules nas representações americanas checar os pedidos de vistos e decidir por uma autorização. Apesar de toda a legislação, a decisão estava nas mãos de uma só pessoa, e o requerente ficava à mercê de ressentimentos pessoais ou de posicionamentos políticos individuais. A legislação das cotas, porém, era o maior obstáculo: acuados pela perseguição dos nazistas, em 1938, por exemplo, cerca de 300 mil alemães e austríacos deram entrada em pedidos de imigração – a cota porém era limitada a 27.370 pessoas."[116] Em 30 de junho de 1941, o consulado americano em Marselha divulgou as novas "diretrizes para a distribuição de vistos". A partir daquele momento, pedidos de vistos deveriam ser apresentados no Ministério do Exterior em Washington para uma pré-avaliação. Exigiam-se, anexos, um currículo e duas garantias de patrimônio ou duas declarações de garantia, quando não se demandava do requerente uma terceira declaração. Os requerentes eram obrigados a entrar em contato com cidadãos americanos nos EUA. Esses cidadãos, por sua vez, tinham que seguir as instruções do Ministério do Exterior. Só então os requerimentos preenchidos eram reencaminhados para os consulados, para novas reformulações e conferências. E assim por diante.

Um pedido formal de visto só podia ser feito quando comprovado o porte de um visto de saída francês, dos vistos de trânsito para a Espanha e Portugal até o porto de embarque, e mediante a apresentação de uma reserva de passagem de navio. Mas só se obtinha um visto francês de saída com apresentação de um visto de trânsito espanhol, e a obtenção deste, por sua vez, dependia da apresentação de um visto português. Este último exigia como precondição um visto de entrada para os EUA ou para outro país além-mar. Finalmente, quem quisesse embarcar em um navio necessitava que o visto estivesse no prazo de validade.

Era de enlouquecer. Quem era capaz de cumprir todas essas exigências cruzadas? Era comum um visto já estar há muito tempo com a data vencida quando o último documento finalmente pudesse ser solicitado. Era dificílimo falsificar vistos de saída franceses, pois cada visto recebia um número próprio do governo de Vichy para o controle preciso nas estações fronteiriças.

Para piorar a situação, os documentos de identidade da maior parte dos fugitivos estavam quase sempre expirados. Os refugiados eram obrigados a se esforçar por um novo documento junto às repartições francesas. Esse novo documento, por sua vez, só era aprovado se acompanhado de um requerimento de visto de saída, para o qual se exigia um certificado de conduta expedido pela polícia. Acresciam os exasperantes períodos de espera. O consulado português em Marselha autorizava vistos de trânsito, mas, para que houvesse ao menos uma chance de obtê-lo, era necessário entrar numa fila interminável de preferência uma noite antes. A mesma coisa se repetiria diante do consulado espanhol e, mesmo assim, muitas vezes esperava-se durante dias até finalmente ser atendido. Isso não era burocracia. Era chicana. Um círculo vicioso.

Maurice Padawer não desperdiçava uma chance sequer. Mas uma primeira tentativa de fuga já havia fracassado. Após uma frustrada tentativa de viagem de navio aos EUA a partir do porto de Marselha, a família de cinco pessoas aportara novamente na cidade do sul da França. Era um labirinto interminável. Desde o final de 1941, o trânsito de navios que saía de Marselha ficara restrito às conexões com os portos mediterrâneos do norte da África, Orã e Casablanca. A França de Vichy estava sendo vista com desconfiança pelos Aliados devido à sua política colaboracionista e seu posicionamento antibritânico, e seus navios, tratados como navios inimigos. De volta à costa mediterrânea francesa, os esforços do casal Padawer recomeçaram da estaca zero. Todos os seus documentos de viagem já haviam expirado ou não eram mais legais. Todos os contatos precisavam ser renovados, tramitações burocráticas tinham que ser retomadas e a vida com as crianças, reorganizada.

"Papai e mamãe resolveram nos levar por alguns dias para a casa de uma tia em Adge. A irmã de meu pai, Sarah Regina Blum, estava escondida lá com seus dois filhos, David e Jacques. Na pequena cidade medieval de Adge, a um pulo de Marselha, pudemos tomar um pouco de ar até meus pais encontrarem uma pequena guarida em um bairro calmo de Marselha."

Jacques Padawer provavelmente não conhecia toda a verdade, pois também em Adge havia um campo. O Camp d'Argelès et d'Agde fora construído originalmente para combatentes da resistência espanhola em fevereiro de 1939, e podia comportar de 15 mil a 18 mil pessoas. Até o final de 1942, foi um campo de internação e de cumprimento de penas judiciais onde, lado a lado com republicanos espanhóis, eram aprisionados judeus alemães provenientes das regiões de Pfalz e de Sarre, entre judeus de outras nacionalidades.

"Tomar um pouco de ar" soa como ingenuidade.

O jovem Jacques ainda não sabia do atroz destino de seu tio. Só lhe haviam dito que "em 1941, o marido de tia Sarah, tio Samuel Blum, preocupado com o futuro de sua família, retornara para a Bélgica, meio impensadamente, para buscar dinheiro". O chefe da família caíra diretamente nas mãos da Gestapo, fora deportado e assassinado. Tia Sarah ficara para trás, sozinha com os filhos, em Adge.

Marselha era um local estratégico. Dali partiam caminhos secretos e ilegais pelos Pirineus até a fronteira espanhola, e, com muita sorte, podia-se chegar ao neutro Portugal. Apesar de tudo, a rota de fuga através dos Pirineus ainda era uma das formas mais seguras de sair da França. Também sempre se devia torcer secretamente para que soldados e funcionários da alfândega de ambos os lados da fronteira fizessem vista grossa. Mas a cidade não era de modo algum uma paragem segura. O chefe da polícia Maurice Rodellec du Portzic apertava cada vez mais o cerco. A ordem era de controle férreo. E a atmosfera que reinava na cidade portuária era antissemita.

Isso os Padawer também puderam sentir. Quando o casal belga buscou seus filhos em Adge, pouco tempo depois, já não era mais possível estabelecer uma rotina para as necessidades normais da família:

"Inicialmente, nós cinco morávamos todos juntos em um único quartinho do decadente Hotel Oasis, no bairro de prostituição de Marselha. Havia duas camas, uma para meus pais e uma para nós, crianças. Os colchões velhos estavam cheios de insetos e nós morríamos de nojo. Minha irmãzinha de 9 anos dormia na gaveta aberta da escrivaninha. Minha mãe preparava a comida em uma tábua sobre o bidê. Não, não havia nenhum luxo. Mas nós estávamos juntos. E vivos. Mais tarde, mudamo-nos para um bairro mais calmo. Lá estávamos mais 'incógnitos', e pudemos frequentar a escola."

Muitos emigrantes aguardavam ali, divididos entre desespero e esperança, hospedados em apartamentos e quartos baratos, esperando a chegada de melhores tempos ou de uma partida definitiva para um mundo livre. A situação tornava-se cada vez mais precária, já que muitas organizações de apoio a fugitivos também estavam sendo fechadas.[117]

A pressão tornou-se quase insuportável. Com suas últimas energias, Maurice Padawer organizou a viagem de saída da família. Além de uma enorme quantidade de requerimentos e formulários que tinham que ser despachados simultaneamente, era necessário garantir os cinco lugares num navio que estivesse de partida. O mercado negro florescia. Alguns cobravam mais de 3.600 dólares pela travessia para Nova York, ao passo que em Lisboa era possível conseguir a mesma passagem por 320 dólares.

O famigerado chefe de polícia de Marselha, Maurice de Rodellec du Portzic, registrou em 18 de janeiro de 1942:

"Há um extenso mercado negro para as partidas para o exterior, e os lugares nos navios são reservados para quem fizer as maiores ofertas. Em consequência da queda do dólar, elevou-se o preço de uma viagem de travessia ultramarina. Um judeu deve pagar 600 mil francos para conseguir um passaporte: desconsiderando todos os riscos da travessia, eles partem, querem abandonar a todo custo este país que lhes é tão hostil."[118]

Pessoas desesperadas em situação desesperadora. Indefesas e à mercê de aproveitadores e de seres humanos que desprezam seres humanos.

"Finalmente chegou o dia, numa manhã de sábado em junho de 1942. Papai conseguiu reunir todos os papéis e nós embarcamos no trem em Marselha. Primeiro rumo à fronteira espanhola. Após a fronteira, foi-nos comunicado que até a manhã seguinte não haveria trens para Madri. O nervosismo era grande, pois não havia tempo a perder. Pernoitamos próximo à estação fronteiriça e de fato conseguimos prosseguir para Madri no dia seguinte. Cada vagão era vigiado. Não, o general Franco não queria correr riscos."

Dois dias mais tarde, Maurice e Thérèse Padawer embarcaram com seus filhos Jacques, Lucien e Mireille em Lisboa no vapor português *Serpa Pinto*. Os Padawer, assim como os Van Leeuwen, estavam entre os últimos que ainda conseguiram sair a tempo da França. Após meses de tentativas infindáveis, haviam conseguido reunir todos os documentos de saída, trânsito e vistos, além de possuir também o muito cobiçado Affidavit of Sponsorship, a aprovação para a entrada de um cidadão nos EUA, aceito pelo President's Advisory Committee for Political Refugees e pelo State Department. Sem essa cidadania, nada era possível. Era condição para consegui-la não apenas a garantia econômica do cidadão, mas também o perfil político do imigrante, o qual era prévia e rigorosamente investigado. Comunistas e socialistas eram barrados.

Os Van Leeuwen viajaram com a ajuda e à custa do American Joint Distribuition Comittee, chamado de JOINT. Desde 1933, essa organização de beneficência judaica, fundada em 1914, ocupou-se intensamente com os judeus entregues ao regime nazista na Alemanha e aqueles nos países ocupados pela Alemanha. Também organizava doações para asilos de órfãos e doentes, providenciava alimentos e procurava caminhos para a emigração. Além disso, apoiava a resistência judaica armada.[119]

Os Padawer viajaram amparados e custeados pela HICEM. Esta organização, fundada em Paris em 1927, e sediada em Lisboa no início da guerra, organizava predominantemente as passagens de navio e os vistos de trânsito exigidos. Englobava três organizações nacionais, a americana Hebrew Immigrant Aid Society (HIAS), a inglesa Jewish Colonization Association e a alemã EMIGDIRECT. Ao chegar a Marselha, Maurice Padawer, o chefe da família, certamente procurou a filial na rue Paradis, 425, para onde a organização foi transferida de Paris em junho de 1940.

A ironia da história é que a casa dessa organização de ajuda situada em rua de nome tão auspicioso – rue Paradis, a rua do Paraíso – acabou por se tornar a sede da Gestapo em novembro de 1942.[120]

Para conseguir a cidadania, a família Van Leeuwen foi representada pela família sefaradita Nunes-Vaz. O filho da família já havia vivido mais tempo em Toronto, onde trabalhara na firma Freudman & Groß, a única lapidadora de diamantes na cidade canadense. O contato com a família Nunes-Vaz foi o trampolim para o além-mar e salvou a vida de Martin van Leeuwen e de sua família. A fama do lapidador de diamantes antuerpiano era legendária, e em Toronto estava-se sempre à procura de mão de obra especializada. "Com a aprovação de Toronto, começou para meu pai a corrida através da máquina burocrática das repartições e a eterna ansiedade de obter documentos de saída válidos", lembra Irène van Leeuwen.

A obtenção da cidadania para os Padawer foi assumida por Adolphe Lerner, o ex-sócio da empresa têxtil The Excellent Raincoat e da cadeia de roupas Au Roi du Caoutchouc. Ele chegara em 1940 aos EUA. "Assim, o destino nos impediu de virar sabão nas mãos dos nazistas", comentaria Jacques Padawer mais tarde, com sarcasmo, ao referir-se à salvação de sua família.

Mais de 65 anos depois, em 14 de maio de 2007, ele escreveria para Irène van Leeuwen, em Oroville: "A sua e a minha família tiveram uma tremenda sorte. Dois meses mais tarde, os nazistas acabaram 'conquistando' também a França de Vichy. Muitos de meus parentes ficaram para trás e foram assassinados nos campos de concentração nazistas, como meu primo de 18 meses, sua irmã de 10 anos e seu irmão de 12 anos. Até hoje isso me dói." De fato, as crianças Irène van Leeuwen e Jacques Padawer tiveram uma tremenda sorte. Já a partir de maio de 1942, Theodor Dannecker, um homem de confiança de Eichmann, começara a preparar e executar a "solução final", que desconsiderava as nacionalidades dos perseguidos. Dannecker, que assinava como diretor do "Judenreferat" do escritório da SD em Paris, responsável pelo planejamento das deportações que passavam por Drancy para os campos de concentração, carecia de mão de obra policial para sua tarefa. Desde o início, Dannecker contou com a ajuda das autoridades francesas. A partir da primavera de 1942, também os campos de internação das zonas desocupadas ficaram cada vez mais na mira dos nazistas.[121]

Muito tempo antes, diversas organizações beneficentes judaicas, já prevendo o que estava por vir, haviam tentado desesperadamente salvar ao menos as crianças das garras dos nazistas e dos funcionários de Vichy. A HICEM partira para a ação e planejara, a partir de setembro de 1940, a emigração de crianças judias para os EUA com a ajuda de vistos especiais através do State Department. Crianças até 13 ou até 16 anos deveriam acompanhar seus irmãos mais novos, de forma a possibilitar a emigração, mesmo no caso de não serem localizados parentes nos EUA. O JOINT incumbia-se da documentação e do financiamento, a HICEM cuidava na própria França da viagem de saída e do trânsito, assim como das passagens de navio. A Œuvre de Secours aux Enfants (OSE), uma obra de assistência social judaica, fundada na Rússia no ano de 1912, fez a sua parte. Quando Hitler foi nomeado chanceler do *Reich*, a organização transferiu sua sede para Paris e cuidou sobretudo do destino das crianças nos campos. Como tantas outras organizações de ajuda, a OSE também tinha um escritório em Marselha. Em 5 de março de 1941, a OSE mandou para a HICEM uma lista de quinhentos nomes de crianças aventadas para a emigração. Essas crianças puderam sair dos campos de Gurs e Rivesaltes, após a apresentação dos documentos, na primavera de 1941. Antes de sua planejada viagem de partida, foram provisoriamente acomodadas em asilos da OSE. O primeiro comboio partiu da estação central de trens de Marselha no final de maio de 1941, com 111 crianças, acompanhadas de monitores da OSE. O trem parou rapidamente na estação de Oloron, próximo ao campo de Gurs, para que as crianças pudessem se despedir de seus pais. As cenas transcorridas foram de cortar o coração. As crianças haviam guardado seu lanche matinal para presentear os pais famintos. Essa estação intermediária traumatizou crianças e pais, fazendo com que a OSE decidisse evitar tais "despedidas" no futuro. A organização de auxílio organizou três transportes de crianças, promovendo assim o salvamento de 311 crianças judias.[122]

Além disso, milhares de crianças judias sobreviveram graças aos esforços da americana Society of Friends, uma organização de *quakers*. Ela mantinha um escritório próprio em Marselha e se empenhou para que a maioria das crianças internadas pudesse sair dos campos. Infelizmente, também elas tiveram que deixar os pais para trás. As crianças salvas eram acomodadas em asilos ou adotadas por famílias. Muitas chegaram aos EUA por intermediação dos *quakers* e postas em contato com familiares ou criadas por pais adotivos.

Juntamente com os Van Leeuwen e os Padawer, cinquenta crianças viajaram a bordo do *Serpa Pinto*, a maioria com menos de 6 anos de idade e sem os pais. Através do auxílio do United States Comittee for the Care of European Children (USCOM), elas puderam viajar para os EUA. O USCOM fora fundado no verão de 1940 por Clarence Pickett, e originalmente fora concebido para retirar crianças das zonas bombardeadas na Inglaterra. A mulher do presidente americano, Eleanor Roosevelt, apoiava essa iniciativa. Entre 1942 e 1943, o USCOM organizou a viagem de navio de travessia do Atlântico para várias centenas de crianças judias e sua acomodação junto a famílias ou instituições americanas.[123]

Naquele começo de primavera de 1942, os Van Leeuwen e os Padawer haviam por pouco escapado mais uma vez do inferno, pois o destino dos judeus na França estava definitivamente selado. Em julho de 1942, o governo de Vichy autorizou a entrega de 10 mil judeus apátridas aos parceiros de negociação alemães. Ninguém poderia escapar. O diretor da Police Nationale Louis de Quirielle não deixou nada entregue ao acaso, e visitou todas as prefeituras em cuja circunscrição houvesse campos com judeus passíveis de entrega. Até a partida dos transportes, os campos deveriam ser isolados do mundo exterior sob rigoroso policiamento. Também os chamados "hotéis de internação" de Marselha passaram por buscas minuciosas. Em seu relatório, o chefe da polícia marselhesa Rodellec du Portzic registrou: "Os prefeitos devem garantir a todo custo que sejam evitadas não apenas as fugas, mas também incidentes tais como suicídio. Além disso, intimei os respectivos prefeitos a controlar minuciosamente a correspondência dos internos provenientes da zona ocupada, logo após a partida do primeiro transporte."[124]

De acordo com instruções estritamente confidenciais, a partir de início de agosto de 1942 todos os judeus ingressados na França a contar de 1º de janeiro de 1936 deveriam ser transferidos para a zona ocupada até o dia 15 de setembro. Em 7 de agosto de 1942, uma sexta-feira, Israel Salzer, o grande rabino de Marselha, ainda comemorou um último *shabat* com os internos do campo de Les Milles perto de Aix-en-Provence, e relatou:

"Nunca o clima de um culto religioso foi tão carregado de desesperança e ao mesmo tempo de uma euforia devocional e de um fervor tão indescritivelmente místico. Espontaneamente, o oficiante entoou o *Lecha dodi* das três semanas de luto, e com a mesma devoção o cântico foi repetido por mais de mil vozes. Foi de cortar o coração."[125]

Em 5 de agosto de 1942, começaram as deportações em Gurs e outros campos de internação no sul da França. Inicialmente, por ordem dos prefeitos franceses, a direção do campo ocultara que o destino provisório era o campo de Drancy. Mas a notícia se espalhou como fogo na palha. Sabia-se que o destino da viagem era "a Polônia". "Em Gurs", segundo o historiador Roland Paul, "foi desencadeada uma espécie de 'epidemia de suicídio', de modo que em poucas horas o hospital local ficou abarrotado de pessoas que haviam tentado cortar os pulsos ou o pescoço, e que podiam ainda, no último momento, ser salvas da hemorragia."[126]

Durante o verão e o outono de 1942, foram deportados tanto judeus da França ocupada quanto das zonas não-ocupadas. A maioria desses transportes terminava em Auschwitz. Apesar da crítica cada vez mais ruidosa, sobretudo das fileiras dos clérigos católicos, as deportações continuaram no mesmo ritmo. A nacionalidade dos judeus não fazia mais diferença. De acordo com a lógica letal da "solução final", judeus holandeses, belgas, alemães, austríacos ou franceses – todos deveriam ser transportados para os campos de concentração e extermínio. O regime de Vichy era obrigado a manter as cotas de deportação estipuladas pelos alemães.

Sete meses após a partida da família Padawer de Marselha, a cidade no sul da França foi ocupada por tropas alemãs. Todo o bairro portuário foi evacuado pelo exército alemão e edifícios inteiros foram implodidos. Do bairro animado das óperas e do Vieux-Port, da alma da cidade portuária, restaram apenas escombros.[127]

Entre março de 1942 e agosto de 1944 foram deportados ao todo 73.853 judeus em 77 transportes da França para o oeste. A maioria das deportações partiu do campo intermediário de Drancy. Desse total, 71 transportes foram para Auschwitz, Madjanek e Sobibor.

CAPÍTULO 17
Lisboa

"*Ce sont des vacances forcées...*" ("São férias forçadas..."), escreveu o jornalista Eugen Tillinger em seu relatório no jornal para emigrantes falantes da língua alemã *Aufbau*, em setembro de 1940, interpretando assim a situação dos muitos fugitivos que esperavam em Lisboa pela partida de seu navio: "'Férias forçadas' é realmente a descrição correta. Por mais linda que possa ser a praia e por mais maravilhoso o mar, não dá vontade de desfrutar desses prazeres, pois pensamos em coisas bem diferentes: no visto salvador para o além-mar e nos parentes e amigos que não tiveram a sorte de fugir da França a tempo..."[128]

Em meados de maio de 1942, os Van Leeuwen de Borgerhout, assim como 100 mil perseguidos "raciais" e políticos de toda a área de dominação nazista, alcançaram a capital de Portugal pela rota de fuga ibérica. Os Padawer chegaram algumas semanas mais tarde.

Após o desembarque de alemães do *Reich*, teuto-brasileiros e diplomatas nazistas em 25 de maio, o navio *Serpa Pinto*, que se encontrava no porto de Lisboa, era preparado para a nova viagem. O capitão Américo dos Santos cuidava das formalidades necessárias e se informava, no estaleiro, de demais atribuições. Novas mercadorias teriam que ser carregadas. Como de costume, os maquinistas se encarregavam dos serviços de manutenção necessários.

Américo dos Santos desfrutou por pouco tempo do quente começo de verão em sua cidade natal, assim como dos preparativos para os dias da festa dos Santos Populares. Em breve se lançaria novamente ao mar por vários meses. Em breve voltaria a conduzir seu *Serpa Pinto* pela larga baía do Tejo. "Portugal era naquela época um país neutro, e Lisboa o porto aberto. Eu era então comandante do *Serpa Pinto* na Companhia Colonial de Navegação, um dos melhores, senão o melhor dos navios de passageiros portugueses da época", escreveu mais tarde, orgulhoso, em seu livro de memórias. "Para nós marinheiros, o navio é como uma mulher amada", acrescentou. De fato, sua esposa Celeste muitas vezes o censurou, dizendo que ele se casara com o *Serpa Pinto*, e não com ela.

Martin, Sophie e Irène van Leeuwen hospedaram-se em um hotel lisboeta e tiveram que continuar exercitando sua paciência, embora Irène ainda falasse com entusiasmo, quase com nostalgia, do pequeno, porém elegante, hotel na rua Dom Pedro Quinto e dos maravilhosos passeios pelos exuberantes parques ao longo da rua Augusta. Mas Alfred Döblin, o escritor que fugira dos nazistas, também demonstra alívio nos apontamentos biográficos sobre sua chegada a Lisboa: "Passeávamos por ruas ensolaradas onde se movimentavam grupos de pessoas alegres. Sim, Lisboa nos recebeu com muita luz, música e risos."[129]

Após a capitulação da França, a cidade portuária portuguesa era a única e última porta aberta para o mundo livre que restava aos perseguidos por Hitler. Partindo dali, embarcações de países neutros salvaram a vida de milhares e milhares de pessoas.[130]

Embora Lisboa não fosse exatamente o que se poderia chamar uma cidade repleta de luz e de pessoas alegres, os calejados fugitivos puderam finalmente deixar o medo de lado, desfrutar da generosidade espontânea da população lisboeta e saciar a fome. Irène van Leeuwen escreveu em seus apontamentos:

"Nós entrávamos nos inúmeros cafés e víamos as vitrines abarrotadas; havia o verdadeiro café saboroso e doces deliciosos, pequenas tortinhas, pedaços de bolos e salgadinhos, geralmente recheados com nozes ou amêndoas e cobertos com mel ou creme de cacau. Portuguesas descalças e que se moviam com elegância ofereciam-nos frutas que elas carregavam em cestos rasos sobre a cabeça. Não nos enjoávamos daquilo. Frutas exóticas como abacaxis, laranjas e figos podiam ser comprados com poucos escudos. Um luxo e um verdadeiro deleite após os anos de fome na França."

Quem conhecia a Lisboa de antigamente, segundo Eugen Tillinger, colaborador do jornal *Aufbau*, ficava pasmo:
"Era curioso o caráter internacional do movimento nas ruas. Todas as distinções de classe ou de origem dissolviam-se. O ministro polonês dividindo a mesa de um café com o pequeno imigrante judeu polonês que fora dono de uma loja humilde em algum lugar do gueto de Varsóvia e que provavelmente só sabia do ministro por artigos de jornal. Milionários belgas e franceses são vizinhos de intelectuais; editores de jornais de Paris estão na mesma categoria de pequenos cabeleireiros de Nizza. Verdadeiramente colorido é o quadro dessa emigração; lado a lado podem ser vistas celebridades do cinema parisiense, atores e escritores de Praga, gente do rádio, comerciantes de diamantes de Antuérpia, homens de negócios holandeses, pequenos comerciantes belgas, estudantes. [...] Na Praça do Rossio, mal se ouve uma palavra em português. Escutam-se todas as demais línguas, sobretudo inglês, francês e alemão, mas também polonês, holandês e flamengo. Em Lisboa não há mais vagas em lugar algum [...]. Os hotéis estão superlotados, alugam-se banheiros e estendem-se colchões nos corredores. Cafés e restaurantes estão supercheios. [...] A neutralidade pode ser observada até mesmo nas bancas de jornal: as imprensas inglesa e alemã, com jornais e revistas pendurados lado a lado, sendo que sempre em paridade – dez jornais de Londres têm que estar ao lado de dez jornais de Berlim etc."[131]

Mas mesmo a luz e o luxo, os riscos e até uma aparente leveza não encobriam a tensão dos fugitivos que haviam se separado de tudo e de todos e cuja vida estava marcada pelo desenraizamento e pela insegurança. O romance de Erich Maria Remarque *Uma noite em Lisboa* começa com a seguinte frase: "Apesar de já estar há uma semana em Lisboa eu ainda não me acostumei com a luz despreocupada da cidade. Nos países por que passara, as cidades estavam sempre às escuras como minas de carvão, e uma lanterna na escuridão era mais perigosa do que a peste na Idade Média."

Os apátridas haviam chegado a esse recanto sudoeste da Europa como náufragos. Não apenas lhes haviam roubado todos os bens materiais; sobretudo sua dignidade tinha sido surrupiada. Naquela cidade portuária às margens do Atlântico, de costas para a Europa e com o olhar voltado para o além-mar, os imigrantes tinham a percepção de que a vida pulsava leve e solta. Mas, apesar dos refugiados da guerra serem bem recebidos em todos os lugares, a estada em Lisboa não era um *dolce far niente*. Todos sabiam que não restava muito mais tempo.

António de Oliveira Salazar, inicialmente ministro das Finanças e, a partir de 1932, primeiro-ministro do pequeno, pobre e atrasado pedacinho de terra, não era um democrata. Em 1933, o economista proclamou o Estado Novo, "um regime autoritário com tendências fascistas", dissolveu partidos e sindicatos, concentrou totalmente em si mesmo o poder de governar e se tornou o autocrata do extremo oeste da Europa continental. Apesar de rejeitar o culto pessoal a Hitler e a Mussolini, o português não abriu mão de uma polícia secreta eficiente, a PVDE (Polícia de Vigilância e de Defesa do Estado). Justamente esse ditador – que espionava a população portuguesa assim como a estrangeiros e exilados de passagem no país através de uma extensa rede de espionagem e de delatores de diversas camadas sociais – ofereceu asilo aos perseguidos, dando-lhes uma chance de abandonar o Velho Continente tão ameaçador via Lisboa. Teria sido uma estratégia muito refletida? Salazar prezava muito sua política de estrita neutralidade. Ele pretendia, em benefício próprio, manter-se amigo das facções adversárias na guerra, e fornecia produtos portugueses para ambos os lados.

A indústria bélica alemã recebia do pequeno país matérias-primas de grande importância estratégica, sobretudo tungstênio, manganês e outros minérios necessários para a produção de tubos de canhões.[132] Na via inversa, o português cedeu aos ingleses e, mais tarde, aos EUA, os portos e aeroportos nas Ilhas dos Açores e Madeira. Um jogo de pôquer muito habilidoso e que refletia uma boa estratégia.

Portugal, seu dirigente austero e a população bastante empobrecida eram católicos ferrenhos. Para o ditador, que um dia quisera ser padre, a repressão à Igreja Católica pelos nazistas era uma pedra no sapato. O regime de Salazar negava "qualquer cooperação na perseguição aos judeus e se empenhou com êxito no salvamento de judeus portugueses da França ocupada."[133]

Mas Portugal permaneceu um país de trânsito, não se tornou um país de exílio. Aos judeus estrangeiros era apenas permitido o visto de turista. Salazar desconfiava dos fugitivos, suas convicções políticas eram-lhe motivo de suspeitas. Preferencialmente, os "estrangeiros" deveriam manter distância dos círculos da oposição do país de tendência fascista. Quanto mais a guerra avançava, mais a política portuguesa tornava-se restritiva frente aos emigrantes. Após a derrota da França, o governo só autorizava o trânsito e o direito de permanência de no máximo trinta dias.

"E nós, fugitivos pertencentes a esta Europa, esperávamos aqui em Lisboa pela boia de salvamento, que nos seria lançada do outro lado do oceano", registrou o escritor Alfred Döblin, que já em 1940 aguardava impacientemente com sua família a saída para os EUA. "Como não sabíamos quanto tempo teríamos que esperar, naturalmente procurávamos gastar o menos possível. Permanecíamos a maior parte do tempo na pensão quente, apertada e barulhenta. Meu filho usava sapatos rasgados, não ousávamos colocar uma sola nova. Não tínhamos roupa. Ainda usávamos as roupas de lã da França, que não combinavam com o clima subtropical."[134]

Desde o início da guerra as companhias de navegação portuguesas mal podiam fazer frente à gigantesca demanda e as passagens de navio estavam esgotadas para os nove a dez meses seguintes.

As agências de correio ficavam superlotadas. Os funcionários portugueses, sobrecarregados. Cartas, telegramas e cabogramas de pessoas ansiosas eram enviados em todas as línguas imagináveis para todo o mundo. O motivo era sempre o mesmo: o visto. E esperava-se. Não havia nada a fazer a não ser esperar.

Após a capitulação da França e, sobretudo, após a entrada dos americanos na guerra, o empenho incansável das organizações de ajuda internacionais tornou-se cada vez mais efetivo. "A HICEM pagava a viagem de travessia, a HICEM pagava o hotel e o cabeleireiro, a HICEM pagava o bolo que comíamos, as frutas, o chocolate, tudo de comestível até botarmos tudo para fora. A HICEM pagava o médico e a farmácia, as pílulas contra o medo, a insônia..."[135] A maior parte das organizações de ajuda já havia transferido suas centrais europeias para Lisboa. Também a comunidade judaica tentava ajudar. Sua organização de ajuda Commassis apoiava fugitivos sem recursos, cuidava da assistência médica e resolvia problemas do dia a dia. Além disso, o Comitê Português de Assistência aos Refugiados Judeus empenhava-se pelos emigrantes judeus. Não era um empreendimento fácil, pois as condições de moradia nas pensões eram em parte catastróficas; os problemas financeiros, grandes; e o clima entre os fugitivos, extremamente tenso.

"O Rossio, a Praça Dom Pedro IV – o verdadeiro centro de Lisboa – e a avenida da Liberdade, onde ficava o consulado americano, os bares e cafés desta cidade maravilhosa do fado melancólico estavam abarrotados de fugitivos inquietos, colaboradores e espiões, delatores nazistas e vigaristas. A melancolia era igualmente perceptível no Chiado, o bairro boêmio na encosta entre a cidade baixa e a cidade alta, onde literatos e artistas se encontravam nos cafés de sempre. Tínhamos que nos registrar regularmente na polícia, e novamente passar horas em filas na frente dos consulados e dos órgãos do governo português. A dúvida corrosiva a respeito de nossa saída martirizava meus pais. Ficávamos no quarto de hotel, dependendo dos horários arbitrários de partida dos navios e, assim, consequentemente, à mercê da possível catástrofe. Sabíamos da provável necessidade de prorrogação de várias semanas da data de partida original. Mas só tínhamos efetivamente trinta dias...", anotou Irène van Leeuwen.

Já era junho de 1942. No início daquele ano, em 9 de janeiro de 1942, o jornal *Aufbau*, de Nova York, estampara a pergunta em sua primeira página: "Lisboa se manterá aberta?" Após a entrada dos EUA na guerra, os diplomatas foram substituídos e, com isso, postos em segurança, mas será que as partidas de navio planejadas seriam mantidas? A esperança era que sim. Os nervos estavam à flor da pele. Em 23 de janeiro de 1942, o *Aufbau* também noticiava na primeira página: "Cada navio é visto como o último a partir do continente interrompendo definitivamente a ponte entre o Velho e o Novo Mundo – mas nenhum navio é realmente o último!"

CAPÍTULO 18
O *Serpa Pinto* – "Mas nenhum navio realmente foi o último"

Em 5 de junho de 1942, o vapor de passageiros e carga, pesando 8.200 toneladas e medindo 450,3 pés de comprimento e 57,8 pés de largura, partia mais uma vez do porto de Lisboa. De acordo com o folheto da empresa, a menina dos olhos da Companhia Colonial de Navegação tinha 113 cabines na primeira classe, 82 na segunda classe e 130 na terceira classe. Uma enorme chaminé e dois mastros se destacavam em sua silhueta e o navio tinha capacidade para aproximadamente quinhentos passageiros com relativo conforto. Mas o porão também abrigava muitas outras pessoas.

O capitão Américo dos Santos estava na ponte de comando, as mãos apoiadas nas costas. Era visível o quanto se orgulhava de seu navio e da responsabilidade que assumia. Logo as ondas de vários metros de altura açoitariam o casco do navio, as escotilhas desapareceriam abaixo do nível do mar e o ar ficaria com gosto de sal. Era um mundo diferente. Um mundo de homens rústicos, que há muito haviam se acostumado à posição inclinada do navio, aos enjoos e às ondas altas.

Naquele ensolarado dia de junho, após esperar horas pelo embarque em Lisboa e pelo rigoroso controle de passaportes e atestados de saúde, 211 homens, mulheres e crianças subiram a escada do navio e procuraram suas cabines, instalaram-se no convés intermediário ou no convés inferior, nas cabines de quatro pessoas ou no porão do navio, onde havia leitos separados para homens e mulheres. "Estávamos de bom humor, cheios de esperança e contentíssimos de poder subir no navio", lembra-se Irène daquele dia da libertação, "mesmo com a acomodação a bordo bastante apertada, meus pais tendo que se contentar com uma cabine minúscula e eu em dividir outra bastante exígua com três meninas mais velhas." Martin e Sophie van

Leeuwen respiraram aliviados. Sua luta penosa e humilhante por vistos e passagens estava vencida.

Também Maurice e Thérèse Padawer, com seus três filhos — Jacques, Lucien e Mireille —, embarcaram. Nenhum luxo os aguardava. Seus bilhetes de embarque os conduziram para o porão de carga. "Lá haviam estendido uma grande quantidade de redes de lona. Elas nos serviriam de abrigo para as semanas seguintes", lembra Jacques Padawer.

Pela décima terceira vez desde o ataque japonês a Pearl Harbor, a organização americana JOINT fretava um navio e viajava com fugitivos do porto marítimo de Portugal, passando por Casablanca, com destino aos EUA. As diversas organizações de ajuda, entre elas a HICEM e o JOINT, financiaram a maior parte das passagens.

Irène van Leeuwen se recorda: "Sei que meu pai posteriormente restituiu os 43.500 escudos que haviam sido adiantados pelo JOINT. Fora acordado que quem pudesse posteriormente ressarciria a quantia. Isso não foi nada fácil, depois de termos perdido tudo e meu pai ter que recomeçar do zero aos 50 anos de idade em um país estrangeiro. Mas o que fazer? Na época não havia alternativa. O que realmente importava era estarmos vivos."

Finalmente chegara a hora de se despedirem do Velho Continente. Do convés, os passageiros ficaram assistindo à lenta manobra do grande navio em meio à foz do Tejo, tendo à margem a alegre Lisboa. Com um pouco de melancolia, despediram-se da Europa, mas pouco a pouco também foram se despedindo do medo que os assolara. Os Van Leeuwen, os Padawer e muitos, muitos outros davam as costas para a Europa e com isso para um mundo cheio de perigos. Um mundo que havia transformado suas vidas em um inferno, um mundo de espiões, policiais, soldados, delatores, funcionários e repartições públicas.

Na proa e na popa do *Serpa Pinto* vinha pintado em letras garrafais o nome de seu país de origem, Portugal, e no alto do navio tremulava orgulhosamente a bandeira verde-escura e vermelha. Uma luz forte servindo de alerta para amigos e inimigos ficava acesa dia e noite em todas as partes do navio, refletindo longe no mar traiçoeiro. Com determinação, o "navio da saudade" passou pelo cabo de São Vicente e, no turbulento Atlântico, adentrou o golfo de Cádiz. Para os passageiros de Lisboa, em breve não haveria mais como orientar-se, apenas o oceano passaria a revelar sua infinitude. Há muito a Costa da Luz, banhada em sedutora luminosidade, desaparecera no horizonte. Alguns dos passageiros talvez tenham evocado historicamente o cenário religioso e cultural da Andaluzia, marcado pela convivência pacífica de cristãos, judeus e mouros por centenas de anos. Ali havia sido o centro do mundo judaico. Ali, igualmente, o sonho da simbiose das "três culturas" havia implodido em 1492, e os judeus foram obrigados a fugir. Naquela época, como agora, eles abandonaram seu país, sua propriedade e tudo o que lhes era caro. Judeus sefaraditas fugiram para todas as direções a partir dos portos de Cádiz e Sevilha.

O *Serpa Pinto* rumou primeiro para Casablanca. Lá, outras pessoas desesperadas esperavam por socorro, por um caminho para o Novo Mundo. Na cidade portuária marroquina, mais 504 pessoas embarcaram no navio a 7 de junho de 1942, entre elas 50 crianças aos cuidados do U.S. Committee for Children. Entre os passageiros recém-chegados estava o pintor dadaísta francês Marcel Duchamp, então com 54 anos. A travessia do excêntrico artista na segunda classe do navio fora organizada por Varian Fry e financiada pelo Emergency Rescue Committee. "Se bem me lembro, havia um senhor a bordo do navio que carregava sempre um bloco de rascunho. Acho até que ele também me desenhou. Mas, seja como for, não me dei conta de que se tratava de um pintor famoso, mesmo muito tempo depois da guerra, ao admirar diversas obras suas em um livro. Nunca o associei àquele senhor no *Serpa Pinto*", relata Irène van Leeuwen.

Duchamp escapara no último minuto no *Maréchal Lyautey*, em 14 de maio de 1942, partindo de Marselha para Casablanca. Assim como a família Dreyfus, que pôde escapar da cidade portuária ao sul da França na mesma data e no mesmo navio. Após a sua chegada no porto de Casablanca, Pierre e Marie Appollonie Dreyfus, o filho e a nora do legendário capitão Alfred Dreyfus, foram primeiramente abrigados em um antigo salão de bailes a nordeste de Casablanca junto com seus quatro filhos — Charles Antoine, Aline, Françoise e Nicole —, além de muitos outros passageiros. Em seguida, um amigo dos Dreyfus ofereceu dois quartos em sua mansão à família, a Duchamp e a alguns outros emigrantes até a planejada partida no *Serpa Pinto*. Charles Antoine Dreyfus, naquela época com 15 anos, até hoje se lembra vivamente do famoso artista.

Também a filósofa Simone Weil embarcou com seus pais no navio superlotado de fugitivos no porto de Casablanca, em 7 de junho de 1942. O pai, o médico Bernhard Weil, de 70 anos, e sua esposa Salomea Weil, de 63 anos, grandes burgueses de Paris, viajaram de primeira classe. Sua filha, a intelectual sempre focada em justiça social, preferiu ficar no convés inferior. A inglesa Louise Dyte, carinhosamente chamada de Dolly, viajava na terceira classe e ia ao encontro de seu marido Pierre Chareau em Nova York. Designer e arquiteto modernista altamente renomado na França, autor da *Maison de Verre*, Chareau já emigrara em 1939.

O navio estava completamente lotado. Cada canto era aproveitado para abrigar fugitivos. Como se isso não bastasse, outras mercadorias começaram a ser trazidas a bordo.

Mas a cidade de Casablanca, com suas largas avenidas e seus acolhedores cafés franceses, onde até hoje é servido o típico *café au lait* e o fumegante *thé à la menthe*, ficou vedada aos fugitivos.

Ninguém pôde ir à terra firme.

Então o navio partiu para alto-mar. A embarcação sobrecarregada, com seu carregamento pesado, teve que lutar com ondas altas na saída do porto.

Mas, destemidamente, o *Serpa Pinto* fez-se ao mar. Os 677 homens, mulheres e crianças estavam otimistas.

A oeste, o Atlântico infinito prometia um sopro de liberdade.

Vivas aos felizardos. Pois muito poucos tiraram a sorte grande. A maioria ficou para trás, no inferno. Incontáveis pessoas perseguidas pelos nazistas fracassaram no último momento por causa de empecilhos burocráticos impostos pelos potenciais países de imigração. Muitos se esforçaram inutilmente e morreram longe de casa nos campos de extermínio.

"Às vezes chegavam a Lisboa bagagens despachadas previamente por fugitivos da Alemanha ou dos países ocupados, sem que os próprios donos jamais encontrassem a salvação na baía do Tejo. O conteúdo de suas malas – roupas, livros, joias e até rolos de Torá – acabava sendo leiloado em Lisboa."[136]

CAPÍTULO 19
A última viagem

No último minuto os passageiros do *Serpa Pinto* haviam dado uma "volta" nos nazistas; tinham enfrentado com sucesso as autoridades. Mas a batalha ainda não estava ganha. Faltava atravessar o Atlântico em meio à guerra. Os submarinos à espreita nas profundezas do mar deixavam os passageiros do navio medrosos e aterrorizados. Os submarinos alemães também geravam insegurança em regiões mais afastadas, e seus torpedos cruzavam entre as Bermudas, as Bahamas e a costa leste americana, ameaçando comboios de navios, cargueiros e vapores.

Já fazia quase dois anos que o capitão Américo dos Santos comandava o *Serpa Pinto* a serviço da Companhia Colonial de Navegação portuguesa. Mas ele não tivera a bordo de seu paquete apenas ilustres personalidades como o presidente da República, generais de alta patente e embaixadores brasileiros que lhe renderam elevadas distinções e honrarias. Na maioria das vezes, ele conduzia passageiros bem diversos num navio superlotado rumo a um destino incerto. "Era imenso o desejo das pessoas de deixar a Europa. Havia milhares e milhares de pessoas, em sua maioria judeus, que fugiam da louca perseguição por parte de Hitler", contaria ele depois.

Seria bem-sucedida a viagem recém-iniciada rumo a Nova York? Horrorizado, o capitão lembrou as dificuldades já enfrentadas em alto-mar e que poderiam sempre voltar a desafiá-lo. Teve calafrios ao lembrar dos náufragos do *Antonio Chandris*, o malfadado navio do Pireu afundado pelos alemães no outono de 1940 e cuja tripulação fora salva por ele numa operação dramática. "Trinta e dois homens seminus, de uma magreza esquelética, sedentos e famintos, de cabelos compridos e a barba por fazer, eufóricos por terem sido finalmente descobertos", anotaria o capitão mais tarde em seu diário para a companhia.

"Quanto tempo vocês estão à deriva?", gritara ele para os náufragos.

"Vinte e oito dias".

Vinte e oito dias? "Por mais que alguém se esforce", lembrou Américo dos Santos, "é impossível imaginar como devem ter sido esses 28 dias. Homens totalmente abandonados ao seu destino, em meio ao oceano Atlântico, com uma minúscula ração de biscoitos e pouquíssima água potável."

Não apenas o destino dos náufragos o comoveu. Américo dos Santos ficou profundamente impressionado com a reação de sua conclamação aos passageiros para que juntassem roupas para os sobreviventes desvalidos. Em menos de uma hora, apareceram calças, vestidos e pulôveres. Dádivas bondosas de refugiados de todos os tipos, gente que possuía pouco mais do que o que levava no próprio corpo.

"O ataque ao *Antonio Chandris* foi especialmente desumano. Os alemães não apenas saquearam o navio inteiro, eles o afundaram e deixaram 32 seres humanos à mercê do destino em alto-mar, entregando-os à morte, distante centenas e centenas de milhas da costa brasileira, longe das rotas marítimas corriqueiras. Sem chances de salvação. Esta maneira bárbara de agir não despertou apenas uma sensação de impotência em mim, mas também uma profunda raiva. Nunca mais em tantos anos no mar eu vi um espetáculo tão triste", complementou o capitão em suas anotações.

Em junho de 1942, Américo dos Santos sabia que ninguém podia estar a salvo naquela guerra cruel. E sabia que a qualquer momento poderia se encontrar na mesma situação com o seu navio: "Para nós, os homens que saem para o mar, o navio é pátria, é lar. É o lugar dos maiores desafios e de inclementes provações. Se as circunstâncias nos obrigarem a deixar este lugar, a abandonar este pedaço de pátria, estaremos perdidos e inconsolavelmente tristes."

Também os passageiros daquele início de verão já conheciam as odisseias pelas quais o *Serpa Pinto* passara. Sabiam dos seus companheiros de sofrimento que tinham saído de Lisboa e da Europa no dia 17 de novembro de 1941, recebendo em alto-mar do comandante e da tripulação a informação do ataque japonês a Pearl Harbor. Apesar de todos os percalços, o navio chegou ao porto seguro de Nova York. Felizes os que conseguiram a façanha!

"Para mim, a vida a bordo era uma grande aventura", diz hoje Irène van Leuwen. "O sol nos acariciava, sempre havia alguma coisa acontecendo. Não podíamos nos queixar da comida e nos encontrávamos para o café da manhã e para o lanche com amigos dos meus pais. As refeições eram servidas em três turnos. A cabine que me foi destinada era muito apertada. Assim, quando eu queria lavar a cabeça ou tomar banho, ia para a cabine dos meus pais, que tampouco era muito grande, mas nós tínhamos intimidade. No refeitório, o belo Armando Arnaldo chamava para o canto e a dança com sua pequena orquestra. O ambiente era gostoso. Mas eu só tinha 15 anos e parecia mais jovem."

Nem todos os passageiros terminaram a viagem incólumes. Muitos passaram mal. Os que haviam esperado no fundo do navio durante três semanas em redes sofriam com o incessante balançar do mar mesmo durante a calmaria. Essas pessoas miseráveis podiam subir excepcionalmente ao convés no meio do paquete para se refazer. Assim, o mal-estar que acabava com suas forças cedia por algumas horas.

O turbulento oceano Atlântico também dificultou a vida de Jacques Padawer. Quando, certa vez, uma enorme onda varreu o convés, ele foi lançado contra o parapeito, sendo agarrado no último momento por um tripulante pela perna. Mas Padawer também tem boas reminiscências do tempo na *Serpa Pinto*.

"Nos dias bonitos ficávamos observando os peixes voadores, e meus passeios no convés sempre eram instigantes. Certo dia reparei num jovem aproximadamente da minha idade, que adormecera com um livro no colo intitulado *Le sommeil* [O sono]. Eu fiz chacota quando ele acordou, dizendo que o título do livro era bem adequado. Ele riu. Era um descendente de russos que morara alguns anos em Marselha e se chamava Jacques Pantchechnicov. A simpatia mútua foi imediata. A paixão pela ciência que nos unia garantiu a amizade eterna. Mais tarde, Jacques Pantchechnicov se rebatizou como Jacques Pankove e se tornou um cientista de renome. Inventou o diodo emissor de luz [em inglês, LED, *light emitting diode*], uma revolução na indústria da luminotécnica, e passou anos trabalhando a serviço dos laboratórios de pesquisa David Sarnoff RCA em Princeton."

Quantas pessoas diferentes compartilhando o mesmo destino! O conhecimento deixado para trás deixou muita gente melancólica. Mas os planos para a vida nova no país distante criaram em muitos uma eufórica expectativa, espalhavam otimismo. O olhar, agora, era para frente. "Logo reconheci o refeitório", disse Irène van Leeuwen passados 65 anos, quando lhe mostraram fotografias antigas e um prospecto amarelado do vapor português. "Mas a escada redonda só voltou à minha lembrança depois. É excitante voltar a passar tudo aquilo em revista", acrescentou, pensativa.

Jacques Padawer lembra bem como, pouco antes dos Açores, o navio foi parado por um submarino alemão e o comandante subiu a bordo acompanhado de um oficial. Aquele acontecimento provavelmente ficará para sempre gravado em sua memória.

"Antes de zarparmos de Marselha, eu escondera importantes anotações e dados na capa do meu livro escolar *Collection Larousse, Petites Livres Classiques* Meu pai concordou com aquilo, alertando, no entanto, sobre o grande risco que eu estava correndo. Dois dos meus colegas de escola tinham sido presos pela Gestapo pouco antes da nossa partida. Nós havíamos criado um pequeno grupo de rapazes para participar de ações conspiratórias naquela cidade portuária do sul da França. Isso não tinha passado despercebido para a polícia local. Por pouco eu escapei da prisão. No momento em que os oficiais alemães percorreram o navio, tive certeza de que o alvo era eu. Mas pouco depois aqueles senhores deixaram o navio levando algumas garrafas de aguardente. O sentimento de alívio foi tão forte como se o pior tivesse acontecido."

Houve outra vez durante a travessia de vinte dias cruzando o Atlântico em que os refugiados no *Serpa Pinto* tiveram de prender a respiração. Foi quando oficiais da Marinha britânica subiram a bordo. Mais uma vez, as listas de passageiros foram minuciosamente checadas. Mas nada aconteceu.

O vapor lotado se pôs em movimento novamente. Parou em Hamilton, a pequena capital das Bermudas na ampla baía da costa atlântica ocidental. A primeira e importante etapa estava vencida. A sensação geral foi a de haver chegado mais próximo do objetivo. "O mar era de um azul-turquesa forte", entusiasma-se Irène, "bem diferente do cinzento mar do Norte que eu conhecia até então."

O paraíso subtropical, em meio ao famigerado triângulo onde supostamente vários navios se dissolveram em ar, havia muito já se tornara lugar de férias de americanos ricos que ali queriam se refugiar do inverno gelado da Costa Leste. Mas nem aquela região foi poupada. Durante a Segunda Guerra Mundial, as ilhas serviram como importante base para as tropas americanas, com dois pontos de apoio. No mesmo lugar das Bermudas orientais onde hoje aportam quase diariamente enormes cruzeiros ou navios de contêineres, o *Serpa Pinto* superlotado foi dirigido até o cais pelos práticos. Em nome do governador local, os escoteiros locais, os *seascouts*, convidaram os rapazes e as moças da distante Europa para uma excursão. A alegria era imensa. "Além de belos passeios pelas vielas daquela cidade tão britânica com vista para o poderoso forte Hamilton, as crianças ganharam todo tipo de doce. Mas eu permaneci a bordo, porque não queria parecer criança", lamenta hoje Irène a sua decisão.

"O navio herói": Era assim que os portugueses chamavam – e chamam até hoje – o *Serpa Pinto*. Afinal, de 1940 a meados dos anos 1950, ele transportou cerca de 110 mil passageiros através dos oceanos para a companhia portuguesa. O jornal *The New York Times* chamou o *Serpa Pinto* de navio dos refugiados, pois foi um dos poucos navios que entre 1941 e 1945 levou regularmente refugiados desesperados – principalmente judeus – do Portugal neutro até os EUA. Nos anos de 1941 e 1942, ele cruzou o Atlântico cinco vezes entre Lisboa e Nova York, ida e volta, mais tarde passou a fazer a rota de Lisboa para a Filadélfia e de volta. Sob o comando do capitão Américo dos Santos, mais de 7.800 passageiros atravessaram o Atlântico, geralmente em circunstâncias as mais desconfortáveis, com até oitocentas pessoas espremidas num navio projetado para pouco mais de quinhentas pessoas.

CAPÍTULO 20
Liberdade

Naquele dia 25 de junho de 1942, não foi a Estátua da Liberdade que fez os corações dos refugiados baterem mais forte. Foi o barco-farol *Ambrose* com o nome pintado com grandes letras brancas sobre o casco vermelho que deu aos emigrantes a certeza de finalmente terem chegado ao seu destino. Ancorado no canal principal, a algumas milhas de distância da metrópole, ele conduziu o *Serpa Pinto* até o porto de Nova York. Uma façanha, pois os redemoinhos incontroláveis e as correntezas representavam um desafio mesmo para os capitães experientes que, à época, ainda não tinham computador de bordo.

Aliviados, os passageiros se acotovelavam junto ao parapeito, observando como o conhecido símbolo de Nova York, a Estátua da Liberdade, com seus 93 metros de altura, com as correntes rompidas sob seus pés, chegava cada vez mais perto. "Manda-me os desabrigados, os escorraçados pela tempestade: suspendo minha tocha sobre o portal de ouro." (Versos escritos pela judia sefaradita Emma Lazarus no final do século XIX, e a América eternizou essas palavras aos pés do símbolo da liberdade.)

Por volta do meio-dia daquele belo dia de junho, o navio aportou em Staten Island, a sudoeste de Manhattan. Funcionários das autoridades de alfândega e de imigração subiram a bordo. Havia ainda um último obstáculo a vencer. Todos os recém-chegados tiveram que passar por exames médicos. Enfileirados ao longo do parapeito, os primeiros tiveram que pôr um termômetro na boca. Os alto-falantes informaram que cidadãos americanos seriam os primeiros a deixar o navio, seguidos pelos emigrantes em ordem alfabética. Havia um cheiro de petróleo e piche no ar. Operários negros carregavam as bagagens e mercadorias. A movimentação era grande no cais. Para europeus fatigados da longa viagem, era uma visão pouco comum. Pessoas acenavam e tentavam se aproximar do navio. Queriam encontrar seus parentes queridos e buscavam os rostos conhecidos.

"Policiais gentis traziam bilhetinhos com mensagens e relatavam quem dos passageiros já tinha conseguido passar pela comissão de desembarque. Era uma genuína demonstração de solidariedade americana. Prestativos, os funcionários da Cruz Vermelha e do Conselho de Mulheres Judaicas (Council of Jewish Women) também faziam o seu trabalho incansável. Houve uma cena comovente: aparece um policial e chama por uma senhora Kaufman. Apresentam-se no mínimo dez senhoras com o mesmo nome. O policial parece ter contado com aquilo. Tira duas fotos do bolso e grita: 'Estou à procura da senhora Kaufman que quer reencontrar seus dois filhos. Eis o retrato dos filhos...', e feliz da vida, a senhora Kaufman certa vem correndo e recebe a primeira mensagem dos filhos. Chamou a atenção que, desta vez, falou-se quase só francês e muito pouco alemão. Grande parte dos passageiros era francesa. Mas os refugiados da Europa Central também quase só falavam francês."

Foi assim que o repórter do jornal dos emigrantes, *Aufbau*, relatou a chegada do *Serpa Pinto*.[137] Irène van Leeuwen recorda aquele dia:

"Demorou horas até que finalmente fomos autorizados a deixar o vapor e levados de barca a Ellis Island. Ficamos três dias lá. Foi preciso passar por mais um exame médico e havia pilhas de documentos para ler e questionários para preencher, acho que quase vinte. Mas a entrada no país não era possível sem estes procedimentos. Depois de preencher aquele monte de papéis e depois que o oficial de imigração havia organizado tudo meticulosamente, cada um de nós recebia um pequeno pedaço de papel. Era o chamado *landing card*, o cartão de desembarque – nada mais, nada menos do que aquilo. Agora estávamos em Nova York. Ninguém mais queria saber dos nossos documentos. Acabara o terror. Finalmente, tínhamos chegado. Mas o nosso destino era o Canadá. Nossos amigos estavam à nossa espera em Toronto. O pai tinha uma promessa de emprego por lá."

A família Padawer também teve que passar pelas autoridades. Ao preencher os questionários da imigração, Jacques, então já com 17 anos, espantou-se e ironizou as perguntas. Ele tinha que informar se pertencera a partidos políticos ou sindicatos. "Quase todos eram nomes que eu jamais ouvira falar. Mas ninguém quis saber se eu tinha sido membro do partido nazista. Espantoso!" A família Padawer – pais e filhos – foi levada para Ellis Island, assim como os Van Leeuwen. Maurice e Thérèse Padawer se assustaram quando Jacques, o filho mais velho, foi colocado em quarentena por causa de uma febre. Mas o temor de que a família inteira pudesse ser mandada de volta por medo de contaminar os outros dissipou-se logo. Jacques, o rebelde esperto, deu um drible na enfermeira. Até hoje é um segredo guardado a sete chaves.

Em situações complicadas, nós nos tornamos inventivos.

As amargas experiências na pátria, a impotência diante dos perseguidores e as pérfidas ordens e restrições haviam roubado a infância daquele jovem, mas não o tinham intimidado. Autoconfiante, Jacques enfrentou o oficial na filial nova-iorquina do Immigration Service Registration.

"Nome?", perguntou o americano.

"Padawer, Jacques", respondeu o jovem.

O funcionário torceu o nariz.

"Como?", perguntou, irritado. "Jacques não é um nome americano", tentou explicar. "Vamos ficar com Jack."

"Não!", protestou Jacques Padawer energicamente. "Eu me chamo Jacques. JACQUES!", repetiu.

"Ninguém aqui será capaz de pronunciar o seu nome", o funcionário tentou pacificar o imigrante irritado, e voltou a sugerir: "Vamos transformá-lo em Jack."

Mas o jovem não mudou de ideia. No fim, o funcionário teve de ceder. E permaneceu o nome Jacques.

"Nunca me arrependi", diz Jacques. E até hoje é chamado por todos de **Jacques**.

A chegada do *Serpa Pinto* no dia 25 de junho de 1942 foi assunto em toda a imprensa de Nova York. Tanto o *New York Herald Tribune* quanto o *The New York Times* e o *New York World Telegram* deram matérias detalhadas sobre o navio dos refugiados com fotos dos passageiros salvos e elogiaram os voluntários da HIAS, que mimavam principalmente os pequenos passageiros sem pais com laranjas, sanduíches e bebidas achocolatadas. Essas crianças estavam no centro das atenções, além das personalidades conhecidas que naquele dia quente de junho desembarcaram em Nova York. Em sua edição de 26 de junho de 1942, o *New York Times* escreveu: "Desembarcaram 677 refugiados – entre eles, muitas crianças. Cinquenta meninos e meninas que vieram da Europa ocupada pelo nazismo cantaram um hino à alegria ao descer do navio." O jornal informou que o salvamento daquelas crianças, entre as quais muitas com menos de 6 anos de idade, só fora possível graças à cooperação entre várias organizações de ajuda a refugiados. A USCOM iniciara e liderava a ação. Era responsável pela concessão de vistos do Departamento de Estado, principal condição para poder imigrar. Os custos de transporte ficavam por conta das organizações JOINT e HIAS.

Vinte e três das cinquenta crianças eram da Espanha. Todas tinham passado pela guerra civil e foram recebidas calorosamente pelo ex-embaixador espanhol, Don Fernand de Los Rios. As outras, principalmente crianças alemãs e polonesas, eram da França não ocupada. Muitas delas haviam ficado meses em campos depois da fuga e da perseguição. Seus pais tinham morrido, sido deportados ou haviam permanecido nas regiões ocupadas. "Ao vê-los por aí brincando ou correndo – os meninos jogando bola e as meninas fazendo seus colares de miçangas ou brincando de boneca –, mal dá para imaginar os horrores pelos quais estas crianças passaram", disse Robert Lang, 30 anos, diretor executivo do US Committee e que acompanhara as crianças em sua odisseia a partir de Lisboa e Casablanca, a um repórter. Dezoito crianças foram levadas para Ellis Island porque estavam com febre. As outras foram para um lar judaico no Bronx. Agora podia começar a busca por famílias adotivas. Foi o caso da pequena Ruth Palm, de Karlsruhe, que vira seus pais morrendo no campo de concentração. Ela se recusara a emigrar, passara muito tempo sendo empurrada de um lugar para o outro. "Só vou para a América se puder ficar lá para sempre", dissera. Acabou chegando.

No dia 26 de junho de 1942, o boletim informativo da organização JOINT, *News*, telegrafou uma feliz notícia para o mundo: "Ontem, pela 13ª vez depois dos acontecimentos de Pearl Harbor, um navio fretado pelo Joint Distribution Committee alcançou o porto de Nova York. O navio português *Serpa Pinto* veio com 677 passageiros a bordo. A viagem durou três semanas. Até agora, o American Jewish Joint Distribution Committee conseguiu trazer mais de 5.200 pessoas do Velho Mundo para a América."

Pouco antes, o escritor e poeta francês Paul Claudel – que trabalhou na legação francesa nos Estados Unidos entre 1927 e 1933 – mandara a seguinte mensagem para o grão-rabino da França:

"Escrevo-lhe para expressar o meu horror, o meu repúdio e a indignação que todos os bons franceses, e principalmente todos os católicos, sentem diante dos pecados, dos abusos e maus-tratos aos quais nossos concidadãos judeus estão expostos hoje. Tive muitos contatos com judeus de todos os países e sempre achei que eles não apenas têm um espírito aberto, como também um coração generoso e caloroso. Tenho orgulho de contar com vários deles entre os meus amigos. Nenhum católico deverá esquecer jamais que Israel é o filho mais velho da promessa divina e que é hoje o filho mais velho da dor. Mas 'bem-aventurados aqueles que são perseguidos por causa da justiça', que o Senhor proteja Israel no caminho da salvação. 'Não ficarei continuamente irado', diz Deus pela boca do seu profeta."

Antes de o *Serpa Pinto* alcançar o porto de Nova York, uma mensagem vinda de Lisboa chegou ao United States Office of Strategic Services. Começava com a seguinte frase: "A Alemanha não mais persegue os judeus. Ela os aniquila sistematicamente." A informação era de um oficial britânico que escapara à prisão e permanecera algum tempo escondido no gueto de Varsóvia antes de fugir para Portugal. Ele relatou que diariamente trens carregados de judeus saíam de perto de Lublin para a estação de Sobibor. Muitas vezes, os passageiros eram levados para o campo e fuzilados com metralhadoras.[138]

No dia da chegada do *Serpa Pinto* a Nova York, 25 de junho de 1942, o *London Daily Telegraph* publicou informações do regime polonês no exílio, dando conta de que a Alemanha planejava assassinar todos os judeus. A matéria dizia que 50 mil judeus já tinham sido assassinados em Vilna, que um sistema de terror fora implantado no gueto de Varsóvia e que câmaras de gás móveis estavam sendo empregadas.

No dia 22 de julho de 1942 ordenou-se a "grande ação do gueto de Varsóvia", na qual foram deportados 64.606 judeus.[139]

Mas Martin, Sophie e Irène van Leeuwen, bem como Maurice e Thérèse Padawer com seus filhos Jacques, Lucien e Mireille estavam seguros. "Tivemos uma sorte danada", escreveria Jacques 65 anos depois. "Uma sorte danada mesmo!" A Europa já estava em chamas.

No dia 25 de maio de 1942 começavam os trabalhos de gravação para o filme *cult Casablanca*.

Hannah Arendt, Bertolt Brecht e Albert Einstein já haviam chegado aos Estados Unidos – para citar apenas alguns nomes.

CAPÍTULO 21
Depois de 1942

Os Spieweck
Página virada

"Viemos da América do Sul pacífica para a Europa em guerra e, pela primeira vez, soubemos o que eram os *blackouts* noturnos", escreveu Johann Albert Spieweck em suas memórias. Depois de ter deixado a mulher e os filhos com os sogros em Reutlingen, o pai de família viajara para Berlim. Esperara ocupar um cargo no Ministério das Relações Exteriores. Mas o ex-líder do grupamento nazista de Nova Berlim foi confrontado com uma nova e amarga realidade:

"Enquanto os funcionários regulares receberam todos os salários atrasados e ainda por cima um extra para a viagem para si e suas famílias, além de benefícios adicionais, nós, os 'diplomatas honorários', fomos informados de que a ajuda oficial cessara com a nossa chegada à Alemanha e que deveríamos procurar outro tipo de ocupação."

Mas ao sair do Brasil ele não tivera a promessa de receber todos os atrasados, além de uma quantia em dinheiro para os primeiros tempos na Alemanha? "Quando me lembro como os senhores cônsules-gerais e demais funcionários da embaixada no Rio ainda compraram joias, casacos de pele, selos valiosos e outras coisas caras antes da partida, suspeito, até hoje, que tudo aquilo não foi comprado com recursos próprios, e sim com os chamados dinheiros 'confiscados' das autoridades", revolta-se ele ainda hoje.

Um verdadeiro pântano. E uma grande decepção.

O ex-professor da cidadezinha de Nova Berlim no Sul do Brasil provavelmente fora ludibriado pelas promessas dos propagandistas nazistas. Não teria ele se dado conta de que, com ajuda do "contador" do Banco Alemão Transatlântico em São Paulo, Otto Braun – nazista fervoroso e tesoureiro da seção brasileira do NSDAP – os comparsas fiéis a Hitler enganavam as autoridades brasileiras e ganhavam rios de dinheiro com a taxa de câmbio mais favorável no mercado paralelo? Depois de fazer um curso para lideranças políticas em Hamburgo, Braun, o funcionário "marrom", passou a prestar importantes serviços para o NSDAP no Brasil. Entre a feijoada e o chucrute,[140] ele não apenas coletava doações para o Terceiro *Reich* e as vítimas da guerra na Alemanha, mas também usava essas verbas para financiar a propaganda nazista no Brasil. Os alemães que queriam emigrar de volta também eram indenizados. A pátria alemã se mostrava generosa e acenava com presentes. Cada alemão ou descendente que quisesse mandar de volta para a Alemanha o dinheiro juntado no Brasil podia aproveitar o momento e a ajuda de Otto Braun para se beneficiar das vantagens da operação de câmbio. Esta prática existia desde 1936 e servia de estímulo para quem queria emigrar de volta. Primeiro, era preciso apresentar-se no consulado alemão. O representante diplomático era prestativo, recebia o dinheiro e se aproveitava da taxa de câmbio "vantajosa" do mercado paralelo para trocar a moeda brasileira em dólares ou francos suíços. Como quitação da operação, o solicitante recebia um documento – uma espécie de cheque do *Reichsbank* para uso posterior na Alemanha. Dessa forma, os consulados e a embaixada juntavam quantias crescentes de dinheiro, pois a partir de 1936, milhares de alemães deixaram o Brasil, entregando antes toda a sua poupança nos consulados, a fim de recebê-la de volta na Alemanha com a apresentação do "cheque". O consulado trocava os mil-réis – uma moeda fraca – em escudos portugueses, dólares ou francos suíços e transferia o dinheiro para as filiais do Banco Alemão em Portugal, nos EUA ou na Suíça. De lá, o dinheiro era transferido em *Reichsmark* para a Alemanha. Uma manobra de câmbio escusa. Otto Braun mais tarde admitiria ter recebido comissões nessas transferências para o banco Crédit

Suisse em Zurique. E, de acordo com a polícia brasileira, os consulados alemães se beneficiaram da mesma maneira com aquelas transações. Pois os elegantes diplomatas também usavam aquele dinheiro para suas "despesas pessoais" antes de transferi-lo para a pátria. Como Spieweck, muitos alemães do *Reich* chegavam à Alemanha sem um único centavo, confiantes de que teriam sua poupança devolvida logo ao pisar solo alemão, o que nem sempre era o caso.

Nascido em Mühlheim, na região do Ruhr, Otto Braun, um dos principais líderes nazistas no Brasil, ao lado do *Landesgruppenführer* – líder do grupo regional – Hans Henning von Cossel, acabou se enredando nas garras dos serviços secretos brasileiros. Foi interrogado diversas vezes ao longo dos anos 1930 e finalmente ficou preso em São Paulo em cela individual do início de agosto de 1942 até fevereiro de 1943. Era conhecido como fidelíssimo membro do partido nazista, viajava regularmente para a Alemanha, organizava eventos secretos para festejar vitórias, denunciava companheiros do partido e tinha uma estreita relação com Walther Molly, do consulado alemão em São Paulo. Nos interrogatórios da polícia brasileira, ele falou bastante, citou os nomes de todos os membros do partido no Brasil e descreveu suas respectivas atividades. Esses depoimentos de Otto Braun num interrogatório sobre as atividades do Banco Alemão Transatlântico foram protocolados pelo então ministro brasileiro do Interior e da Justiça, Vicente Ráo, e descobertos pela historiadora brasileira Ana Maria Dietrich nos arquivos do DOPS (Departamento Estadual de Ordem Política e Social) de São Paulo. Na ocasião, Braun confirmou que vários membros do partido no Brasil estavam envolvidos em transações bancárias e financeiras ilegais e que dinheiros dos alemães que moravam no Brasil haviam sido guardados em contas sigilosas na Suíça.[141] O próprio Otto Braun acabou perdendo a oportunidade de voltar para o *Reich*. Depois do fim da guerra, solicitou a cidadania brasileira.

Amargurado, Johann Spieweck recusou um emprego no Ministério das Relações Exteriores. Sua simpatia em relação aos colegas diplomatas já tinha diminuído bastante. Primeiro, ele ocupou um cargo no departamento para política de assentamentos no ministério de Alfred Rosenberg. Depois era para ser transferido para a região leste como comissário de área. Mas Spieweck, decepcionado desde o seu "regresso à pátria", não tinha grande apreço por Rosenberg, desde 1941 o ministro do *Reich* responsável pelos territórios do leste ocupados – a região do Báltico, a Bielo-Rússia e a Ucrânia – e corresponsável pelo confinamento dos judeus em guetos. Depois da guerra, sempre voltaria a garantir ao filho Günther que nunca soube nada das barbaridades ordenadas pelo "Ministério do Leste". Segundo Spieweck, só havia "covardes" no seu local de trabalho.

"Dr. Goebbels declarou a 'guerra total', o general Unruh fazia uma varredura nos órgãos oficiais e nas empresas atrás de soldados que pudessem ser utilizados na guerra, e no Ministério do Leste também começou a se instalar um grande medo entre os funcionários. Em fevereiro de 1943, Kurt, de 33 anos, irmão de Johann Spieweck, contou-lhe que fizera a campanha do leste desde o primeiro dia, fez um relato sobre a "cruel realidade da luta no leste, a supremacia dos russos e as ordens de seguir lutando que vinham do QG do *Führer*, impossíveis de obedecer." Kurt aconselhou o irmão a deixar o Ministério do Leste, enquanto ele próprio voltou rumo ao leste como tenente e líder de artilharia. Morreu em combate no dia 7 de agosto de 1944 em Leitani, na Letônia. Seu corpo nunca foi encontrado.

Spieweck, o líder regional nazista de Nova Berlim no Sul do Brasil, acabou se alistando voluntariamente em 1943 na divisão Panzer em Potsdam, onde foi mandado na condição de recruta para a caserna Garde-du-Corps da 2ª Companhia. "Assim começou um novo capítulo na minha trajetória – a vida de soldado", escreveria depois.

Naquele mesmo ano, Spieweck foi transferido para a Dinamarca, onde assumiu o cargo de chefe de cozinha e da cantina na condição de suboficial de abastecimento da companhia.

O alemão do *Reich* que veio do Sul do Brasil se revelou um excelente organizador. "De 15 em 15 dias eu levava meus dois cozinheiros de campanha, que eram açougueiros de profissão, para as aldeias da região e trocava cigarros e tabaco por porcos. Estes eram abatidos ali mesmo e, à noite, transformados em toucinho, linguiça, presunto e carne defumada na nossa cozinha. Vendíamos estes produtos cobiçados aos soldados que saíam de férias, para que eles levassem às suas famílias. Tudo isso tinha de acontecer com o máximo de sigilo, pois era estritamente proibido comprar alimentos e a polícia estava de olho."

Enquanto isso, a família de Spieweck estava morando na longínqua cidade de Reutlingen, no sudoeste da Alemanha. Os filhos adolescentes, Otto e Hans, frequentavam uma escola de Stuttgart para alemães do exterior onde recebiam uma rígida formação de pessoal especializado. Os pedagogos, todos oficiais da SS que não podiam ir ao *front* em virtude de ferimentos de guerra, tentavam formar novas lideranças dentro da ideologia nazista. Sua missão seria disseminar a ideologia nazista pelo mundo mais tarde.

"O mais velho do nosso quarto, Heinz Strauss, tinha nascido em Yokohama, no Japão. Carlo Sperrle era italiano, sobrinho de um general da Luftwaffe; um certo Trautmann de Cabul, no Afeganistão; Helmut Schünemann de Teerã no Irã e Herbert Hodapp de Cantão, na China", registrou Hans Spieweck, hoje com quase 80 anos. Um grupo diversificado, nascido e criado "longe do país de seus ancestrais". Eram obrigados a escutar com devoção as falas de Hitler e longas palestras sobre o fuzilamento de criminosos e sabotadores.

Na Dinamarca, Johann Albert Spieweck teve um grave acidente no dia 12 de março de 1944 e passou quatro meses no hospital de campanha. Em janeiro de 1945, ele chegou com sua unidade a Hadsten, na costa leste de Jütland. "Meu amigo Neckten, com quem eu me correspondia, me contou que havia sido assinado um acordo entre as partes beligerantes que alemães casados com cidadãos de países inimigos não podiam permanecer na Wehrmacht. Meckien, então cônsul em Cruzeiro, no Brasil, mandou-me o teor exato do decreto, que acabou nunca sendo publicado ou entrando em vigor." Desiludido, Spieweck decidiu solicitar seu desligamento da Wehrmacht, referindo-se a este "acordo", uma vez que era casado com uma brasileira. "Para mim, não havia mais chances de ganhar aquela guerra e eu não tinha a menor vontade de participar da derrota como soldado", escreveu em suas memórias. O plano deu certo. No dia 28 de janeiro de 1945, ele foi até a sua unidade em Potsdam para ser oficialmente liberado da Wehrmacht. Depois de chegar finalmente em casa, em Reutlingen, ainda passou várias semanas usando o mesmo uniforme, "pois minhas roupas tinham pegado fogo e não consegui comprar roupa nova, apesar de ter a permissão para tal – havia falta de mercadoria e os poucos produtos que ainda existiam nas lojas eram vendidos a preços altíssimos no mercado negro".

No fim das contas, o ex-soldado recebeu um cargo no serviço social do Front do Trabalho Alemão (Deutsche Arbeitsfront) como responsável pelo abastecimento dos campos de trabalhadores estrangeiros em Reutlingen.

No dia 15 de janeiro, bombardeiros britânicos destruíram quase todas as instalações ferroviárias, fábricas e casas de Reutlingen. A casa da família de oito membros ficou reduzida a escombros. Mas o governo mantinha o povo ocupado. Hans e Günther, os pirralhos uniformizados, prestavam serviço regular na estação ferroviária, ajudando a carregar as bagagens dos soldados do front. O primogênito Otto, de 15 anos, foi convocado a lutar na Wehrmacht. Megafones chamavam os garotos para reuniões na sala de concertos. Ali se falava de companheiros de guerra, armas e granadas. O inimigo estava diante dos portões da cidade. Crianças em idade escolar e idosos eram chamados ao combate.

"Em casa, nosso pai dizia 'não', e assim permanecia", anotaria mais tarde Hans Spieweck em suas memórias. Há muito tempo, o entusiasmo do antigo líder regional do Brasil pelo nacional-socialismo se dissipara. Mais uma vez, ele foi obrigado a constatar que "só os altos quadros do partido abandonaram a cidade à noite, levando todos os mantimentos". Arrependimento? Tarde demais.

O tempo do pós-guerra trouxe fome e pobreza. Os Spieweck moravam num barraco improvisado na periferia de Reutlingen, onde um total de 14 pessoas tinha que comer. "Foi o tempo mais magro da minha vida, e quantas vezes saímos da mesa com fome", lembra o filho Hans.

No final, a solidariedade corajosa para com um francês que estava sendo maltratado no campo de estrangeiros perto de Reutlingen, já perto do fim da guerra, permitiria a Johann Spieweck e sua família regressarem ao Brasil. Em sua função de controlador do campo, Spieweck se tornou testemunha de um abuso. "A guarda do campo consistia em homens da SS sob a chefia do comandante Polster, um sádico cruel. [...] Eu me meti no meio, arranquei o chicote das mãos de Polster e lhe proibi qualquer outro tipo de abuso, fazendo com que ele puxasse a pistola e passasse a me ameaçar também", contou Johann Spieweck aos filhos. A vítima revelou ser um oficial francês que trabalhava como espião na Alemanha de Hitler. "Quando, depois, eu me apresentei ao comando das forças de ocupação a fim de solicitar um passe para Stuttgart, fui chamado para a sala do capitão francês. Era o francês que havia sido maltratado. A ele eu devo o fato de a minha família ter sido deixada em paz. E ele tornou possível a minha volta para o Brasil."

Um caminhão decorado com bandeiras brasileiras enguiçado na frente da casa dos Spieweck na pequena cidade também revelou ser um feliz acaso. Os soldados brasileiros que haviam lutado ao lado dos Aliados contra o regime de Hitler entre 1943 e 1945 estavam voltando para casa via Alemanha e França. Deles, Johann Spieweck obteve a informação da existência de um comitê latino-americano e de acampamentos onde ficavam alojados os sul-americanos em Munique e em Kevelaar, no Baixo Reno.

A família ainda teve que passar por inúmeras idas até os órgãos competentes, uma espera infindável, permanências em estações ferroviárias destruídas e abarrotadas, pernoites em bunkers crivados de balas e sem calefação e um inverno terrivelmente gelado até o sonho da volta para a antiga pátria virar realidade. A organização de ajuda United Nations Relief and Rehabilitation Administration (UNRRA), fundada ainda durante a guerra, no dia 9 de novembro de 1943, por iniciativa dos EUA, da União Soviética, da Grã-Bretanha e da China, amenizou um pouco a miséria, já que os Spieweck eram brasileiros.

E o fato de os documentos do chefe da família estarem todos com o nome brasileiro João Spieweck ajudou a borrar o passado do ex-líder regional nazista. Sua mulher e seus filhos, todos nascidos no Brasil, tinham seus passaportes brasileiros de qualquer maneira.

No dia 27 de fevereiro de 1947, a família Spieweck saiu de Reutlingen e passou por Stuttgart, Heidelberg, Frankfurt e Hanôver até Hamburgo.

Ali, todos embarcaram no *Santarém*, um antigo cargueiro de carvão, cujos porões de carga tinham sido modificados para receber passageiros que emigravam de volta. "Até hoje, lembro muito bem da caminhada da estação até o abrigo com muitas bagagens, carrinho de bebê e com as crianças; do vento norte gelado, da visão daquele campo em que havia cerca de 1.600 estrangeiros de todas as nacionalidades; do jeito arrogante do comandante britânico, um oficial do Exército da Salvação, e de seus ajudantes, poloneses e iugoslavos", escreveu o velho Spieweck em seu diário. "A bordo havia uma enorme confusão, os homens iam para a proa, para os porões de carga, provisoriamente providos de beliches de madeira; as mulheres e crianças pequenas, para a parte central e popa do navio, onde ocupavam os alojamentos da terceira classe. Alguns privilegiados podiam ficar nas poucas cabines de primeira classe." Entre eles, a família Sommerlath. A futura rainha da Suécia estava junto a bordo. Seu pai Walther Sommerlath se tornara membro do grupo regional do NSDAP no Brasil já em 1934 e se comprometera a lutar pelas ideias do nacional-socialismo. Em 1938, voltou para a Alemanha, onde assumiu o comando de uma empresa que produzia material de guerra. Agora, voltava para o Brasil.

No domingo, 27 de fevereiro de 1947, com temperaturas de 28° abaixo de zero, o enorme cargueiro passou pelo rio Elba congelado com ajuda de quebradores de gelo. O inverno chegara com força total. Uma camada de 80 centímetros cobria a terra. Pesadas carroças puxadas por cavalos deslizavam pelos rios congelados.

Despedida simbólica da pátria congelada? Vinte e oito dias depois, no dia 1º de março de 1947, o *Santarém* ancorou no cais da Praça Mauá no Rio. Os termômetros marcavam 40°.

A família Buchholtz
"Heil Hitler!"

O alemão do *Reich* e convicto nacional-socialista Gustav Buchholtz continuava confiante ainda na primavera de 1942. Depois da recepção eufórica em Frankfurt, mudou-se com sua pequena família para Itzehoe. Ali, sua jovem esposa foi acolhida por parentes com a filhinha de 3 anos e o filho de 1 ano de idade. O jovem pai de família empregou-se em Kiel no tradicional estaleiro Howaldt, subordinado à Marinha de Guerra desde 1939. Ali foram construídos 31 submarinos graças à mão de obra de trabalhadores forçados, prisioneiros de guerra e internos de campos de concentração. Desde 1936, todos os funcionários da empresa eram obrigados a entregar uma declaração sobre a sua origem "ariana". Inicialmente, Gustav Buchholtz pretendia se alistar na Waffen-SS, mas acabou topando a sugestão de um amigo dos tempos de Brasil para participar da "Transportflotte Speer", a Flotilha de Transporte Speer, em Narvik, na Noruega. Nuna Buchholtz anotou no diário de sua pequena filha:

"Papi foi para Narvik em agosto de 1943 como gerente da flotilha de transporte Speer. Bem que o teu Papi poderia ter ficado na Alemanha [...] mas como bom nacional-socialista e como homem alemão genuíno, decidiu-se voluntariamente por Narvik para poder servir à pátria com a melhor consciência. Quando te tornares adulta, haverás de ter orgulho do teu pai."

Entre agosto de 1943 e fim de 1944, Gustav Buchholtz chefiou a unidade Narvik e a partir de janeiro de 1945 até o fim da guerra, a unidade de Trondheim, sendo ao mesmo tempo o responsável pela área da Noruega Central para a flotilha.

Para Nuna Buchholtz, a teuto-brasileira nascida em boa família, o Brasil ficou distante. "Até os 32 anos de idade, vivi sem preocupações, mimada pelos meus pais e meus irmãos e depois principalmente por Gusch." Agora ela dispunha de muito pouco espaço para viver. Com muita dificuldade ela suportava a escuridão, os alarmes antiaéreos, os bombardeios, a constante falta de alimentos e de carvão e lenha para aquecer a casa, além da ausência do marido. Nesses tempos difíceis nasceu seu terceiro filho, Rainer, em 6 de abril de 1944.

Apesar disso, sua devoção ao *Führer* continuava inquebrantável: "Como é difícil a vida de nossos soldados no *front* que tanto lutam por nós na pátria. É uma luta difícil, mas nós venceremos, e o futuro da Alemanha será maravilhoso [...]. O *Führer* Adolf Hitler nos conduzirá à vitória junto com Deus." Mas Gustav Buchholtz foi feito prisioneiro pelos ingleses na cidade norueguesa de Trondheim. Sua mulher e seus filhos tinham diante de si uma perspectiva sombria: "Alguns dias antes da capitulação incondicional a população ainda recebia alimentos dos estoques da Wehrmacht. Depois disso, a ordem era: virem-se!"

Assim como os Spieweck, os Buchholtz também puderam contar com a UNRRA, recebendo não apenas mantimentos como também informações do Brasil. Os parentes mandavam fartos pacotes com mercadorias para os familiares que passavam fome na Alemanha. "Havia coisas maravilhosas, principalmente café em grãos, os 'diamantes negros' que abriam todas as portas. Meio quilo de café valia 10 quilos de carne ou duzentos ovos."

"Agora esperamos ansiosamente pelo *exit-permit*, a autorização para poder voltar para o Brasil", confiou Nuna Buchholtz ao seu diário. "Ainda não sabemos se nosso Papi poderá ir conosco ou se precisaremos viajar sem ele. Quem sabe, no Natal estaremos todos no Brasil. Ah, como seria bom!" E de fato, no dia 27 de dezembro de 1947, Nuna Buchholtz iniciou a viagem de volta com seus três filhos — Gisela, Uwe e Rainer —, pois todos tinham passaportes brasileiros. Voaram em um avião da KLM de Hamburgo para Amsterdã, via Roma, Dacar e Natal, para o Rio de Janeiro. No dia 1º de janeiro de 1948, a teuto-brasileira aliviada encontrou na cama do seu quarto de hotel no Rio de Janeiro ensolarado "um conjunto de linho azul-claro, uma bolsa branca, sapatos brancos, uma blusa branca e algumas outras coisas [...]. Eu mal podia acreditar que estava de volta à pátria!" Sua irmã pensara em tudo carinhosamente.

Nove meses depois, no início de setembro de 1948, também Gustav Buchholtz chegou ao Brasil.

Ele fora libertado da prisão pelos ingleses no dia 1º de outubro de 1945. Mas como sua saída não foi autorizada pelas autoridades de ocupação britânica, ele atravessou ilegalmente a fronteira suíça. A passagem aérea e os dólares necessários tinham sido deixados para ele na embaixada brasileira.

"Não tínhamos a menor ideia dos crimes horrorosos que foram cometidos pelos nazistas. Mesmo no período de maio de 1942 a dezembro de 1947 na Alemanha, nunca ouvimos falar desses atos terríveis. Só sabíamos por alto dos campos de concentração e de que criminosos de guerra e judeus tinham sido levados para lá. Bem, sobre isso, muita coisa já foi relatada", escreveria Nuna Buchholtz mais tarde em seu diário.

Hans Henning von Cossel
Não sabia de nada?

Depois de chegar à Alemanha, Hans Henning von Cossel, líder do grupo regional do NSDAP no Brasil, buscou aproximar-se da Marinha, uma vez que tinha cursado a escola da Marinha na Primeira Guerra Mundial e, depois, servido a ela quando jovem. Mas primeiro precisava-se dele no departamento de estrangeiros do Ministério das Relações Exteriores em Berlim. Em agosto de 1942 ele voltou ao mar. De janeiro de 1944 a início de 1945, Von Cossel foi chefe da flotilha do porto de Veneza, subordinada à 2ª Divisão de Segurança no Mar Adriático. Pelas suas realizações, Von Cossel ganhou a Cruz Alemã de ouro em 1944. Depois, ele foi para o departamento de direito do Ministério das Relações Exteriores.

O último emprego de Von Cossel, a partir de abril de 1945, foi em dependências provisórias do Ministério das Relações Exteriores em Liebenau, próximo de Tettnang, em Württemberg. Originalmente, o castelo de Liebenau fora uma instituição de tratamento para doentes crônicos e pessoas com deficiências. A partir de julho de 1940, vários pacientes foram assassinados no âmbito do programa de eutanásia dos nazistas. Em 1942, a Wehrmacht instalou um hospital de campanha no local e algumas alas do antigo castelo passaram a abrigar partes de um departamento do Ministério das Relações Exteriores, entre eles, os Grupos de Trabalho IV, XII e XIII do Departamento Jurídico, sendo o último deles responsável pelos civis alemães presos em países adversários.

É inegável que Von Cossel viu de perto os crimes perpetrados pelo Terceiro *Reich*. Cada vez mais levas de judeus eram trazidas de Bergen-Belsen para o "campo" de Liebenau. Eles faziam parte do programa de "troca de judeus" à espera da autorização de saída do país. De Liebenau, o conselheiro de legação, Dr. Kundt, relatou por escrito que os recém-chegados estavam em "péssimo estado".[142] O mesmo Dr. Kundt já apresentara antes suas impressões ao Ministério das Relações Exteriores, em janeiro de 1945. "A maioria dos prisioneiros judeus estava subnutrida, em péssimo estado de saúde, muitos têm doenças de pele, coceira, sarna, erisipela etc. [...] A saída, para mim, é trazer os internos que serão trocados para cá [caserna de Ravensburg]. Nas três semanas que restam, essas pessoas poderiam se recuperar bastante bem. É um tempo suficiente para acabar com a má impressão", propôs o Dr. Kundt.

O trabalho de Von Cossel acabou no dia 10 de abril de 1945, com o avanço dos franceses. Hans Henning von Cossel, o ambicioso líder do grupo regional do NSDAP no Brasil e capitão-tenente altamente condecorado, permaneceu prisioneiro dos franceses até o ano de 1948.

Em 1953 ele fundou a firma Cossel & Stratmann em Frankfurt am Main. "Meu pai e Cossel continuaram amigos íntimos até o falecimento do meu pai em 1959", escreveu Olaf Prüfer, filho do último embaixador alemão no Brasil, Curt Prüfer. Olaf Prüfer, colega de escola de Gisela von Cossel, guarda até hoje suas reminiscências dos movimentados anos entre 1939 e 1942 na luxuosa residência do embaixador no Rio de Janeiro, "um castelo medieval idílico com vista para a baía de Guanabara". O embaixador Curt Prüfer voltou para o *Reich* em outubro de 1942 no navio *Cuyabá* junto com sua mulher, Anneliese, vinte anos mais jovem, e o filho Olaf. "Na viagem de trem depois de uma breve escala em Biarritz, meu pai foi informado por um alto oficial da SS sobre o extermínio em massa, os fuzilamentos de judeus e os massacres no leste. Impossível dizer que 'não sabíamos de nada'", diria Olaf Prüfer depois.

As filhas de Cossel – Gisela, nascida em 1930 na Alemanha, e Jutta, nascida em 1933 no Brasil – também vieram para a Alemanha com pai e mãe no *Serpa Pinto*. Mas elas só se lembram vagamente daquele tempo, e as memórias do período antes da guerra e durante, bem como os contornos das relações entre os fatos, não são mais nítidos para elas.

Assim, muitos traços se perdem.
E resta apenas a linguagem seca e impessoal dos arquivos.

Irène van Leeuwen
Nunca partiu, nunca chegou...

Totalmente sem recursos, porém aliviados, Irène van Leeuwen – a esta altura, com 15 anos – e seus pais seguiram viagem no final de junho de 1942 para Toronto, no Canadá, depois de uma breve escala de três dias em Nova York. Ali, foram acolhidos pela família Nunes-Vaz, judeus sefaraditas. Martin van Leeuwen logo encontrou um emprego na lapidação de diamantes Freudman & Cross. A adolescente Irène também aprendeu o ofício da lapidação de diamantes e à noite ainda cursava aulas de inglês.

Na esperança de ganhar mais dinheiro, Martin van Leeuwen mudou de endereço mais uma vez em 1946, voltando com a mulher e a filha para Nova York, onde florescia o comércio com diamantes. Mas seus sonhos não se realizaram. Cansado, exausto de tanto lutar, seu coração não aguentou. Martin van Leeuwen morreu no dia 10 de maio de 1948. Sua mulher Sophie van Leeuwen não suportou a perda. Sentia-se presa num país estrangeiro, longe das raízes, sem recursos e amargurada. Depois de pesar todos os prós e contras, decidiu voltar para a Europa, para Amsterdã, onde vivia sua adorada irmã mais velha Adèle com o marido holandês. As duas eram as únicas sobreviventes entre sete irmãos. Os outros irmãos e as irmãs haviam sido deportados e internados no acampamento de Westerbork com todos os seus familiares e foram assassinados nos campos de concentração.

Irène ficou na América. Em 1947, a jovem de 20 anos conheceu Frank Levita no metrô de Nova York e se apaixonou pelo jovem holandês bem-apessoado de 24 anos, único de sua família que sobrevivera aos horrores nos campos de concentração. Frank estava tentando construir uma nova vida nos EUA, o que era muito difícil, já que ele não tivera a oportunidade de ter uma formação escolar e perdera a sustentação familiar.

Frank se debatia com os demônios do seu passado, e Irène, muito jovem e inexperiente, não tinha como ajudar. "Ele tinha medo de abrir a caixa de Pandora", diz ela hoje. "Nunca superou o trauma de Auschwitz". Assim, a vida de Irène também acabou sendo atingida pela sombra comprida dos carrascos. A mãe de Frank, Greetje Prinz-Levita, uma judia holandesa, casou-se com Ernst Kantorowicz depois de se divorciar do primeiro marido. Bem mais velho do que ela, este intelectual alemão e professor de Teoria Social e Ciências Sociais no Instituto de Pedagogia das Profissões de Frankfurt desde 1930 vinha de uma família judia secular e aculturada. Tendo sido obrigado a entregar seu cargo em 7 de abril de 1933, passou a trabalhar com Martin Buber como professor contratado e catedrático honorário de Ensino Religioso Judaico e Ética em Frankfurt. Agnóstico, era responsável agora pela formação de adultos judeus na Alemanha.

Foi nesse ambiente intelectualmente privilegiado e protegido que Frank e sua irmã Ellen cresceram na casa do padrasto. Mas o dia-a-dia se tornava cada vez mais insuportável na Alemanha nazista. Durante o *pogrom* de novembro de 1938, Ernst Kantorowicz foi deportado para o campo de concentração de Buchenwald e libertado somente algumas semanas depois. Naquele mesmo ano, a família deixou a Alemanha, acreditando estar a salvo do perigo marrom em Amsterdã. Ledo engano. No dia 20 de junho de 1943, Ernst Kantorowicz, sua mulher Greetje e os filhos Frank e Ellen foram levados ao campo de Westerbork e deportados em seguida para o campo de Theresienstadt. Ali, no outono de 1944, a chefia do campo mandou que Ernst Kantorowicz escolhesse os judeus que deveriam ser deportados para a câmara de gás em Auschwitz. Horrorizado, Kantorowicz recusou e foi enviado então ele próprio para Auschwitz, onde morreu em outubro de 1944.[143] Sua mulher e a pequena Ellen, doentes, foram levadas para Bergen-Belsen e lá morreram de tifo pouco antes do final da guerra.

Frank, então aos 21 anos, conseguiu escapar durante a marcha da morte de Auschwitz para o campo de trabalho de Meuselwitz I-III e V, subordinado ao campo de Buchenwald. Em abril de 1945, 11 dias antes da capitulação, depois de uma fuga audaciosa por florestas inóspitas com o amigo Walter Thalhaimer, chegou a Bad Franzensbad, onde ambos encontraram as tropas americanas.

O primeiro filho de Frank e Irène Levita-van Leeuwen ganhou o nome de Martin em homenagem ao pai de Irène, já falecido. A filhinha foi batizada de Ellen, homenageando a irmã de Frank assassinada no Holocausto. Mas durante toda a sua vida Frank Levita nunca mais falou uma palavra sequer sobre a deportação, a vida em Theresienstadt e Auschwitz e sua fuga. Seu silêncio fazia sofrer a ele próprio e à sua jovem mulher. Ele não encontrava mais sossego. Torturado por pesadelos, não conseguia resolver a perda dos pais e de sua pequena irmã, as lembranças humilhantes das condições nos campos e a suposta culpa de haver sobrevivido. Os psiquiatras chamam isso de síndrome da culpa do sobrevivente. "Naquela época, pouco depois da guerra, ninguém nos ajudava. Os psiquiatras e psicólogos só reconheceram este fenômeno muito depois – tarde demais para nós", diz hoje Irène. Frank Levita não conseguiu mais suportar a vida cheia de lembranças pesadas e cometeu suicídio em 1989. O desesperado sobrevivente de Auschwitz gravou algumas frases em fita-cassete para a mulher e os filhos. Disse que a vida inteira se sentira prisioneiro de si próprio, que nunca passara uma noite sequer sem pesadelos. E pediu que suas cinzas fossem espalhadas perto de suas amadas mãe e irmã em Bergen-Belsen.

Frank deixou Irène para trás com seus pensamentos. O que ela poderia ter feito? O que cabia a ela fazer? Ela, que conseguira escapar com o *Serpa Pinto*, tampouco encontrou a paz. Sua vida foi determinada pela separação de tudo e de todos, pelo desenraizamento e insegurança. "Quando vou me deitar e fecho os olhos, penso em lugares em Antuérpia como a avenida De Keyserlei, a rua Hulskamp e o Astridplein e anseio por um sonho bonito."

Na verdade, ela nunca partiu de sua pátria. E nunca chegou a lugar algum.

Hitler lhe legou essa solidão.

Para sempre. Do outro lado do oceano.

Jacques Padawer
Uma quinta vida

Depois da travessia a bordo do *Serpa Pinto*, a família Padawer instalou-se no bairro nova-iorquino do Queens em junho de 1942. Maurice Padawer, o chefe da família, estava sofrendo com a perda irreparável da base de sua subsistência, a bem-sucedida fábrica de capas de chuva e a florescente cadeia comercial Au Roi du Caoutchouc na Bélgica. O ex-comerciante têxtil estava à procura de trabalho e se esforçou em aprender o ofício de lapidador de diamantes, na esperança de poder alimentar sua família de cinco membros. Mas só conseguiu fazer isso até certo ponto.

"Ele treinava horas a fio, virava a lupa e lutava com aquelas pedrinhas – mas não adiantava, ele não tinha jeito para a coisa", lembra o filho mais velho, acrescentando, melancólico: "Meus pais eram corretos, retos, corajosos e modestos. Sua vida mudara totalmente da noite para o dia. Mas eles não faziam disso um problema. Nem falavam muito sobre isso. Talvez fosse melhor se tivéssemos falado mais. Naquele tempo, eu ainda estava muito preocupado comigo mesmo, minha escola, meus estudos e minha carreira profissional. E eu tampouco queria falar." Quase ninguém queria falar. Todos silenciavam e tentavam passar para a normalidade.

Por causa de seus conhecimentos insuficientes de inglês, Jacques Padawer, então com 17 anos, apesar de seus excelentes boletins escolares na Bélgica e na França, teve que provar seu bom nível antes de ser admitido na Forest Hills High School no bairro do Queens. O ginasiano, que tinha pendores científicos, conseguiu resolver os problemas de matemática e de química num instante e foi liberado das aulas de línguas estrangeiras. Mas teve problemas com o idioma inglês. Com a ajuda de uma professora de biologia e de um dicionário inglês-francês, o ambicioso aluno conseguiu ir em frente. Ganhava seu dinheiro com aulas de reforço de francês. Além disso, revelava filmes e, assim, concorria com o *drugstore* vizinho. Depois dos exames finais da *high school*, Jacques Padawer se candidatou em 1944 para a faculdade de Biologia no New Yorker City College, que não era muito difícil, mas o jovem obstinado e inteligente teve um impasse na hora de preencher o rígido formulário de matrícula da universidade americana. Tendo sido empurrado de um lado para o outro até 1942, o jovem achou supérflua a pergunta sobre sua "proveniência nacional" e se sentiu provocado. Respondeu que era belga, francês (mãe), polonês (pai), russo (avô), tcheco (avó), mas a resposta não agradou.

"Não precisamos saber de todos esses detalhes", observou o funcionário responsável com frieza.

"Mas o que querem saber então?", retrucou o estudante rebelde.

"Você é judeu?", veio a pergunta.

Jacques reagiu imediatamente. "Eu não tinha escapado dos nazistas para escutar as mesmas idiotices em Nova York", irrita-se até hoje. Não estava mais disposto a aguentar as humilhações do passado. "Encarei o homem, fechei os olhos, disse *fuck you* e abandonei a sala." Três meses depois desse episódio, o judeu belga, então já com 19 anos, decidiu se alistar no Exército americano e obteve, assim, a cidadania do país.

Em fevereiro de 1945, Jacques Padawer voltou a cruzar o Atlântico para a Europa, dessa vez de uniforme americano, no *Brésil*, um navio de passageiros adaptado para a tropa. Era o filme passando de trás para a frente. A guerra o tinha de regresso. Uma guerra que, para ele, até hoje ainda não terminou – nem de dia, nem de noite. Agora o jovem judeu de Bruxelas, cuja coleção de insetos assustara oficiais alemães da SS a ponto de terem-no deixado correr, estava na "sua" fronteira belga, lutando do lado americano com a US 97th Infantry. O Reno, última barreira natural, fora ultrapassado já em março e em meados de abril as últimas tropas da frente ocidental na região do Ruhr haviam reconhecido sua derrota. Com sua unidade americana, o jovem soldado judeu cruzou paisagens alemãs de escombros e destroços até chegar à linha Carlováry-Pilsen-Budweis, onde as carroças de boi e de cavalo bloqueavam as estradas e milhares e milhares de refugiados tentavam escapar das tropas soviéticas que avançavam. Também as colunas alemãs, que tentavam fugir para o oeste com seus pesados tanques da Wehrmacht e os soldados alemães derrotados, esperavam pelo menos conseguir alcançar os americanos.

Jacques Padawer sentia-se satisfeito. E não era para menos. "Um exército inteiro suplicava para não ser entregue aos russos", ironiza o ex-soldado americano, que passou a interrogar os nazistas derrotados por causa de seus conhecimentos de iídiche e de alemão. Uma situação macabra.

De volta aos EUA, Jacques Padawer seguiu sua vocação e terminou seus estudos de Biologia. Em seguida, trilhou uma carreira notável na área de Anatomia do Albert Einstein College of Medicine no Bronx. Este renomado instituto, um dos melhores na pesquisa biomédica, atraía, já nos anos 1960, cientistas do mundo inteiro.

Numerosas publicações e várias patentes portam a assinatura de Jacques Padawer. Em 1963, o jovem professor passou dois meses de seu ano sabático na Universidade de Kiel, na Alemanha, a pedido de seu reitor, o neuroendocrinologista Ernst Scharrer, um imigrante não-judeu. "Aquilo foi um osso duro de roer. Mas os jovens funcionários do laboratório, quase crianças ainda, me ajudaram a superar minha repugnância irracional em relação aos alemães que eu ainda tinha naquele ano de 1963. Viviam me perguntando tudo, pelo jeito ainda não conseguiam conversar com seus pais sobre aqueles tempos cruéis." Os criminosos também silenciavam.

Jacques Padawer perdeu vários familiares no terror nazista, entre eles uma prima de 1 ano e meio, outra de 11 e um primo de 12. Sua tia Dora, irmã do pai, foi presa junto com o marido Aron e os dois filhos durante uma tentativa de fuga através dos Alpes, todos foram levados para um campo de concentração e assassinados. Ao tentar buscar dinheiro na Bélgica, em 1943, o tio Samuel Blum, cunhado do pai, caiu nas garras da Gestapo e foi deportado para Auschwitz. David Blum, filho de Samuel e primo de Jacques, foi para o campo de Noé e mais tarde para Buchenwald. Mas David sobreviveu.

"Até hoje eu carrego esses traumas, mas estou vivendo a minha quinta vida", diz Padawer, hoje um octogenário que ainda fala um francês com sotaque belga e sabe que 65 anos é um longo tempo para reminiscências. "Às vezes, me pergunto se posso confiar na minha memória ou se toda essa história é apenas um reflexo dos meus pesadelos."

A dor, a raiva, a vergonha e a tristeza continuam profundamente enraizadas no coração de Jacques até hoje. Agora, ele quer tentar se libertar aos poucos. "Às vezes, não sei o que é melhor – soltar aquele macaco sentado nas minhas costas ou deixá-lo sentado lá?", pergunta-se. "Muitas vezes eu me senti cansado demais para continuar lutando e sofro até hoje com o estresse pós-traumático."

Maurice e Thérèse Padawer, os pais de Jacques, nunca se sentiram em casa nos EUA. Não conseguiam fazer contato no Novo Mundo. Sentiam falta de sua pátria na avenue de la Ramée em Uccle e da vida em família na Bélgica. Seus filhos encontraram uma nova pátria na América, ainda que tenham ficado a vida inteira presos em pesadelos infindáveis.

Américo dos Santos
A única testemunha

O capitão Américo dos Santos e sua tripulação portuguesa deviam e queriam voltar para casa, para o porto de Lisboa. Ele, seus marinheiros, cozinheiros, comissários de bordo, músicos e enfermeiros haviam se desincumbido da melhor forma possível tanto do regresso dos "diplomatas", no dia 5 de maio de 1942 do Rio de Janeiro para Lisboa, quanto da travessia no mês seguinte dos refugiados judeus de Lisboa para Nova York, passando por Casablanca. Agora era hora de pilotar o navio de volta para a Europa.

No começo de 1942, o governo americano começara não apenas com a repatriação das chamadas lideranças nazistas e dos diplomatas, como também de cidadãos alemães. Homens alemães com suas famílias, que viviam nos EUA ou na América Latina, mas tinham sido presos depois que os EUA entraram na guerra, esperavam que sua situação melhorasse. Já o Ministério das Relações Exteriores de Hitler queria se livrar dos americanos em território alemão e trazer de volta para casa os alemães que viviam no exterior.

Assim, o *Serpa Pinto* iniciou mais uma nova viagem em 3 de julho de 1942. A bordo, 941 alemães dos EUA e da América do Sul que estavam presos nos EUA e seriam trocados por cidadãos americanos presos na Europa.[144] Mas o navio superlotado foi interceptado pelo Departamento de Estado americano,[145] e 232 teuto-americanos tiveram de voltar para a terra firme. O governo da Alemanha foi acusado de ter rompido o acordo e de ter desrespeitado o teor da combinação, mandando sair as pessoas erradas. Os americanos reagiram com uma ação de "pavio curto".

O vapor *Drottningholm*, de bandeira sueca neutra, percorrera a rota de Nova York para Lisboa e de volta, entre os dias 7 de maio e 3 de junho de 1942, levando 932 alemães para a Europa e seiscentos americanos para os EUA. O ministro do Exterior do *Reich*, Joachim von Ribbentrop, constatou que, embora muitos descendentes de alemães estivessem esperando para sair nos EUA, havia poucos americanos presos na Alemanha ou nos territórios ocupados pelos alemães. Assim, começou a tomar corpo em Berlim o plano de oferecer judeus para troca, a fim de trazer de volta o maior número possível de alemães. Mas desde o início esse plano estava fadado ao fracasso. Os órgãos de segurança americanos desconfiavam e os britânicos temiam que os nazistas pudessem se beneficiar de muita *intelligentsia* voltando para casa. Além disso, o "material humano" que entrava nos EUA constituía um problema, pois muitos dos imigrantes mal falavam inglês e não tinham recursos financeiros.

Os alemães também estavam irritados. Entre as pessoas que regressavam não havia apenas nazistas ardentes, como um irado Emil Prüfer deu a entender ao seu então adido para assuntos econômicos em Washington, Hans Thomsen: "Há até índios com toda a sua prole que se comportam no hotel como se estivessem na selva. Não têm a menor noção da língua alemã!"[146]

O intercâmbio teuto-americano começou a parar. Só o navio *Serpa Pinto*, parado pelo Departamento de Estado no dia 3 de julho, foi autorizado a seguir viagem em 8 de julho depois de minuciosa inspeção. Berlim informou Lisboa: "Favor solicitar ao Ministério do Exterior português para avisar a legação portuguesa em Washington a não causar problemas na concessão de passaporte coletivo para os repatriados do *Serpa Pinto*."[147]

Mas os alemães ainda esperavam poder intensificar a troca e procuraram mais candidatos potenciais para o intercâmbio. Em dezembro de 1942, depois de conversar sobre o assunto com Hitler e pedir permissão a ele, Heinrich Himmler ordenou mandar os chamados "judeus de troca" (*Austauschjuden*) com dupla nacionalidade, visto válido e ligações com os EUA ou a América Latina para campos de acolhimento. Em 1943, o *Obersturmbannführer* da SS Rudolf Kröning, chefe do departamento da polícia de estrangeiros do Órgão de Segurança do *Reich*, mandou um telegrama confidencial ao comandante da polícia e de segurança do distrito de Varsóvia: "Conforme enfatizado repetidamente em decretos anteriores, é preciso evitar todas as medidas no trato com esses judeus que possam ter efeitos desfavoráveis, principalmente para os numerosos alemães do *Reich* em território inimigo. Em especial, ordeno que cada funcionário seja instruído rigorosamente a evitar quaisquer maus-tratos ou abusos que não possam ser justificados no âmbito dos acordos internacionais [...]."[148]

Em junho de 1943, Kröning confidenciou ao conselheiro de legação do "grupo de trabalho de judeus" Eberhard von Thadden que estava sendo planejado um campo de internação civil especialmente para os judeus do programa de troca ao qual ele tinha objeções consideráveis, apesar de ser o responsável pela organização. O Ministério das Relações Exteriores tinha em mira o campo de Bergen-Belsen. Depois de uma inspeção em julho de 1943, Von Thadden constatou: "Para cumprir o plano desejado pelo Ministério das Relações Exteriores de disponibilizar de 20 mil a 30 mil judeus apropriados para um intercâmbio com o exterior, o campo é totalmente inadequado em sua forma atual. Não considero possível internar judeus no mesmo local junto com presos de campos de concentração e prisioneiros russos tuberculosos, se a intenção for deixar emigrar esses judeus para o exterior. Além disso, esses judeus acabam tendo em primeira mão material para fazer propaganda dos horrores. O comandante do campo contou, por exemplo, que o campo dos russos recebeu originalmente 18 mil presos de guerra, dos quais até agora morreram 17 mil. Esse fato não permanecerá ignorado pelos judeus ali abrigados."[149]

Apesar de tudo, Kröning acabou fazendo uma lista com a relação de judeus que preenchiam os requisitos de um intercâmbio.

Agora, faltava acertar os ponteiros com os EUA.

Enquanto isso, no campo de Bergen-Belsen, também chamado de "campo dos reféns" e instalado especialmente para os candidatos ao intercâmbio, as condições de vida eram menos duras. Sobreviventes relataram depois que soldados da SS carregaram suas bagagens, tratando-os de "senhor" e "senhora" e lidando com eles de forma civilizada. Todos puderam ficar com suas coisas e podiam sentar-se ao sol, ler romances e fazer cursos de inglês.[150]

Mas os americanos ainda não queriam conversa. Desconfiado, o Departamento de Estado continuava convicto de que não se deveria fazer nenhum pacto com o diabo. Já em março de 1941, o departamento lançara um artigo no *Saturday Evening Post* advertindo que a Gestapo fundara uma escola em Praga onde os nazistas aprendiam a caçar judeus, para isso aprendendo a ler em iídiche e hebraico e a rezar. Portanto, não se podia confiar nos refugiados.[151]

Como as negociações sobre um possível intercâmbio não chegaram a bom termo, a maioria dos "candidatos" foi levada no dia 26 de maio de 1944 para Auschwitz e assassinada.

Mais de 50 mil pessoas das mais diversas origens, nacionalidades e cores políticas deixaram sua pátria entre 1933 e outubro de 1941. Depois disso, era praticamente impossível sair por causa da proibição de deixar a Alemanha.

A maioria daqueles que buscavam um exílio eram judeus que tentavam desesperadamente se salvar da barbárie do nazismo. Entre eles, um grande número de importantes e criativos artistas, escritores, filósofos, cientistas e intelectuais.

Para o corajoso capitão do *Serpa Pinto*, a guerra estava longe de acabar em junho de 1942. O drama da tarefa que lhe fora imposta na viagem de Lisboa para a Filadélfia no dia 26 de maio de 1955 mudaria sua vida para sempre. "Pouco depois da meia-noite do dia 26 de maio de 1944, o terceiro prático informou ter divisado sinais luminosos. Por causa da escuridão e da posição do nosso navio, ele não tinha como localizar exatamente esses sinais. O primeiro oficial me acordou. Mal me informou, eu já escutei ruídos estranhos, corri para a ponte de comando e mandei sinais de luz para a direção indicada. Jorge Ventura da Silva, primeiro radiotelegrafista a bordo, tentou interpretar os sinais recebidos",[152] escreveria o capitão mais tarde no livro de bordo. O relógio marcava meia-noite e vinte minutos. O *Serpa Pinto* estava na posição latitude 33°58 norte e longitude 53°35 a oeste de Greenwich.

Américo dos Santos se metera com sua tripulação de 157 homens e 228 passageiros, todos refugiados, na ponta do *front* de guerra. No meio do Atlântico se via agora a silhueta de um enorme submarino alemão que emergiu para a superfície com o número U-541, sob o comando do capitão-tenente Kurt Petersen. A ordem era: parar imediatamente. E: *send a boat* – mandem um barco.

Ordem cumprida, um bote de salvamento foi preparado. O primeiro oficial Manuel Valente de Pinho e o segundo prático António Augusto da Silva Ramos embarcaram levando os documentos do navio, entre eles, os passaportes, a lista de passageiros, a lista da tripulação e a relação das mercadorias embarcadas em Lisboa e Leixões.

Enquanto isso, os passageiros assustados se reuniram no convés, acompanhando os acontecimentos, amedrontados. O capitão tentava acalmar os ânimos. Afinal, não era a primeira vez que, durante a travessia, um ou outro lado beligerante obrigava o navio a parar para uma inspeção de controle. Durante a guerra, o *Serpa Pinto* fora interceptado várias vezes por navios de guerra ingleses e americanos. Regularmente, aviões sobrevoavam o vapor, gerando intranquilidade entre as pessoas. Tudo isso sempre ocorreu sem maiores problemas. Mas agora se avizinhava uma tragédia. O bote de salvamento voltou, mas sem os oficiais, que tinham sido feitos reféns. Um oficial alemão e três marinheiros armados subiram a bordo do *Serpa Pinto*. Pediram mais informações sobre os passageiros e sobre a carga. O vinho do Porto embarcado em Leixões seria um problema? O oficial alemão não arredou pé e ordenou que todos os passageiros se reunissem com toda a tripulação no salão de festas da primeira classe. Todos os homens em idade para lutar no exército deveriam se apresentar. Quatro passageiros foram escolhidos, entre eles, um viajante da terceira classe, Camillo Grande Perez, de 24 anos. Ele recebeu autorização de ir até a cabine buscar mais roupa. Mas a demora do jovem em voltar irritou profundamente o oficial alemão, que acabou fazendo um ultimato. Se o passageiro desaparecido não fosse encontrado em cinco minutos, ele voltaria até o submarino e mandaria afundar o navio inteiro, com todos os passageiros e toda a tripulação. Desesperados, todos começaram a procurar. O homem foi encontrado e todos respiraram aliviados. Cedo demais. Ainda haveriam de passar por uma pesada prova. Os ponteiros marcavam agora 1h40 da madrugada. Américo dos Santos achou que a ação estava terminada, pediu uma confirmação por escrito dos três "presos" e esperou o regresso de seus oficiais retidos. O bote voltou às 2h15. Sem a confirmação solicitada, mas com a ordem do comandante do submarino de evacuar completamente o navio em vinte minutos. Depois deste prazo, o *Serpa Pinto* seria afundado. O capitão relataria depois:

"Só quem vivenciou os gritos das mulheres, as lágrimas dos homens e o choro das crianças depois do sinal para abandonar o navio e da ordem para abaixar os botes de salvamento poderá compreender o que significou essa tragédia desumana e impiedosa. Mas o tempo era escasso e não podíamos perder um só minuto. Todos os passageiros, mulheres, idosos, crianças já estavam no convés da primeira classe, onde os botes de salvamento seriam baixados. Sorte, pois isso facilitou as coisas – os pais não precisaram procurar seus filhos, nem as mulheres seus maridos. Fiz uma última ronda para me certificar que não havia mais ninguém a bordo do *Serpa Pinto* e entrei no último bote. Tudo isso aconteceu em 15 minutos."

A última ordem à tripulação dava conta de remar para bem longe do *Serpa Pinto* para que ninguém fosse atingido pelos destroços quando o navio explodisse. A noite era escura e o mar estava misteriosamente calmo. Todos esperavam apavorados pelo fim do prazo. O *Serpa Pinto* estava sozinho no meio do oceano. "Era de cortar o coração", escreveu o capitão. "O navio, abandonado, condenado inocentemente, esperando pela bala fatal, esperando a morte. Só nós que vivemos essa situação sabemos o que foram aquelas horas." O submarino alemão tomou posição. Todos achavam que era – agora. Mas nada aconteceu. Nada. Minutos se passaram. Horas. Um sol suave apareceu a leste por cima do oceano infinito, jogando a primeira luz do dia nos botes de salvamento que balançavam na água, desorientados, cheios de gente desesperada, abandonada ao próprio destino. Alguns botes já estavam próximos do horizonte, bem longe, quase fora do campo de visão.

Pouco depois das sete da manhã começou uma movimentação. O submarino procurou o bote em que estava o capitão, o comandante alemão ordenou uma aproximação e mandou que Américo dos Santos subisse a bordo sozinho. Depois de uma saudação militar, o capitão foi informado que o comandante do submarino estava esperando uma ordem telegráfica do comandante supremo da Marinha de Guerra alemã em Berlim. A ele cabia a decisão sobre se o navio devia ser afundado ou poupado.

Quando Américo dos Santos começou a protestar aos brados, o alemão o ameaçou com a pistola e prendeu o capitão na torre do seu submarino. Só às 17 horas do dia 27 de maio, 39 horas depois que os passageiros e toda a tripulação tinham abandonado o vapor, o telegrafista transmitiu a informação libertadora de Berlim: o *Serpa Pinto* não deveria ser afundado.

Américo dos Santos respirou fundo. Mas ele ainda tinha momentos difíceis pela frente. Numa negociação complicada e depois de suplicar longamente, ele finalmente convenceu o comandante alemão a autorizar a busca e o recolhimento dos botes de salvamento, todos balançando no meio do oceano Atlântico, a 1.200 milhas da costa americana e 600 milhas do Triângulo das Bermudas. A ação de busca nas águas durou mais de duas horas e meia, e outras três se passaram até que finalmente todos os passageiros e tripulantes estivessem a bordo. Mas nem todos puderam ser salvos. Foi registrada a falta de dois tripulantes, o cozinheiro Hermano António e o médico do navio Dr. António Ferreira Machado. Um bebê de 16 meses, a pequena Beatrice Trapunski, filha mais jovem de um casal de refugiados judeus, também não voltou mais. À meia-noite do dia 27 de maio de 1944, o *Serpa Pinto* prosseguiu a pleno vapor a viagem para o porto de Filadélfia, rumo à liberdade.

Na próxima viagem, partindo de Lisboa, o capitão Américo dos Santos levou o cardeal Manuel Gonçalves Cerejeira, simpatizante do regime de Salazar, para Moçambique, onde inauguraria a Catedral de Lourenço Marques. A companhia de navegação mandou instalar um trono na primeira classe para o enviado do Vaticano que representou os papas Pio XI e Pio XII em várias ocasiões no exterior.

Impiedosa, a guerra continuava fazendo estragos. No verão de 1944, Américo dos Santos mais uma vez teve que enfrentar violentas discussões entre os passageiros. Uma falsa notícia fora colocada no quadro de avisos do navio. A telefonia sem fio informara que Adolf Hitler morrera vítima de um atentado e que já fora formado um governo militar sob o comando do marechal Wilhelm Keitel. Os passageiros estavam agitados. A grande maioria não cabia em si de alegria e solicitou que o capitão interrompesse a viagem e voltasse. Mas um grupo pequeno repreendeu o capitão e fez queixa do aviso. Os ânimos estavam exaltados e só se acalmaram quando se descobriu que a informação fora pregada no quadro por um passageiro de nacionalidade chilena que provavelmente fazia parte do serviço secreto inglês ou americano e que apenas queria testar a orientação política de seus companheiros de viagem.

No fim de 1944, Américo dos Santos foi suspenso do serviço sob a alegação de ter tomado decisões sozinho durante as dramáticas negociações com o comandante do submarino alemão em maio de 1944. Um homem corajoso deixou o emprego, amargurado.

Bernardino Alves Correia, o orgulhoso presidente da Companhia Colonial de Navegação, não aceitou a decisão do almirantado. Depois de alguns meses, Américo dos Santos voltou para a ponte de comando do *Serpa Pinto*. Mas o legendário capitão levou seu amado navio pela última vez de Lisboa para Nova York. Nos EUA, assumiu o controle portuário pela sua companhia portuguesa em Nova York, na Filadélfia e em Baltimore.

Só em 1954 ele retomou a sua carreira de capitão já a serviço da Companhia União Fabril. Finalmente, foi condecorado pelas suas realizações nos anos de guerra com a preciosa Comenda Portuguesa da Ordem de Cristo e a Comenda Brasileira do Cruzeiro do Sul.

Mas os dias do legendário navio estavam contados. Em agosto de 1952, o *Serpa Pinto* ainda levou a delegação olímpica portuguesa para a Finlândia, onde serviu de apoio e albergue aos atletas portugueses em Helsinque. A viagem de ida com 451 passageiros a bordo durou 17 dias.

Na volta, o navio fez escalas nos portos de Estocolmo e de Copenhague.

O "navio da saudade" fez mais uma viagem para o Brasil, mas passou o bastão para o *Santa Maria*, um navio de passageiros maior e mais moderno. O *Serpa Pinto* entrou para a história como "navio herói" ou "navio da amizade". O *New York Times* o denominou de "navio dos refugiados".

Em 1955, o *Serpa Pinto* finalmente foi vendido para a Bélgica por 115 mil libras esterlinas e desmontado no porto de Antuérpia. No Museu da Marinha de seu porto natal de Lisboa pode-se ver hoje um modelo do legendário vapor.

AGRADECIMENTOS

Meus agradecimentos vão naturalmente aos vários funcionários pacientes de arquivos na Bélgica, França, Alemanha, no Brasil, nos Países Baixos e nos EUA. Quase sem exceção, todos se interessaram pelas minhas perguntas e me ajudaram de forma rápida e pouco burocrática. Penso especialmente no Dr. Gerhard Keiper do Arquivo Político do Ministério das Relações Exteriores em Berlim e em Daniela Rothfuss do Instituto Martius-Staden em São Paulo, Louis-Philippe Arnhem do Serviço Vreemdelingenzaken em Bruxelas, Vincent Slatt do United States Holocaust Memorial Museum em Washington e Luís Miguel Correia, que me abriu seu arquivo particular em Lisboa e disponibilizou as belas fotografias do *Serpa Pinto*. Sem a ajuda deles e de muitos, muitos outros eu nunca teria conseguido avançar em minhas pesquisas.

Sem Marlen Eckl, a jovem doutoranda que, ao longo das minhas pesquisas, estava se dedicando intensamente à sua dissertação *O paraíso está perdido em toda parte – A imagem do Brasil em trechos selecionados de refugiados do nacional-socialismo 1933-1945*, eu simplesmente não poderia ter realizado este trabalho. Ela me ajudou incansavelmente com entusiasmo, curiosidade, conhecimentos científicos e da língua portuguesa. Seu olhar preciso, seus questionamentos obstinados e suas correções melhoraram muito o meu trabalho. Da mesma forma, meu querido amigo Luc Leysen me apoiou crítica e criativamente; com sua paixão pela nossa língua materna em comum, ele cuidou da tradução para o holandês paralelamente à edição alemã. Ele me chamou atenção para essa lacuna a ser preenchida.

Meu profundo respeito vai acima de tudo para os protagonistas deste livro.

A Hans e Günter Spieweck, Gisela Buchholtz e Professor Dr. Olaf Prüfer, que, incondicionalmente, colocaram à minha disposição suas memórias muito pessoais, documentos de família e fotografias. Minha gratidão e meu respeito também vão para Irène van Leeuwen e Prof. Dr. Jacques Padawer, que, apesar de suas amargas experiências, contaram para mim, uma estranha, a sua vida com uma naturalidade surpreendente. Sem a sua grande confiança este livro nunca teria sido escrito.

Dr. Lievens Saerens e Dr. Marlen Eckl examinaram os originais com o olhar do especialista. Minha profunda gratidão por isso.

Agradeço pela confiança e paciência da minha editora, Dra. Heike Specht.

O entusiasmo de todos à minha volta pelo tema e pelo meu trabalho me encorajou e me motivou a levar o projeto até o fim.

FONTES, ARQUIVOS E LINKS

Johann Albert Spieweck, memórias *Ein bewegtes Leben* [Uma vida agitada]

Hans Spieweck, memórias *Mein Lebenslauf - Ein schönes Leben* [Minha vida, uma bela vida]

Irmgard Buchholtz, memórias, diário

Olaf Prüfer, memórias, cartas

Irène van Leeuwen, memórias, cartas

Jacques Padawer, memórias *My early years, Under German occupation, Coming to America, My Army days, Closure*

Instituto Martius-Staden - Arquivo e biblioteca, Daniela Rothfuss
Rua Itapaiúna, 1.355, Panamby, São Paulo, SP - 05707-001
Tel.: (11) 3744-1070
www.martiusstaden.org.br

Deutsche Dienststelle (Wast)
Eichborndann 179, 13403 Berlim
www.dd-wast.de; wast@com-de.com

Museum für Kommunikation (Museu das Comunicações)
Leipziger Str. 16, 10117 Berlim
www.museumsstiftung.de

Bundesarchiv
Finckensteinallee 63, 12205 Berlim
www.bundesarchiv.de

Deutsches Tagebucharchiv (Arquivo alemão de diários)
Postfach 1268, 79302 Emmendingen -
dta@tagebucharchiv.de

Information Service
Yad Vashem, P.O.Box 3477 Jerusalém 91034 - www.yadvashem.org

Deutsches Historisches Museum (Museu Histórico Alemão)
Unter den Linden 2, 10117 Berlim

Archiv der deutschen Wehrmacht (Arquivo da Wehrmacht)
Eichborndamm 179, Berlin-Reinickendorf

Bundesarchiv-Militärarchiv (Arquivo do Exército alemão)
Bibliothek - Wiesenthalstr.10, 79115 Freiburg - www.bundesarchiv.de

Conference on Jewish Material Claims Against Germany, inc.
Office for Germany: Sophienstr. 26, 60487 Frankfurt am Main

www.lateinamerika-studien.at
(Ursula Prutsch, *Das Geschäft mit der Hoffnung - Österreichische Auswanderung nach Brasilien 1918-1938*, Böhlau Verlag Wien/Köln/Weimar, 1996)

Cruz Vermelha Internacional ICRC:
www.icri.org; Archives.gva@icrc.org

Deutsches Schifffahrtsmuseum (Museu da Marinha Alemã)
Hans-Scharoun-Platz 1, 27568 Bremerhaven – info@dsm.museum

JewishGen Discussion SigLists: http://data.jewishgen.org; jmdv@telenet.be
Joods Museum van Deportatie en Verzet: Goswin de Stassartstraat 153, B-2800 Mechelen, Bélgica

Nationaal Gedenkteken van het Fort van Breendonk
Brandstraat 57, B-2830-Willebroek – www.breendonk.be; info@breendonk.be

TheJewishGen Holocaust Database

Aufbau 1934-1950 online

Shoah Foundation: vhi-web@usc.edu
USC Shoah Foundation Institute for Visual History and Education
Leavey Library
650 W. 35th street, suite 114, Los Angeles, CA 90089-2571 – Research vhi-acc@usc.edu

Testimony Collection: vhi-col@usc.edu; Teachers: vhi-edu@usc.edu; Family Testimony Copies: vhi-web@usc.edu

Allgenerations@aol.com
Stadsarchief Antwerpen (Arquivo da Cidade de Antuérpia)
FelixArchief
Oudeleewenrui 29, 2000 Antwerpen – stadsarchief@stad.antwerpen.be
Antwerps Joods Historisch Archief SB – http://stadsbibliotheek.antwerpen.be

SOMA
Luchtvaartsquare, 29, 1070 Brussel
cegesoma@cegesoma.be

Federale Overheidsdienst (FOD) Sociale Zekerheid
Dienst voor de Oorlogsslachtoffers
Luchtvaartsquare, 31, 1070 Brussel
warvictims@minsoc.fed.be

Oorlogsarchief: archidoc@minsoc.fed.be

Institut für Stadtgeschichte (Instituto para História da Cidade)
Münzgasse 9, 60311 Frankfurt am Main – www.Stadtgeschichte-ffm.de

Institut voor Oorlogs Documentatie NIOD
Herengracht 380, 1016 CJ Amsterdam

Rijksarchief Beveren (Arquivo Real Beveren)
Kruibesteenweg 39 bus 1, 9120 Beveren
rijksarchief.beveren@arch.be
http://arch.arch.be

Algemeen Rijksarchief en Rijksarchief in de Provinciën
Ruisborekstraat 2, B-1000 Brussel
Algemeen.Rijksarchief@arch.be

Arquivo Histórico de Blumenau

Gemeentarchief Kalmthout (Arquivo Municipal de Kalmthout)
Kerkeneind 13, B-2920 Kalmthout
archief@kalmthout.be

Secretariaat Commissie voor de Schadeloosstelling
Wetstraat 16, 1000 Brussel
http://www.combuysse.fgov.be
marc.detrazegnies@premier.fed.be

Sally Noach, *Het moest gedaan worden – Opfetekend door M.G.Haringman*, Apeldoorn, Semper Agendo N.V. 1971

Herinneringscentrum Kamp Westerbork (Memorial do campo de Westerbork)
Oosthalen 8, 9414 TG Hooghalen
info@kampwesterbork.nl

Frank Heirman, *Paleis om de hoek*, uitgegeven bij BMP 2007.

Roel Vande Winkel, *Nazi filmjournaals in bezet Belgie (1940-1944)*.
Vakgroepe Communicatiewetenschappen
Korpe Meer 11, B-9000 Gent
RoelVandeWinkel@UGent.be

Walter Reed, *The Children of la Hille*
422 Forest Avenue, Wilmette IL, 60091 USA – reedupuis@comcast.net

The Center for Jewish History
15 West 16th street, New York, NY 10011 – www.cjh.org

Internationaler Suchdienst (ITS)
Große Allee 5-9, 34454 Bad Arolsen – email@its-arolsen.org

KZ-Gedenkstätte Mittelbau-Dora (Memorial do campo de Mittelbau-Dora)
Kohnsteinweg 20, 99734 Nordhausen – www.dora.de; info@dora.de

"Woelige meidagen 1940 te Oost-ende", Copyright© 2006:
Maurice en Redgy Ferier
http://users.telenet.be/redgy.ferier

A teacher's guide to the Holocaust
Produzido pelo Florida Center for Instructional Technology,

College of Education, University of South Florida. © 1991 Kurt Lenkway.

Lieven Saerens, *Augustus 1942. De jodenvervolging in Borgerhout en de medewerking van de lokale politie*, in: Bijdragen tot de Eigentijdse Herinnering, nr. 4, 2002, p. 99-146.

Lieven Saerens, *Die Hilfe für Juden in Belgien*, in: Wolfgang Benz und Juliane Wetzel (org), *Solidarität und Hilfe für Juden während der NS-Zeit. Regionalstudien 4: Slowakei, Bulgarien, Serbien, Kroatien mit Bosnien und Herzegowina, Belgien, Italien*, Berlim 2004, p. 193-280.

Eric Laureys, *Meesters van het diamant. De Belgische diamantsector tijdens het nazibewind*. Tielt 2005.

http://fcit.usf.edu/holocaust/people/lenk13.htm
http://novomilenio.inf.br/rossini/Serpapin.htm
http://shipsinsulana.planetaclix.pt/photo2.htm
http://stevemorse.org
www.ancentry.com
www.ellisisland.org
www.exilordinaire.org
www.joodsmonument.nl
www.lexikon-der-wehrmacht.de/Suche.htm
www.portogente.com.br
www.simplonpc.co.uk/Portugal_Colonial.html (imagens do *Serpa Pinto*)
www.verzet.org/content/view/837/69/

Herinneringscentrum Kamp Westerbork (Memorial do campo de Westerbork)
Oosthalen 8, 9414 TG Hooghalen
info@kampwesterbork.nl

Frank Heirman, *Paleis om de hoek*, uitgegeven bij BMP 2007.

Roel Vande Winkel, *Nazi filmjournaals in bezet Belgie (1940-1944)*.
Vakgroepe Communicatiewetenschappen
Korpe Meer 11, B-9000 Gent
RoelVandeWinkel@UGent.be

Walter Reed, *The Children of la Hille*
422 Forest Avenue, Wilmette IL, 60091 USA – reedupuis@comcast.net

The Center for Jewish History
15 West 16th street, New York, NY 10011 – www.cjh.org

Internationaler Suchdienst (ITS)
Große Allee 5-9, 34454 Bad Arolsen – email@its-arolsen.org

KZ-Gedenkstätte Mittelbau-Dora (Memorial do campo de Mittelbau-Dora)
Kohnsteinweg 20, 99734 Nordhausen – www.dora.de; info@dora.de

"Woelige meidagen 1940 te Oost-ende", Copyright© 2006:
Maurice en Redgy Ferier
http://users.telenet.be/redgy.ferier

A teacher's guide to the Holocaust
Produzido pelo Florida Center for Instructional Technology,

College of Education, University of South Florida. © 1991 Kurt Lenkway.

Lieven Saerens, *Augustus 1942. De jodenvervolging in Borgerhout en de medewerking van de lokale politie*, in: *Bijdragen tot de Eigentijdse Herinnering*, nr. 4, 2002, p. 99-146.

Lieven Saerens, *Die Hilfe für Juden in Belgien*, in: Wolfgang Benz und Juliane Wetzel (org), *Solidarität und Hilfe für Juden während der NS-Zeit. Regionalstudien 4: Slowakei, Bulgarien, Serbien, Kroatien mit Bosnien und Herzegowina, Belgien, Italien*, Berlim 2004, p. 193-280.

Eric Laureys, *Meesters van het diamant. De Belgische diamantsector tijdens het nazibewind.* Tielt 2005.

http://fcit.usf.edu/holocaust/people/lenk13.htm
http://novomilenio.inf.br/rossini/Serpapin.htm
http://shipsinsulana.planetaclix.pt/photo2.htm
http://stevemorse.org
www.ancentry.com
www.ellisisland.org
www.exilordinaire.org
www.joodsmonument.nl
www.lexikon-der-wehrmacht.de/Suche.htm
www.portogente.com.br
www.simplonpc.co.uk/Portugal_Colonial.html (imagens do *Serpa Pinto*)
www.verzet.org/content/view/837/69/

REGISTRO DE IMAGENS

Hugo Grote, *Im Kamp und Urwald Südbrasiliens* (No acampamento e na floresta do Sul do Brasil), Buchhandlung des Waisenhauses GmbH-Halle (Saale) Berlim 1936 CAPA FRENTE +, p. 29

Fotografias da coleção de Luís Miguel Correia
http://lmcshipsandthesea.blogspot.com, p. 14, 16, 90, 91, 198, 209

Auswärtiges Amt [Ministério das Relações Exteriores], Politisches Archiv 11013 Berlim-www.auswaertiges-amt.de/diplo/de/AAmt/PolitischesArchiv/Uebersicht.html - 28k - Documentos, p. 18
K.Nr.V-1200/42 apenas a primeira página do documento, p. 232
R 41677-Liebenau Internierte aus Bergen-Belsen [Internos em Liebenau de Bergen-Belsen] I -1945, p. 246, 247
Situação dos judeus Bergen-Belsen R41482 apenas a página 3 do documento "confidencial" e von Thadden-Lage em Bergen-Belsen
R 99336 apenas as páginas 5 e 6 do documento

Propriedade particular família Spieweck, p. 45, 58, 75, 93, 96, 222, 226

Propriedade particular Gisela Buchholtz, p. 49, 88, 93, 95, 229

Arquivo Histórico Blumenau-Brasil
arquivohistorico@fcblu.com.br Adrian Kreuz, p. 51, 56

Maria Kahle, *Deutsche Heimat in Brasilien*, Verlag Grenze und Ausland-Berlin W 30- 1937, p. 61

Ana Maria Dietrich, *Nazismo Tropical? O Partido Nazista no Brasil*, São Paulo, Rio de Janeiro de 2007, p. 64

Arquivo Particular Lucius de Mello.
Primeira edição in: Lucius de Mello, *A Travessia da Terra Vermelha. Uma Saga dos Refugiados Judeus no Brasil*, Novo Século Editora, São Paulo 2006, p. 76

Propriedade Particular Irène van Leeuwen, p. 103, 107, 211

Propriedade Particular Jacques Padawer, p. 127, 183

Cegesoma SOMA-Luchtvaartsquare, 29-1070 Bruxelas
Beeldbank-e-mail:cegesoma@cegesoma.be, p. 123, 159

Lieven Saerens, *Vreemdelingen in een Wereldstad*, Uitgeverij Lannoo 2000, p. 113.

Dienst Vreemdelingenzaken-Lous-Philippe Arnhem-Administratief assistent/Assistant administratif-Dir.Logist.loc 2203-2205, Historische opzoekingen-Recherches historiques
WTC II, www.dofi.fgov.be, p. 129, 130

Joods Museum van Deportatie en Verzet, p. 144

Openbare Bibliotheken Antwerpen, p. 150

Nederlands Instituut voor Oorlogsdocumentatie (NIOD), p. 236

NOTAS

1 David Grossman, "De postduif van de Holocaust", in: *De standaard der Letteren*, 1/2/2008.
2 *The Palestine Post*, 24 de maio de 1942, seção 9, p.3: "Repatriation: The Portuguese ship *Serpa Pinto* arrived in Lisbon yesterday morning from Brazil with 81 German diplomats, 74 Italian diplomats and six Rumanian diplomats on board". United States Holocaust Memorial Museum, Vincent E. Slatt-Library, ramal 787-100, Raoul Wallenberg Place SW Washington DC 20024, email: archives@ushmm.org.
3 Grupo repatriado em maio de 1942 – R 127863 e K nr.V 1200/42 – Ministério das Relações Exteriores, Werderscher Markt, I, 10117 Berlim, Alemanha, http://www.auswaertiges-amt.de/diplo/de/AAmt/PolitischesArchiv/Uebersicht.html.
4 Arquivo Nacional da Alemanha (Bundesarchiv): documento R 5 do volume 3361, Finckensteinallee 63, D-12205 Berlim, E-mail: berlin@barch.bund.de.
5 Diário do capitão Américo dos Santos, in: Luís Miguel Correia, arquivo pessoal.
6 Luís Miguel Correia, "Os Paquetes Portugueses na Segunda Grande Guerra", quarta parte, in: *Revista de Marinha*, August 1983, p. 13.
7 Luís Edmundo de Souza Moraes, *Konflikt und Anerkennung: die Ortsgruppen der NSDAP in Blumenau und Rio de Janeiro* (Conflito e reconhecimento: as seções do Partido Nazista em Blumenau e no Rio de Janeiro) Metropol Verlag, Berlim 2005, p. 149.
8 Edith Freyse, *Brasilianische Sinfonie – Eine Familiensaga* (Sinfonia brasileira, uma saga familiar), Eugen Salzer Verlag, Heilbronn, 1982, p. 47.
9 Andrea Dahme-Zachos, *Zum Zusammenhang von Lebensgeschichte mit kollektiver Geschichte und kollektiven Identitäten bei der deutschsprachigen Minderheit und ihren Nachkommen in Brasilien. Eine biographieanalytische Arbeit* (Relação entre trajetórias individuais e a história coletiva e identidades coletivas nas minorias de fala alemã e seus descendentes no Brasil). Gardez! Verlag, Sankt Augustin, 2003.
10 Franz Kolaß, *Raum ohne Volk* (Espaço sem povo), C.L. Ungelenk, Dresden 1931, p. 37.
11 Edith Freyse, *Brasilianische Sinfonie* (Sinfonia brasileira), p. 67.
12 *Kleine Sammlungen* (Pequenas coleções), n. 86, Gaelzer-Netto, Guilherme, 1921-1941, intermediário para contatos com alemães e empresas brasileiras 7 fotos, diapositivos, cartas e textos pessoais. Ibero-Amerikanisches Institut (Instituto Ibero-americano) Preußischer Kulturbesitz - 10785 – Berlim, www.iai.spk-berlin.de, E-mail: iai@iai.spk-berlin.de.
13 Idem.
14 Luís Edmundo de Souza Moraes, *Konflikt und Anerkennung* (Conflito e reconhecimento), p. 29.
15 Karl Lustig-Prean, "Getulio Vargas. Brasiliens kleiner Diktator" (Getúlio Vargas. O pequeno ditador do Brasil), in: *Die Zeit. Halbmonatsschrift für Kunst, Kultur und Politik* (Viena), ano 2, n. 13, 01/07/1949.

16 Luís Edmundo de Moraes, *Konflikt und Anerkennung* (Conflito e reconhecimento), p. 110.
17 René Ernaini Gertz, *Politische Auswirkungen der deutschen Einwanderung in Südbrasilien. Die Deutschstämmigen und die faschistischen Strömungen in den 30er Jahren* (Efeitos políticos da imigração alemã no sul do Brasil. Os descendentes de alemães e as correntes fascistas nos anos 1930), Fachbereich Politische Wissenschaft der Freien Universität Berlin 1992, p. 103.
18 Luís Edmundo de Souza Moraes, *Konflikt und Anerkennung* (Conflito e reconhecimento), p. 225.
19 Maria Kahle, *Deutsche Heimat in Brasilien* (Pátria alemã no Brasil), Verlag Grenze und Ausland, Berlim 1937, p. 70.
20 René Ernaini Gertz, *Politische Auswirkungen der deutschen Einwanderung in Südbrasilien* (Efeitos políticos da imigração alemã no Sul do Brasil), p. 123.
21 Ana Maria Dietrich, *Nazismo tropical? O Partido Nazista no Brasil*. Dissertação inédita, Universidade de São Paulo 2007, p. 331.
22 René Ernaini Gertz, *Politische Auswirkungen der deutschen Einwanderung in Südbrasilien* (Efeitos políticos da imigração alemã no Sul do Brasil), p. 131.
23 Idem, p. 126-127.
24 Idem, p. 121.
25 Idem, p. 120.
26 Maria Kahle, *Deutsche Heimat in Brasilien*, p. 56.
27 Luís Edmundo de Souza Moraes, *Konflikt und Anerkennung*, p. 265.
28 René Ernaini Gertz, *Politische Auswirkungen der deutschen Einwanderung in Südbrasilien* (Efeitos políticos da imigração alemã no Sul do Brasil), p. 230-321.
29 Ana Maria Dietrich, *Nazismo tropical? O Partido Nazista no Brasil*, p. 249-250.
30 Idem, p. 236.
31 Avraham Milgram, *Os judeus do Vaticano. A tentativa de salvação de católicos não-arianos de Alemanha ao Brasil através do Vaticano (1939-1942)*, Imago Editora, Rio de Janeiro, 1944, p. 151.
32 Klaus Hart, *Brasilien feiert Diktator, Hitlerverehrer und Judenhasser Getúlio Vargas/ Neuer Spielfilm verfälscht Olga Benarios Lebensgeschichte* (Brasil comemora o ditador, venerador de Hitler e abominador de judeus Getúlio Vargas/Novo filme falsifica a história de Olga Benário), in: http://www.ila-web.de/brasilientexte/getuliovargas.htm.
33 Marlen Eckl, *...auf brasilianischem Boden fand ich eine neue Heimat. Autobiographische Texte deutscher Flüchtlinge des Nationalsozialismus 1933-1945* (... no solo brasileiro eu encontrei uma nova pátria. Textos autobiográficos de fugitivos alemães do nazismo 1933-1945), Gardez! Verlag, Remscheid 2005, p.188
34 Jeffrey Lesser, *A negociação da identidade nacional. Imigrantes – Minorias e a luta pela etnicidade no Brasil*, Editora UNESP, São Paulo, 2001, p. 229-230.
35 Käte Harms-Baltzer, *Die Nationalisierung der deutschen Einwanderer und ihrer Nachkommen in Brasilienals Problem der deutsch- brasilianischen Beziehungen 1930-1938* (A nacionalização dos imigrantes alemães e seus descendentes no Brasil como problema das relações Brasil-Alemanha 1930-1938), Colloquium Verlag, Berlim, 1970, p. 48.
36 Idem, p. 81.
37 Luís Edmundo de Souza Moraes, *Konflikt und Anerkennung*, p. 12.

38 Ana Maria Dietrich, *Nazismo tropical? O Partido Nazista no Brasil*, p. 162.
39 Maria Kahle, *Umweg über Brasilien* (De passagem pelo Brasil), Junge Generation Verlag, Berlim, 1940, p. 112.
40 Idem, p. 113.
41 Florian Beer, *Die Überlegungen des Dritten Reichs zur Rückholung deutscher Auswanderer aus Lateinamerika und die These von der 5. Kolonne – ein Widerspruch?* (As reflexões do III Reich sobre o resgate de emigrantes alemães da América Latina e a tese da 5ª coluna – uma contradição?), (Documento n. 5185 dos arquivos do conhecimento de GRIN), p. 10.
42 Nicolas Forster, *Deutsche in den USA und Brasilien während des Zweiten Weltkrieges* (Alemães nos EUA e no Brasil durante a Segunda Guerra Mundial), (Documento n. KI9292 dos arquivos do conhecimento de GRIN).
43 Käthe Harms-Baltzer, *Die Nationalisierung der deutschen Einwanderer und ihrer Nachkommen in Brasilien als Problem der deutsch-brasilianischen Beziehungen 1930-1938* (A nacionalização dos imigrantes alemães e seus descendentes no Brasil como problema das relações Brasil-Alemanha 1930-1938), p. 43.
44 Carrie Anne Endries, *Exiled in the Tropes: Nazi Protesters and the Getúlio Vargas Regime in Brazil 1933-1945*, dissertação inédita, University of Harvard, September 2005, p. 72.
45 Arquivo Geral da Marinha, Lisboa, 13/8/1940, 8_1/7.
46 Erich Maria Remarque, *Die Nacht von Lissabon* (*Uma noite em Lisboa*), Kiepenheuer & Witsch, Colônia, p. 5.
47 www.HannahArendt.net.
48 www.ellisisland.org.
49 http://www.deathcamps.org/reinhard/allies_de.html
50 Lieven Saerens, *Vreemdlingen in een wereldstad. Een geschiedenis van Antwerpen en zijn joodse bevolking (1880-1844)*, Lannoo, Tielt, 2000, p. 253.
51 Jean Améry, *Örtlichkeiten* (Localidades), Stuttgart, Klett-Cotta, p. 39.
52 Lieven Saerens, *Vreemdlingen in een wereldstad*, p. 387.
53 Jean Améry, *Örtlichkeiten* (Localidades), p. 41.
54 Lieven Saerens, *Vreemdlingen in een wereldstad*, p. 408-409.
55 Rexismo: o partido rexista, surgido em 1918 como um movimento de renovação cristã, aspirava a uma hegemonia valônica numa região ao sul da Bélgica.
56 Lieven Saerens, *Vreemdlingen in een wereldstad*, p. 428.
57 Idem, p. 460.
58 Nieuwe Encyclopedie van de Vlaamse Beweging-VNV *http://nl.wikipedia.org/wiki/Vlaams_Nationaal_Verbond*
59 Lieven Saerens, *Vreemdlingen in een wereldstad*, p. 440.
60 Idem, p. 450.
61 Idem, p. 474/475.
62 Idem, p. 477.
63 Idem, p. 477-482.
64 Jean-Pierre Azéma e Michel Winock, La IIIe République, Calmann-Lévy 1970 (1991) Cit. Doris Obschernitzki, *Letze Hoffnung – Ausreise, Die Ziegelei von Les Milles 1939-1942. Vom Lager für ünerwünschte Ausländer zum Deportationszentrum* (Última

esperança – saída para o exterior, a olaria de Les Milles 1939-1942. Do campo para estrangeiros indesejáveis para o centro de deportação), Hentrich & Hentrich, Teetz, 1999, p. 333.
65 Rudi van Doorslaer, *Gewillig Belgie. Overheid en Jodenvervolging tijdens de Tweede Wereldoorlog*, Meulenhoff/Manteau en SOMA, Antuérpia/Amsterdam/Bruxelas, 2007, p. 262.
66 www.Kinderstransport.org
67 Marion Neumann, "Ohne zu zögern – Die Flüchtlinge des Centre Américain de Secours" (Sem titubear – Os fugitivos dos Centre Americain de Secours), in: Aktives Museum (Org.): *Ohne zu Zögern. Varian Fry: Berlin-Marseille-New York* (Catálogo para exposição homônima), Verlag Aktives Museu, Berlim, 2007, p. 152. info@aktives-museum.de.
68 Rudi van Doorslaer, *Gewillig Belgie*, p. 228.
69 P. Schöttler, "*Eine Art,Generalsplan West*" ("Um tipo de plano geral para o Ocidente"), in: *Sozialgeschichte, Zeitschrift für historische Analyse des 20. und 21. Jahrhunderts, 18 (História social, revista para análise histórica dos séculos XX e XXI)*, (2003), p. 83-131.
70 Marion Schreiber, *Stille Rebellen. Der Überfall auf den 20. Deportationszug nach Auschwitz* (Rebeldes silenciosos. O assalto ao trem de deportação para Auschwitz), Aufbau Verlag, Berlim, 2002, p. 49.
71 Rudi van Doorslaer, *Gewillig Belgie*, p. 287.
72 Idem, p. 290/291.
73 Andreas Nielen, *Die Besetzung Belgiens und Frankreichs (1940-1940) und die Archive der Deutschen Militärverwaltung* (A ocupação da Bélgica e da França (1940-1944) e os arquivos da administração militar alemã), www.ihtp.cnrs.fr/prefets/belgien_frank_nielen.html.
74 Rudi van Doorslaer, *Gewillig Belgie*, p. 297.
75 Idem, p. 275.
76 Marion Schreiber, *Stille Rebellen* (Rebeldes silenciosos), p. 47.
77 Rudi van Doorslaer, *Gewillig Belgie*, p. 366.
78 Jean Améry, *Örtlichkeiten*, p. 60.
79 Rudi van Doorslaer, *Gewillig Belgie*, p. 313.
80 Idem, p. 279, 422.
81 http://www.combuysse.fgov.behoofdframevernl.html Eindverslag, Deel 2 – hoofdstuk, "Ondernemingen: beheer en liquidatie-Het beleid van Duitse de bezettende overheid".
82 Lingerie "Ao Cisne"– Anúncio (3/2/1924) G IV b, n. 78/I – Adolf Fobbe 50 anos (21/10/1936) G IV b, n. 78/2 - Zur Absfchiedsfeier auf der Chácara des ehemahligen Vereins fuer Deutsche Schaeferhunde... [Em Despedida na Chácara da associação para pastores alemães...] (26/5/1939) G IV b, n. 78/3 – Adolf Fobbe (9/6/1939) G IV b, n. 78/4.
Hauptversammlung des Deutschen Hilfsverein São Paulo [Assembleia geral da Associação Beneficente de São Paulo] (9/6/1939) G IV b, n.78/4 – Bierabend zum Abschied Adolf Fobbe [Cervejada de despedida de Adolf Fobbe] (9/6/1939) G IV b, n.78/4 – Ein Deutscher fährt heim [Um alemão vai para casa] (7/2/1935) G IV b, n. 261 – Verband deutscher Vereine: São Paulo: 4. ordentliche Vorstandssitzung [Liga das Associações alemãs de São Paulo: 4ª sessão ordinária de diretoria] (23/10/1935) G IV f, n. 12d/28

– Einigkeit und Recht und Freiheit: Deutschtums-Tagung – Pfingsten 1935 [União, Direito e Liberdade: Congresso sobre Germanismo – Pentecostes 1935]– II Teil ([?1935]) G IV f, n. 12d/25 – Deutsches Krankenhaus [Hospital Alemão] (17/04/1939) G IV f, n. 13a Verein Deutsches Krankenhaus [Associação do Hospital Alemão] (06/05/1938) G IV f, n. 13a – Allgemeiner Schriftwechsel [Troca de correspondência geral] 1930 – 1933 – Correspondência, circulares em geral Johannes Keller Schule [Escola] (1930-1933) G IVf, n. 31/12 Mappe I Festfolge für das 22. Stiftungs und Weihefest der Schulfahne 10. und 11. Juni 1933 [Pasta I, série comemorativa para a festa de fundação e consagração da bandeira da escola em 10 e 11 de junho de 1933], (10-11/06/1933) G IV f, n. 32/14 – Festschrift zum Schulfest (1935) G IV f, n. 37
Arquivo Martius Staden São Paulo – Brasil, Daniela Rothfuss: arquivo@martiusstaden.org.br.
83 Adolf Fobbe, nascido em 21/10/1886 em Hildesheim, está registrado em 23/03/1943 como integrante do exército no 4° regimento de tropa/Batalhão de Infantaria Nacional 657 (sede: Bruxelas). Não há registro de patente militar. Escrivão alemão (WASt) Ref. V2, Atribuições especiais do escritório alemão (WASt) Ref. V 2, Sonderaufgaben, 13400, Berlim, Leitung Archiv
84 E. Verhoeyen, "L'Orchestre Rouge en Belgique, 1939-1942", in: Ef. Balace (Org.), Jours de guerre/Jours melés, 1997, p. 141-160 (http://warvictims.fgov.be).
85 De Prins Gert- eMail (Leo Grosvogel e Joanna Pesant) Dienst voor de Oorlogsslachtoffers Archief – en documentatiedienst – Luchtscheepvaartsquare 31, Bruxelas, Bélgica, www.socialsecurity.fgov.be.
86 Rudi van Doorslaer, *Gewillig Belgie*, p. 500. Lieven Saerens, *Vreemdelingen in een wereldstad*, p. 569, 571.
87 Lieven Saerens, *Vreemdelingen in een wereldstad*, p. 536.
88 Idem, p. 516.
89 Götz Aly, *Hitlers Volksstaat. Raub, Rassenkrieg und nationaler Sozialismus* (Estado popular de Hitler. Roubo, guerra de raças e socialismo nacional), S. Fischer-Verlag, Frankfurt, 2005.
90 Idem, p. 18, 61.
91 Idem, p. 59.
92 Rudi van Doorslaer, *Gewillig Belgie*, p. 272-274.
93 Lieven Saerens, *Vreemdelingen in een wereldstad*, p. 583.
94 Götz Aly, *Hitlers Volksstaat* (Estado popular de Hitler), p. 146. Rudi van Doorslaer, *Gewillig Belgie*, p. 349, 411.
95 Idem, p. 157.
96 Lieven Saerens, *De Jodenjagers van de Vlaamse SS*, Lannoo, Tielt 2007, p. 98-100.
97 Kris Stabel-Thesis, *De Möbelaktion. Het Duitse beheer van de in Belgie geconfisqueerde Joodse goederen tijdens de Tweede Wereldoorlog*, www.ethesis.net/mobelaktion.
98 Götz Aly, *Hitlers Volksstaat* (Estado popular de Hitler), p. 318.
99 Marion Schreiber, *Stille Rebellen*, p. 59-61.
100 Rudi van Doorslaer, *Gewillig Belgie*, p. 546/547.
101 Idem, p. 547.
102 Lieven Saereus, *Vreemdelingen in een wereldstad*, p. 643.
103 Idem, p. 685.

104 Sven-Claude Bettinger, "'Das gefügige Belgien'. Das Königreich im Zweiten Weltkrieg" ("A 'Bélgica submissa', O reino na Segunda Guerra Mundial") , in: http://www.tribuene-verlag.de/TRI_Bettingcr.pdf.
105 http://de.wikipedia.org/wiki/vichy-regime; www.pinkernell.de/romanistikstudium/Frk20jh.htm.
106 Doris Obschernitzki, *Letzte Hoffnung – Ausreise* (Última esperança – saída para o exterior), p. 117.
107 http://de.wikipedia.org/wiki/vichy-regime; www.pinkernell.de/romanistikstudium/Frk20jh.htm.
108 Marion Neumann, "Frankreich ersehnte Zuflucht. Enttäuschte Hoffnungen" ("França – refúgio muito aguardado. Esperanças frustradas"), in: Aktives Museum (Org.) *Ohne zu Zögern (Sem titubear). Varian Fry: Berlin – Marseille – New York* (Catálogo para exposição homônima), Verlag Aktives Museum, Berlim, 2007, p. 68-94, p. 84. info@aktives-museum.de.
109 Doris Obschernitzki, *Letzte Hoffnung – Ausreise* (Última esperança – saída para o exterior), p.17.
110 Idem, p.119.
111 Rudi van Doorslaer, *Gewillig Belgie*, p. 211.
112 Sebastian Steiger, *Die Kinder von Schloß de La Hille* (As crianças do castelo de La Hille), Brunnen-Verlag, Basel, 1992, p. 127.
113 Jean Améry, *Örtlichkeiten*, Stuttgart, Klett-Cotta 1980, p. 93.
114 Anne Klein, *"Flucht-Migration und Antisemitismus in Frankreich 1939-1941"* (Migração de fuga e antissemitismo na França), in: Aktives Museum (org.): *Ohne zu Zögern (Sem titubear)*, p. 100-120 e p. 112/113.
115 Herta Pauli, *Der Riß der Zeit geht durch mein Herz. Ein Erlebnisbuch* (O rasgo do tempo atravessa o meu coração. Um livro de vivências), Viena, 1970, p. 203.
116 Angelika Meyer, "Gesucht von der Gestapo" ("Procurado pela Gestapo"), in: Aktives Museum (Org.): *Ohne zu Zögern* (Sem titubear), p. 128-147, p. 133-134.
117 Angelika Meyer, "Varian Fry: 'This is the story of the most intense experience of my life'", in: Aktives Museum (Org.): *Ohne zu Zögern* (Sem titubear), p. 24-39, p. 30. Doris Obschernitzki, *Letzte Hoffnung – Ausreise* (Última esperança – saída para o exterior), p. 27/28.
118 Doris Obschernitzki, *Letzte Hoffnung – Ausreise* (Última esperança – saída para o exterior), p. 247.
119 www.jdc.org.
120 Doris Obschernitzki, *Letzte Hoffnung – Ausreise* (Última esperança – saída para o exterior), p. 27.
121 Idem, p. 265.
122 http://library.fes.de/fulltext/afs/htmrez/80412.htm.
123 Traces.org/Teachers/Holocaust_heartland_course/UMCHGS.
124 Doris Obschernitzki, *Letzte Hoffnung – Ausreise* (Última esperança – saída para o exterior), p.279.
125 Idem, p. 282.
126 Pfalzatlas (Atlas do palatinado), volume de textos IV, Caderno 53, 1991.
127 Doris Obschernitzki, *Letzte Hoffnung – Ausreise* (Última esperança – saída para o exterior), p. 339.

128 Eugen Tillinger, "Tage in Portugal" ("Dias em Portugal"), in: Aufbau, ano VI, n. 36.
129 Alfred Döblin, *Autobiographische Schriften und letzte Aufzeichnungen* (Escritos autobiográficos e últimos apontamentos), Walter-Verlag, Olten, 1978, p. 314.
130 Christa Heinrich, *Zuflucht Portugal – Exilstation am Rande Europas* (Portugal, o refúgio – estação de exílio às margens da Europa), Filmexil- edition text+kritik na Richard Boorberg Verlag, Stuttgart, 2002, p. 5.
131 Eugen Tillinger, "Tage in Portugal".
132 www.uek.ch, "Die Schweiz- Der Nationalsozialismus und der zweite Weltkrieg" (Suíça - O nacional-socialismo e a Segunda Guerra Mundial) www.pendo.de.
133 Christa Heinrich, *Zuflucht Portugal – Exilstation am Rande Europas*, p. 9.
134 Alfred Döblin, *Autobiographische Schriften und letzte Aufzeichnungen* (Escritos autobiográficos e últimos apontamentos), p. 318.
135 Hans Sahl, *Das Exil im Exil. Memoires eines Moralisten* (O exílio no exílio. Memórias de um moralista), DTV, Munique, 1995.
136 Christa Heinrich, *Zuflucht Portugal – Exilstation am Rande Europas* (Portugal, o refúgio – estação de exílio às margens da Europa), p. 18.
137 Eugen Tillinger, *Eine dramatische Schiffsankunft. Was die Passagiere der "Serpa Pinto" erzählen* (Uma dramática chegada de navio. Os relatos dos passageiros do "Serpa Pinto"), in: Aufbau, ano VIII, n. 27, 3 de julho de 1942.
138 Aufbau, ano VIII, n. 22, 29 de maio de 1942.
139 http://www.deathcamps.org/reinhard/allies_de.html.
140 Ana Maria Dietrich, *Nazismo Tropical?*
141 Ana Maria Dietrich, *Caça às suásticas – O Partido Nazista em São Paulo sob a mira da Polícia Política*, Editora Humanitas/FAPESP/Imprensa Oficial, São Paulo, 2008, p. 212-222.
142 R 41677 Internierte aus Bergen-Belsen (Internos de Bergen-Belsen) I-1945.pdf.
Auswärtiges Amt, Werdescher Markt I, 10117 Berlim – http://www.auswaertiges-amt.de/diplo/de/AAmt/ PolitischesArchiv/Uebersicht.html – Dr.Gerhard Keiper.
143 Paul Arnsberg, *Die Geschichte der Frankfurter Juden seit der Französischen Revolution* (A história dos judeus de Frankfurt desde a Revolução Francesa), v. 3, Eduard Roether Verlag, Darmstadt, 1983, p. 235-236.
144 Akten der Gesandtschaft Lissabon (Documentos da legação em Lisboa) (caixa 384) – Troca de telegramas entre Berlim e Lisboa no volume R 41559 (Dep. Jur., intercâmbio de prisioneiros civis EUA, v. 5).
Auswärtiges Amt, Werderscher Markt I, 10117, Berlim,
http://www.auswaertiges-amt.de/diplo/de/AAmt/PolitischesArchiv/Uebersicht.
html, Dr. Gerhard Keiper.
145 Max Paul Friedman, *Nazis Good Neighbors – The United States Campaign against the Germans of Latin America in World War II*, Cambridge University Press, Cambridge 2003, p. 197.
146 Idem, p. 200.
147 Documentos da legação em Lisboa (caixa 384) – Troca de telegramas entre Berlim e Lisboa no volume R 41559 (Dep. Jur., intercâmbio de prisioneiros civis EUA, v. 5) – Auswärtiges Amt, Werderscher Markt I, 10117 Berlim, http://www.auswaertiges-amt. de/diplo/de/AAmt/PolitischesArchiv/Uebersicht.html – Dr. Gerhard Keiper.

148 *Situation der Juden in Bergen-Belsen* (Situação dos judeus em Bergen-Belsen), R.41482, Auswärtiges Amt, Werderscher Markt I, 10117 Berlin, http://www.auswaertiges-amt.de/diplo/de/AAmt/PolitischesArchiv/Uebersicht.html – Dr. Gerhard Keiper.

149 *Lager in Bergen-Belsen* (Campo em Bergen-Belsen), R. 41482, Auswärtiges Amt, Werderscher Markt I, 10117 Berlim, http://www.auswaertiges-amt.de/diplo/de/AAmt/PolitischesArchiv/Uebersicht.html – Dr. Gerhard Keiper.

150 Max Paul Friedman, *Nazis Good Neighbors*, p. 212.

151 Idem, p. 216.

152 Américo dos Santos, *Relatório do Comandante do Paquete "Serpa Pinto" sobre o Forçado Abandono do Navio em 26 de Maio de 1944 em Viagem de Ponta Delgada para Filadélfia*, em arquivo pessoal de Luís Miguel Correia.

Este livro foi composto na tipologia Minion,
em corpo 11,5/16, e impresso em papel off-white 80 g/m² no
Sistema Cameron da Divisão Gráfica da Distribuidora Record.